综合计划、投资管理及生产经营专业培训教材

国网山东省电力公司 编

汕头大学出版社

图书在版编目（CIP）数据

综合计划、投资管理及生产经营专业培训教材 / 国网山东省电力公司编. -- 汕头：汕头大学出版社，2023.5
　　ISBN 978-7-5658-5021-9

　　Ⅰ. ①综… Ⅱ. ①国… Ⅲ. ①电力工业－工业企业管理－中国－职业培训－教材 Ⅳ. ①F426.61

中国国家版本馆CIP数据核字（2023）第095697号

综合计划、投资管理及生产经营专业培训教材
ZONGHE JIHUA、TOUZI GUANLI JI SHENGCHAN JINGYING ZHUANYE PEIXUN JIAOCAI

编　　者：国网山东省电力公司
责任编辑：邹　峰
责任技编：黄东生
封面设计：优盛文化
出版发行：汕头大学出版社
广东省汕头市大学路243号汕头大学校园内　邮政编码：515063
电　　话：0754-82904613
印　　刷：河北万卷印刷有限公司
开　　本：787mm×1092mm　1/16
印　　张：12.75
字　　数：260千字
版　　次：2023年5月第1版
印　　次：2023年6月第1次印刷
定　　价：78.00元

ISBN 978-7-5658-5021-9

版权所有，翻版必究

如发现印装质量问题，请与承印厂联系退换

编委会

主　任　石　岩
副主任　陈士方　王　亮　汪　溇
成　员　卢兆军　安　鹏　王春义　杜　鹏　张晓磊
　　　　谢红涛　王洪伟　张新华　于佰建　岳彩阳

编写组

组　长　刘海鹏　李双磊　高文龙
成　员　张世彪　刘俊旭　袁　飞　魏　飞　曲小康
　　　　陈元龙　邵华强　薛云霞　方　磊　李丰硕
　　　　朱海南　王　丽　曹怀龙　付晓璇　王　宁
　　　　张明月　周　昱　滕洪泉　李宗璇　陈兵兵
　　　　宋　静　王娟娟　刘　明　张　锴　孙华忠
　　　　刘　堃　金　峰　赵令杰　王　鑫　刘　强
　　　　周　琪　李玉钊　文向东　张跃勇　郝建园
　　　　王建坤　姜立昌　孙　娜　李晓华　李翠玲
　　　　马英伟　冉小凡

前 言

本知识读本是由国网山东省电力公司编订的综合计划、投资管理及生产经营三大专业配套的学习教材。本知识读本共分三个篇章,主要内容包括综合计划、投资管理、生产经营,具有较强的实用性和可操作性。同时在编写过程中,还注意由浅入深,逐步开展,便于不同岗位人员对综合计划、投资管理及生产经营领域知识进行学习。本教材适合对综合计划、投资管理及生产经营知识有学习需求的所有岗位人员使用,可作为考试教材和指导用书,同时还可作为综合计划、投资管理及生产经营知识分享培训教材和自学材料。

目 录

第一章 综合计划 ... 001

第一节 "一体四翼"发展战略 ... 003
一、"一体四翼"发展战略概述 ... 003
二、电网业务发展 ... 014
三、金融业务发展 ... 032
四、国际业务发展 ... 045

第二节 综合计划管理概述 ... 058
一、综合计划管理介绍 ... 058
二、综合计划管理体系调整 ... 066

第三节 综合计划管理重点工作 ... 068
一、基本建设投资管理 ... 068
二、基建项目管理 ... 074
三、小型基建项目管理 ... 080
四、生产辅助技改、大修项目管理 ... 084

第二章 投资管理 ... 091

第一节 投资管理分析 ... 093
一、投资管理概述 ... 093
二、电网高质量发展 ... 102
三、优化营商环境 ... 105
四、管控模式优化 ... 114

第二节 投资管理重点工作 ... 120
一、预算内直接投资项目概算管理 ... 120
二、电网规划投资管理 ... 123

I

三、投资项目管理 ··· 125
四、投资资金监管 ··· 129

第三章 生产经营 ··· 137

第一节 生产经营计划概要 ····································· 139
一、生产经营计划管理 ··· 139
二、公司规划管理 ··· 147
三、公司业绩评价 ··· 151

第二节 电力市场交易 ··· 154
一、电力市场分析预测 ··· 154
二、电力市场供需分析 ··· 158
三、电力市场建设 ··· 162
四、电力现货市场建设 ··· 168

第三节 生产经营管理 ··· 171
一、配电网业务 ··· 171
二、增量配电业务 ··· 175
三、营配贯通 ··· 176
四、用电信息采集 ··· 183

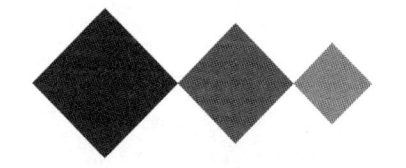

第一章 综合计划

◆◆◆

散文合集　第一章

中国政府进一步深化电力体制改革活动全面开展，要求促进电力行业竞争、提高电力行业运营效率并降低电力使用成本。电网企业将面临越来越大的压力，如何在逐渐市场化的竞争环境中实现企业利润和社会效益的最大化已经成为电网企业的重大课题。为适应电力市场化改革要求，落实改革和监管要求，推进产业转型升级，应建立一套综合计划管理体系。本章简要阐述了"一体四翼"发展战略、综合计划管理概述以及综合计划管理重点工作等内容，宏观上对国家电网公司（以下简称"公司"）综合计划管理的全过程进行初步探索，结合公司实践过程进行简要论述，为各位电网工作人员提供参考。

第一节 "一体四翼"发展战略

一、"一体四翼"发展战略概述

当前，我国开启全面建设社会主义现代化国家新征程。进入新阶段，站在新起点，公司发展面临新的形势、新的任务。公司党组以习近平新时代中国特色社会主义思想为指导，学习贯彻党的十九届五中全会和中央经济工作会议精神，贯彻"四个革命、一个合作"能源安全新战略，立足新发展阶段、践行新发展理念、服务新发展格局，积极服务碳达峰、碳中和目标，推动构建以新能源为主体的新型电力系统，落实国有经济布局优化和结构调整要求，围绕建设具有中国特色国际领先的能源互联网企业战略目标，研究提出"一业为主、四翼齐飞、全要素发力"发展总体布局（简称"一体四翼"发展布局），为公司实现高质量发展提供了战略指引。为推动"一体四翼"落地实施，贯彻落实国家"十四五"规划和2035年远景目标纲要，确保公司"十四五"开好局、起好步，现提出如下意见。

（一）重大意义

"一体四翼"发展布局体现了公司更好地服务国家战略的责任担当。世界百年未有之大变局加速演进，我国进入高质量发展阶段，新发展格局加快构建，创新驱动、区域协调发展、乡村振兴、共建"一带一路"等国家重大战略部署深入实施，对国有企业发挥战略支撑作用提出了更高要求。"一体四翼"发展布局立足新发展阶段,践行新发展理念,服务新发展格局,全面夯实"两个基础",践行"六个力量",推动公司更好地发挥"大国重器"和"顶梁柱"作用,履行好"三大责任",全面落实党和国家决策部署。"一体四翼"发展布局是公司聚焦主责主业、做强做优做大的长远之策。公司作为关系国民经济命脉的特大型国有重点骨干企业,肩负着建设具有全球竞争力的世界一流企业的责任,必须持续做强做优做大。"一体四翼"发展布局聚焦主责主业,科学布局业务发展,全面提升公司竞争力、创新力、控制力、影响力和抗风险能力,推动公司加快建设成国际领先企业,加快打造原创技术策源地,当好现代产业链链长,带动上下游企业共同发展。"一体四翼"发展布局是推动能源电力转型升级的主动选择。电网是连接电力生产和消费的重要平台、能源转型的中心环节和电力系统碳减排的核心枢纽。"一体四翼"发展布局围绕碳达峰、碳中和目标,全方位加快电网向能源互联网升级,推动能源生产清洁化、能源消费电气化、能源利用高效化,为构建以新能源为主体的新型电力系统贡献更大力量。"一体四翼"发展布局是指导公司高质量发展的系统谋划。站在全面建设社会主义现代化国家的新起点,党和国家要求中央企业突出效率效益、创新驱动、实业主业、服务保障,实现高质量发展。"一体四翼"发展布局清晰回答了"要干什么"和"发展动力是什么"两大关系公司高质量发展的关键问题,是新形势下公司战略体系的重大创新,是推动电网向能源互联网升级、培育新的增长点、实现可持续发展的重要部署,为公司上下凝聚共识、汇聚合力,加快建设具有中国特色国际领先的能源互联网企业提供了指引。

(二)总体要求

1. 功能定位

电网业务是主体,金融业务、国际业务、支撑产业、战略性新兴产业是"四翼"。"一体"拉动"四翼"发展,带动"四翼"业务向现代化、高端化升级;"四翼"服务"一体"发展,推动电网向能源互联网加速升级。"一体"与"四翼"有机链接、高效协同、相互促进、相互赋能,围绕电力产业链与价值链,共同构成公司高度统一协调的业务整体。

电网业务是公司发展的主导产业和主营业务,以建设能源互联网、担当电力产业链链长为发展方向,是践行人民电业为人民企业宗旨、保障能源安全和经济社会发展的中坚力量。

金融业务是服务公司主业和实业的重要保障,为公司提供资金融通、保险保障、资产管理等金融服务,益于公司利润提升。

国际业务是公司参与全球市场竞争合作、统筹利用国内国际两种资源的实施主体,为公司经营发展拓展市场空间,为公司利润增长提供重要来源,是服务共建"一带一路"和提升国际影响力的关键途径。

支撑产业是公司战略实施的坚强支撑力量，为公司提供科研创新、能源互联网技术、软实力等全方位支撑，是公司和电网高质量发展的坚实保障。

战略性新兴产业是公司实现基业长青的新动能，为公司发展创造新增长点、新增长极，是公司获取竞争新优势、掌握发展主动权的关键路径。

2. 指导思想

坚持以习近平新时代中国特色社会主义思想为指导，深入贯彻党的十九大和十九届二中、三中、四中、五中全会精神，立足新发展阶段，践行新发展理念，服务新发展格局。坚持稳中求进工作总基调，坚持以推动高质量发展为主题，坚持以深化供给侧结构性改革为主线，更好地发挥国有经济战略支撑作用，落实国家"十四五"规划和2035年远景目标纲要。以公司战略为统领，以改革和创新为动力，以安全稳定为基础，更加聚焦主责主业，更加注重绿色发展，更加注重提质增效，更加注重产业协同，更加注重制度完善，更加注重风险防范，坚持"五个不动摇"，做到"四个统筹好"，坚定不移地做强做优做大，努力当好现代产业链链长，构建以新能源为主体的新型电力系统，促进碳达峰、碳中和目标实现，在全面建设社会主义现代化国家新征程中实现更大作为、展现更大担当、做出更大贡献。

3. 发展思路

树立"一体四翼"统筹发展的理念，推动各业务优势互补、良性互动，打造以电网为中心的能源互联网产业体系，实现整体价值最大化。因业施策、整体推进，持续做强"一体"业务，加快电网向能源互联网升级，大力推动"四翼"业务发展，积极稳妥地发展金融业务，稳健拓展国际业务，优化发展支撑产业，大力发展战略性新兴产业。全要素发力，大力提高自主创新能力，持续优化管理模式和运行机制，充分挖掘数据资源价值，激发各类人才积极性、主动性、创造性，为公司高质量发展提供不竭动力。

电网业务。坚持外延和内涵发展并重，实施"五大提升"工程（绿色发展、智慧赋能、安全保障、卓越服务、价值创造），全面实现"三强三优"目标（安全强、技术强、带动强、服务优、效能优、业绩优），加快打造以电为中心的能源互联网，推动构建以新能源为主体的新型电力系统，服务碳达峰、碳中和目标。

金融业务。坚持根植主业、服务实业、以融强产、创造价值的发展定位，健全具有高度适应性、竞争力、普惠性的金融服务体系，构建金融有效支持实体经济的体制机制，打造能源特色金融品牌。

国际业务。以服务"一带一路"建设为核心，以投资建设运营带动技术装备标准"走出去"，开展市场化、长期化、本土化经营活动，突出服务大局、突出效益贡献、突出风险防控、突出规范运营，打造"一带一路"建设央企标杆（四突出一标杆）。

支撑产业。通过持续改革创新，夯基础、强能力、转机制、上水平，着力提升科技引领、价值创造、服务保障、智力支持能力，高效支撑公司高质量发展、能源互联网建设、电网安全稳定运行、人才队伍建设、品牌价值提升，打造公司战略实施的坚实支撑力量。

战略性新兴产业。以做强做优能源互联网产业链为核心，着力提升自主可控能力、市场竞争能力、价值创造能力、产业带动能力，创新体制机制，因企制宜、相机制宜，激发内在动力和发展活力，强化开放合作，实现融合化、集群化、生态化发展。

4. 发展原则

一是坚持统筹协调。坚持全公司一盘棋，发挥各业务板块的协同效应，加强前瞻性思考、全局性谋划、战略性布局、整体性推进，实现协调发展、平衡发展。

二是坚持价值导向。坚持质量第一、效益优先，强化精准投资，提升投入产出效率，瞄准产业价值链中高端，推进产业现代化升级，促进公司更高质量、更可持续、更为安全地发展。

三是坚持改革创新。坚定不移地推进改革，破除制约发展的体制机制障碍，加强科技、制度、模式等全面创新，持续增强发展动力和活力，引领公司高质量发展。

四是坚持绿色发展。着眼为美好生活充电、为美丽中国赋能，推动公司和电网绿色发展，促进绿色产业链构建，推动我国能源清洁低碳转型，服务碳达峰、碳中和目标。

五是坚持开放共享。坚持开放合作、共建共享理念，发挥电网枢纽平台作用和公司龙头带动作用，最大限度优化资源配置，引领产业链上下游和大中小企业共同合作、共建生态、共享发展。

5. 发展目标

经过五年发展，公司"一体四翼"发展布局更加优化、更加协调、成效显著。服务大局再上新台阶、引领带动展现新作为、业务布局达到新水平、发展韧性实现新提高、经营业绩取得新成效、服务质效得到新提升（"六新"），初步形成能源互联网产业生态，中国特色国际领先能源互联网企业基本建成。

①服务大局再上新台阶。服务保障国家重大战略部署的能力和质效进一步增强，服务国内国际双循环新发展格局的骨干中坚作用充分彰显，保障国家能源安全更加有力。②引领带动展现新作为。电网枢纽作用更加凸显，公司平台作用有效发挥，有力带动产业链上下游协同发展，成为能源电力领域的现代产业链链长。③业务布局达到新水平。业务发展结构合理、各具特色、优势互补，核心竞争力显著增强。电网业务带动能力充分彰显，"四翼"业务服务保障水平不断提升。④发展韧性实现新提高。一批关键核心技术实现重大突破，业务发展基础稳固、自主可控、安全高效，公司整体抗风险能力有效增强。⑤经营业绩取得新成效。公司规模和电网规模保持国际领先，效率效益明显提升，综合实力持续增强，在国际能源发展和治理中参与度和话语权显著提高。⑥服务质效得到新提升。卓

越服务体系全面建成，供电服务质量不断提升，电力营商环境不断优化，服务模式和服务产品实现创新突破，客户个性化、多元化用能需求得到有效满足。展望2035年，"一体四翼"业务核心竞争力大幅跃升，公司实现跨越式发展。经营实力、服务实力、科技实力显著增强，能源互联网产业生态实现健康有序发展，中国特色国际领先能源互联网企业全面建成。

（三）加快电网向能源互联网升级

到2025年，基本建成能源互联网，公司电网业务实现"三强三优"目标，发展质效显著提升，部分领域、关键环节和主要指标达到国际领先水平，能源互联网功能形态作用彰显。①安全强。树牢安全发展理念，健全安全管理体系，压紧压实全员安全责任，深化双重预防机制，提升本质安全水平，严守"三杜绝、三防范"目标，为电网安全发展提供坚实保障。②技术强。"大云物移智链"等新技术在电网中深度融合，电网智能化达到国际先进水平，能源转型"卡脖子"技术得到突破，能源互联网核心技术实现"中国引领"。③带动强。发挥电网平台作用，对国民经济的支撑能力进一步增强，引领产业链升级，促进公司金融业务、国际业务、支撑产业、战略性新兴产业协同发展。④服务优。智慧能效服务知名品牌基本形成，用能服务水平、供电保障能力不断提高，客户满意度全面提升，电力营商环境持续优化，"获得电力"指标排名进入世界前十。⑤效能优。源网荷储协调发展，多能互补价值显现，综合能效显著提升，资产运营效率持续改善，能源资源大范围优化配置能力不断增强，新能源消纳水平保持国际领先。⑥业绩优。电网业务经营效益和发展质量显著提升，售电量达到5.84万亿千瓦时，营业收入达到3.15万亿元，利润总额达到451亿元，有力保障公司处于世界500强企业排名前列，国务院国有资产监督管理委员会（以下简称"国资委"）业绩考核保持A级。

1.实施绿色发展提升工程

全面落实公司碳达峰、碳中和行动方案，当好引领者、推动者、先行者。建设坚强智能电网，提升跨省跨区输电能力，促进各级电网协调发展，服务能源体系转型升级；构建新型电力系统，开展顶层设计，深化基础理论、运行控制体系、电价和市场机制等重大问题研究，滚动完善"十四五"电网规划，推进示范工程建设；服务新能源发展，支持以新能源为主的局域网、微电网和分布式电源发展，保障新能源及时同步并网；促进清洁能源消纳，加快调频调峰电源建设，优化电网调度运行，创新电力交易机制，建设新能源数字经济平台。

2.实施智慧赋能提升工程

贯彻"四个革命、一个合作"能源安全新战略，建设更加智慧、更加绿色、更加安全、更加友好的能源互联网。推动电网形态升级，实现源网荷储互动、多能协同互补；推动电网技术升级,加强关键核心技术攻关,促进先进信息通信技术、控制技术和能源技术深度融合应用;推动电网功能升级,实现能源生产清洁化、能源消费电气化、能源利用高效化;推动市场开放升级,打造统一开放的电力市场,积极参与国家碳市场建设,推动碳市场和电力市场协同发展。

3. 实施安全保障提升工程

牢固树立总体国家安全观,统筹好发展与安全。强化电网安全,夯实各级网架基础,加强大电网运行控制,确保其安全稳定运行;强化设备安全,深化设备精益管理,加快构建现代设备管理体系;强化网络安全,健全防护体系,提升主动防御能力;提升管控水平,深入开展安全生产专项整治行动,全面建成安全管理体系,推进安全治理体系和治理能力现代化。

4. 实施卓越服务提升工程

坚持以人民为中心的发展思想,践行人民电业为人民的企业宗旨。构建卓越服务体系,打造现代客户服务模式,全面提升客户满意度、获得感;提高供电服务品质,优化客户服务体验,提升乡村电气化服务水平,提高供电保障能力;拓展能效服务,深化需求响应,推广综合能源服务,满足多元用能需求;优化电力营商环境,提升客户办电效率,降低客户用能成本。

5. 实施价值创造提升工程

坚定不移地走高质量发展道路,加快建设世界一流企业。挖掘生产经营潜力,推动技术降损和管理降损,强化重点环节降本节支,确保经营成果颗粒归仓;提升资产运营效率,提高电网设备利用水平,推进基础资源共享运营;加大市场开拓力度,提高售电市场占有率,积极拓展新业务新业态;构建共享生态体系,发挥电网对产业链的带动作用,打造共建共治共享的能源互联网生态圈。

(四)积极稳妥地发展金融业务

1. 全力以赴服务实体经济

以深化产融协同为主线,始终聚焦主责主业,发挥能源金融特色优势,围绕服务主业不断提高质效,围绕服务行业稳健拓展市场;紧扣国家发展战略,服务长三角一体化、雄安新区建设、京津冀协同、成渝地区双城经济圈发展;积极发展绿色金融,强化产品创新,提高碳资产管理、碳交易服务能力,助推能源清洁低碳转型,服务碳达峰、碳中和大局;精准对接金融需求,持续提升资金融通、保险保障、资产管理服务水平,促进电网高质量发展;加快产业基金发展运作,积极撬动社会资本,助推混合所有制改革、产业优化升级和科技成果转化;高效运营东西帮扶基金,巩固脱贫攻坚成果,服务乡村振兴战略;发挥海投公司"桥头堡"作用,融通境外资本市场,强化境外资金管控,打造国内国际双循环金融体系。以深化融融协同为支撑，发挥集团化运作优势，高效配置金融资源要素，推动业务互动、渠道互通、系统互联、产品共研、客户共享、品牌共建，加快形成"一揽子产品、一站式服务"格局；加强金融单位属地机构协同，提高运营效率，增强发展合力。以深化金融科技协同为动力，高质量运营"电e金服"，深度融合数字经济与实体经济，发挥龙头企业作用，带动上下游、中小微企业共同发展，促进全产业链循环畅通；加快数字化发展步伐，增强金融普惠性，实现多维精益管理，驱动业务转型升级；稳妥发展金融科技，在依法合规的框架下，加强区块链、5G等新技术探索应用，支撑金融服务质效提升。

2. 坚定不移地推进改革发展

优化业务布局，认真落实监管要求，积极稳妥地推进金融控股公司申设；动态完善金融业务清单，规范同质化交叉业务，避免内部无序竞争；立足牌照价值、比较优势和协同效应，科学拓展业务领域。优化资本结构，积极推动具备条件的市场化金融单位引战、上市，健全市场化、可持续的资本补充机制，增强资本实力；坚持有所为有所不为，结合监管要求、发展前景和投入产出，确定金融业务的发展规模，促进资本合理布局；加强参股投资管理，确保有进有退、滚动发展，切实提高投资收益。优化体制机制，深入落实"战略+财务"管控模式，明晰总部—英大集团—各金融单位三级界面；健全金融业务与电网业务的协同机制，加强数据、渠道、场地等资源的挖掘盘活和规范使用；坚持市场化导向，积极推进职业经理人制度，持续完善与业务发展相适应的授权、用工、薪酬及考核机制。

3. 持之以恒防控金融风险

强化风险意识，严格遵守监管规定，加强金融活动统筹管理；合理控制杠杆水平，坚决防止脱实向虚；健全常态化分类分级审查制度，严防风险漏洞。强化风控体系，加快建设数字化风控系统，实现全过程可视化、智能化风险管控；加强大数据、区块链等新兴技术应用，创新风控模式和手段，全面提升风险管控能力；提升数字化审计监督水平，落实责任追究。强化风险处置，不断增强对金融风险的预判、评估、处置、化解能力；通过融融协同、市场处置等多种方式，积极稳妥地化解存量风险，确保金融业务安全高效运营。

（五）稳健拓展国际业务

到2025年，境外资产规模有效增加，国际化运转体系更加协同高效，服务国家战略能力显著增强，风险防控能力持续提升，在国际能源治理中具有较深的参与度和较强的话语权，国际影响力不断提升。境外管理资产总额1 000亿美元，国际业务年营业收入1 200亿元、利润总额210亿元，实现资产质量、运营管理、绿地开拓、技术装备、业绩指标五个国际领先，成为"一带一路"央企标杆。

一是落实国家战略部署，提升服务国家大局能力。坚持以服务"一带一路"建设为核心，服务党和国家工作大局，彰显公司作为"大国重器""顶梁柱"的责任与担当。积极采用投建营一体化模式，重点推动对装备、技术和服务带动力强的项目，推动国内全产业链"走出去"，助力国内国际双循环新发展格局的构建。贯彻落实"四个革命、一个合作"能源安全新战略，积极开展能源电力国际合作，稳定运营中俄联网工程，稳步推动与周边国家电网互联的有关工作。

二是坚持以效益为中心，提升公司利润贡献度。坚持好中选优，坚守回报底线，以成熟发达市场和有潜力的新兴国家市场为主要目标，扩大优质资产投资规模，不断优化投资布局。充分挖掘境外资产增值创利潜力，持续提高境外资产运营水平，争取有利监管政策，努力实现利润回报等经营目标。发挥现有境外运营资产平台作用，投资建设新项目，实现滚动发展。深化国际产能合作，创新国际工程业务模式，强化工程建设管理，构建统筹协调、优势互补的境外工程总承包项目实施体系，提升国际竞争力。

三是加强风险合规管控，确保安全稳健高质量发展。持续跟踪、深入研究国际局势，坚持底线思维，完善应对措施和预案。深度排查境外项目面临的潜在风险，持续完善公司合规管理体系和境外风险管控体系，确保境外资产经营全流程、全方位合法合规。推进人民币国际化，进一步打通项目跨境人民币流动通道，减少美元使用。加大境外经营成果回收力度，优化利用境外项目分红，归还到期美元债券，控制境外滚动发债规模，减少国际业务美元融资敞口。推动境外全资控股项目股权多元化，在保持公司管控和并表前提下，降低公司股比、分散风险。

四是确保境外项目规范实施，全面落实国家有关规定。落实国家"统筹规划、集中管控、提级监管"的要求，全面加强国际业务的全过程规范实施和管理。更加聚焦主业，发挥优势，提升公司的整体竞争力和集团化实施能力。加强境外财务资金管控，建立健全境外财务资金管理制度，将境外全资控股单位纳入公司全面预算管理体系，确保境外财务决算审计全覆盖。完善法务人员全程参与国际业务的各项制度，有效提升决策、实施的法治化水平。

五是坚持互利共赢，树立良好国际品牌形象。主动参与全球能源治理，围绕碳达峰、碳中和目标，积极促进国际交流合作，为推动能源变革发出国网声音、贡献国网力量；践行人类命运共同体理念，履行企业社会责任，加强沟通交流，传播公司理念，树立良好国际品牌形象。大力提升公司在国际标准制定中的话语权，推动中国标准在海外项目中的应用，将先进技术优势转化为国际竞争优势。发挥驻外机构"桥头堡"作用，加强与所在国政府、机构和组织的交流沟通，建立良好的公共关系，不断提升公司国际影响力，促使公司逐渐成为世界一流示范企业。

（六）优化发展支撑产业

到2025年，支撑产业总体发展水平达到国内领先，部分业务达到国际领先，服务电网主业、服务能源行业、服务经济社会的能力进一步提高。创新能力显著提升，基本建成国际领先的能源互联网创新体系，在构建以新能源为主体的新型电力系统中实现技术引领；产业实力明显增强，整体实现营业收入783亿元、利润总额80亿元，基本建成国内领先的能源信息化服务企业和国际领先的新型电力系统控制设备企业；服务品质持续提高，基本建成行业领先的现代智慧供应链服务企业和现代专业服务企业，物资保障基础全面夯实，后勤服务水平全面提升；价值创造再创新高，基本建成世界一流企业高端智库、立体化全媒体传播平台，国内一流企业党校、团校和企业大学，决策支撑能力、品牌宣传能力、党建研究能力、人才培养能力显著跃升。

一是升级做优科研支撑业务。坚持科技自立自强，支撑"双碳"目标实现，以"新跨越行动计划"为引擎，优化科研布局，深化科研改革，加强基础研究和原始创新，着力突破关键核心技术、提升技术服务能力、加强科技成果应用、创新科研激励机制，积极抢占能源电力科技制高点，打造原创技术策源地，为公司和电网高质量发展提供强大的科技支撑。

二是升级做优能源互联网技术业务。以市场为导向，以质量和效益为中心，以服务能源互联网建设为重点，优化产业布局，深化资源整合，聚焦产业链中高端，做强做优高端设备，做专做精信息通信，大力推进国产化替代，推动高端设备数字化、网络化、智能化发展，持续加强外部市场拓展，不断提高产品和服务的附加值、竞争力，为公司和电网高质量发展提供技术和产品支撑。

三是升级做优服务保障业务。创新数字化、智能化等技术应用，深化业务和管理创新，创建多元化、精细化服务产品，持续优化物资服务体系，持续提升后勤服务质量，构建现代智慧供应链、智慧后勤、智慧办公资产管理等服务平台，进一步提高专业化水平，树立大型央企保障服务标杆，全面助推公司数字化转型，为公司和电网高质量发展提供有力的服务支撑。

四是升级做优软实力建设业务。以全方位增强公司软实力竞争优势为目标，以专家智库、品牌宣传、党建理论、人才培养为着力点，持续推进公司内质外形建设。加强智库体系建设，持续开展重大问题研究，进一步提升智力支撑、咨询服务、决策支持能力，加快新型传播阵地建设，打造立体化全媒体传播平台，深入推进企业党校、大学和职业技能培训基地建设，有力支撑各类人才培训培养，为公司和电网高质量发展提供强大的软实力支撑。

（七）大力发展战略性新兴产业

到 2025 年，基本建成核心技术领先、竞争优势明显、经济效益突出、融通发展高效的战略性新兴产业集群。核心技术领先，一批"卡脖子"技术实现突破，产业链现代化水平明显提升，创新驱动特征明显，在构建以新能源为主体的新型电力系统中形成先发优势；竞争优势明显，产业结构更趋合理，技术密集型和高附加值产业占比大幅提升，业务协同更加高效，产业发展韧性强劲；经济效益突出，产业集群效应、规模效应明显，价值创造持续强化，经营业绩显著提升，整体实现营业收入 2 359 亿元，利润总额 142 亿元；融通发展高效，高端生产要素加速集聚，持续赋能能源互联网产业生态，有力带动产业链上下游企业融通创新、协同发展。

一是突破战略基础性产业。以保障国家工业安全为己任，履行关键核心零部件国产化使命，重点面向电力系统，兼顾其他工业控制领域，加强自主创新和对外协同，深化产业链上下游合作，着力攻克工业芯片、IGBT、数据库等"卡脖子"技术，全面提升产业链供应链自主可控能力，从根本上改变关键技术与核心器件受制于人的局面，牢牢掌握发展主动权。

二是拓展关键技术集成创新产业。以电为中心延伸价值链，整合内外部资源，创新新技术应用，围绕综合能源服务、储能、北斗及地理信息、海上风电并网装备和 5G 等新兴业务，以自主技术产品为核心，融合设计、施工、制造、运维等环节，打造整体解决方案，加强试点示范及推广应用，形成可复制、可推广的模式，持续提高业务链价值水平，支撑能源互联网产业发展。

三是做优商业模式创新产业。主动适应能源和数字融合技术发展趋势，利用互联网新思维，强化技术驱动和模式创新，大力拓展平台经济，优化能源电商、智慧车联网、大数据、区块链等平台功能，持续改善用户体验，推动平台资源汇聚和流量变现，加速业务赋能落地，促进互联网与电网深度融合，构建广泛参与、合作共赢的产业生态，全面提升能源互联网产业链带动价值。

四是做强智能装备产业。瞄准价值链高端和产业链核心环节，坚持以高新技术为引领，夯实业务发展基础，全面打通传感器、智能终端等智能装备的研发、生产、应用及运维业务环节，加快新产品开发和现有典型产品性能提升，培育具有自主知识产权、核心竞争力的智能装备体系，加速重点领域推广应用，支撑电网安全运行和高效智能运维水平提升。

五是前瞻布局未来产业。坚持以增量调结构、以创新促升级，依托公司优势资源，有序拓展基础资源商业化运营、人工智能等业务。紧抓"双碳"倒逼能源转型机遇，围绕构建以新能源为主体的新型电力系统，针对电力系统"双高""双峰"特征，研究推动碳捕获、利用及封存等新技术产业化发展，推进应用示范及产业融合，创新碳交易等碳资产管理业务模式和商业模式，探索开展相关服务。聚焦量子信息、未来网络、深海空天开发等前沿科技和产业变革领域,加强技术多路径探索,加速未来产业孵化。

(八)保障措施

一是加强党的领导。坚持用习近平新时代中国特色社会主义思想武装头脑,坚决贯彻落实党中央、国务院决策部署,增强"四个意识"、坚定"四个自信"、做到"两个维护"。充分发挥党委(党组)把方向、管大局、促落实的领导作用,不断提高贯彻新发展理念、构建新发展格局的能力和水平,为"一体四翼"提供坚强政治和组织保证。

二是强化组织协调。建立健全工作机制,成立公司"一体四翼"发展领导小组,统筹推进各项工作,协调解决重大问题。注重发挥公司整体合力,加强横向协调、纵向衔接。各部门、各机构、各单位细化分解工作任务,落实责任分工,扎实有效推进各项工作,形成上下联动、层层落实的工作格局。

三是强化精准投入。科学制定投资策略,量入为出,量力而行。加强投资过程管控,细化项目里程碑进度安排,强化关键节点风险预警,督导投资权责同步落地。开展后评价工作,建立投资问效、闭环考核工作机制。

四是增强创新动力。把创新摆在公司战略全局的核心位置,深入实施"新跨越行动计划",加大研发投入力度,提升自主创新能力,把创新成果及时转化为现实生产力。持续推动业务、业态和商业模式创新,丰富完善产业价值链,推动产业链迈向中高端,促进产业转型升级和创新发展。

五是推进管理变革。对标国际领先水平,找准短板差距,持续优化集团管控模式和运行机制,深化"三项制度"改革,不断破除体制机制障碍,提高管理现代化水平。优化完善符合"一体四翼"发展布局的考核评价体系,科学设置考核指标和考核方式,合理运用考核结果。

六是强化数据赋能。应用"大云物移智链"等数字技术,推动"一体四翼"全业务、全环节数字化转型。深入挖掘数据资源价值,发挥数据要素的放大、叠加、倍增效应,促进生产提质、经营提效、服务提升,培育更多数据增值服务。

七是加强队伍建设。强化人才驱动,大力弘扬企业家精神、科学家精神、工匠精神、劳模精神,统筹推进人才培养"三大工程",打造一支高素质专业化的干部职工队伍。完善人才引进、使用、流动机制,构建与业务创新发展相适应的激励考核机制、容错机制和福利保障体系,激发人才活力。

八是积极争取国家政策支持。积极争取中央财政资金、国有资本经营预算对政策性电网投资项目的支持,争取地方财政在资金补贴、财税减免、低息贷款等方面的扶持。在国家层面建立电网东西帮扶机制,保障公司健康可持续发展。促请国资委在央企考核过程中,考虑政策性降价和投资等带来的利润影响。

九是从严管控带息负债规模。建立健全投融资计划协同联动机制,优化债务融资管理，发挥公司资信优势，积极研究债券发行方式，丰富发债品种，合理降低债务融资成本。推进混合所有制改革，加大资本开放力度，积极引入社会资本，拓展资本金来源。

十是强化风险防范。强化底线思维，狠抓重点领域风险防范，及时有效化解投资、债务、金融业务、境外经营等领域风险，坚决守住不发生重大风险的底线。强化风险防控机制建设，把风险防控嵌入业务流程各环节，提高风险预警和应急处置能力，促进公司稳健发展。

二、电网业务发展

坚持"一业为主、四翼齐飞、全要素发力"，是公司党组对"十四五"发展总体布局做出的战略部署。电网业务是公司的主导产业和主营业务，涵盖规划投资、电网建设、调控运行、设备管理、市场服务等全环节、全链条，在国家能源体系中发挥平台枢纽作用，对公司金融业务、国际业务、支撑产业、战略性新兴产业具有引领、辐射和带动作用。电网业务是公司发展的"基本盘"，是发挥国有经济战略支撑作用、彰显中国特色的"主力军"，是坚持做强做优做大、创建国际领先企业的"先锋队"，是构建新型电力系统、推动电网向能源互联网升级的"排头兵"。高质量发展电网业务，是服务碳达峰、碳中和目标，促进公司发展质效提升的重中之重。

电网业务具有良好的发展基础，但面临的内外部形势错综复杂，因此需保障能源电力安全对于国家安全的重要性进一步凸显，解决关键核心技术"卡脖子"问题、增强电力产业链供应链自主可控能力更为迫切；需对中央企业落实"六稳""六保"责任，发挥"大国重器"和"顶梁柱"作用，带动产业链上下游发展提出更高要求；需充分发挥电网平台枢纽作用，提升资源优化配置能力，服务新能源接网和用户节能提效，在能源清洁、低碳转型中承担更大责任。

与此同时，能源革命进程不断加快，国有经济布局优化调整，为公司建设能源互联网以及高质量发展带来了重大机遇。必须准确识变、科学应变、主动求变，提升电网业务价值创造和风险防范能力，巩固和扩大电网业务优势地位，为实现基业长青筑牢发展根基。

（一）发展思路

落实公司战略，按照"一业为主、四翼齐飞、全要素发力"的发展布局，聚焦服务碳达峰、碳中和目标和高质量发展要求，推动构建新型电力系统，加快电网向能源互联网升级，实施"五大提升"工程（绿色发展、智慧赋能、安全保障、卓越服务、价值创造），做好二十项重点工作，落实四项保障措施，实现"三强三优"目标（"三强"，即安全强、技术强、带动强；"三优"，即服务优、效能优、业绩优）。电网业务发展架构如图1-1所示。

第一章 综合计划

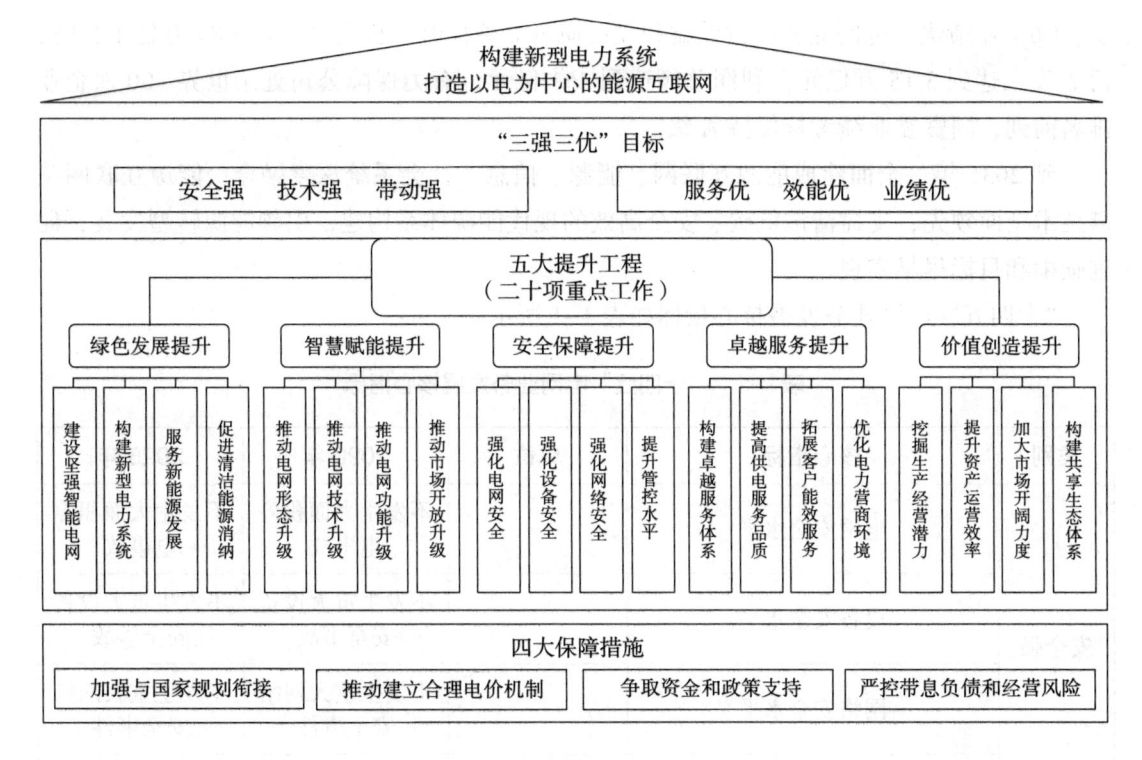

图1-1 电网业务发展架构图

（二）主要目标

到2025年，基本建成能源互联网。公司电网业务实现"三强三优"目标，发展质效显著提升，部分领域、关键环节和主要指标达到国际领先水平，能源互联网功能形态作用彰显，推动加快实现碳达峰。

（1）安全强。树牢安全发展理念，健全安全管理体系，压紧压实全员安全责任，深化双重预防机制，提升本质安全水平，严守"三杜绝、三防范"目标，为电网安全发展提供坚实保障。

（2）技术强。"大云物移智链"等新技术在电网中深度融合，电网智能化达到国际先进水平，能源转型"卡脖子"技术得到突破，能源互联网核心技术实现"中国引领"。

（3）带动强。发挥电网平台作用，对国民经济的支撑能力进一步加强，引领产业链升级，促进公司金融业务、国际业务、支撑产业、战略性新兴产业协同发展。

（4）服务优。智慧能效服务知名品牌基本形成，用能服务水平、供电保障能力不断增强，客户满意度全面提升，电力营商环境持续优化，"获得电力"指标排名进入世界前10。

（5）效能优。源网荷储协调发展，多能互补价值显现，资产运营效率持续改善，能源资源大范围优化配置能力不断增强，新能源消纳水平保持国际领先。

015

（6）业绩优。电网业务经营效益和发展质量显著提升，售电量达到5.84万亿千瓦时，营业收入达到3.15万亿元，利润总额达到451亿元，有力保障公司处于世界500强企业排名前列，国资委业绩考核保持A级。

到2035年，全面建成能源互联网。能源、信息、社会系统深度融合，能源互联网关键技术全面领先，支撑清洁低碳、安全高效的现代能源体系构建，引领能源转型发展，促进碳中和目标尽早实现。

"十四五"电网业务发展核心指标如表1-1所示。

表1-1 "十四五"电网业务发展核心指标

类别	核心指标	单位	2020年	2025年
安全强	电网安全水平	—	不发生大面积停电事故	不发生大面积停电事故
	设备安全水平	—	不发生重大设备安全事故	不发生重大设备安全事故
	网络安全水平	—	不发生重大网络安全事件	不发生重大网络安全事件
	合规和风险管控水平	%	91	95
技术强	研发（R&D）经费投入强度	%	1.14	1.5
	数字化发展指数	%	63	87
	电网智能化水平	—	国际一流	国际先进
	电网装备技术水平	—	国际先进	国际先进
带动强	拉动产业链上下游投资	亿元	9 200	11 000
	拉动形成GDP总量	亿元	4 080	4 800
	工业增加值贡献度	%	2.0	2.5
	增加税收	亿元	450	545
	增加就业岗位	万个	68	82
服务优	"获得电力"指标排名	名	12	10
	客户服务满意度	—	90	93
	电能占终端能源消费比重	%	27	30
	综合供电可靠率	%	99.861	99.900

续 表

类别	核心指标	单位	2020年	2025年
效能优	跨省跨区输电能力	亿千瓦	2.3	3.0
	新能源发电利用率	%	97.1	95以上
	综合线损率	%	5.87	5.5
	单位资产售电量	千瓦时/元	1.23	1.25
	全员劳动生产率	万元/人·年	69	100
业绩优	售电量	万亿千瓦时	4.58	5.84
	营业收入	万亿元	2.45	3.15
	利润总额	亿元	245	451
	净利润	亿元	145	319
	营业收入利润率	%	1.0	1.4
	净资产收益率	%	0.8	1.5

（三）重点工作

立足新发展阶段，贯彻新发展理念，构建新发展格局，推动高质量发展，聚焦电网业务，实施五大提升工程，做好二十项重点工作，实施四十八项任务举措，推动构建以新能源为主体的新型电力系统，加快打造以电为中心的能源互联网。

1. 绿色发展提升

（1）建设坚强智能电网。

①提升跨省跨区输电能力。"十四五"规划建成7回跨区特高压直流，以输送清洁能源为主，重点满足陕北综合能源基地、甘肃陇东能源基地、新疆哈密能源基地、雅砻江水电站、白鹤滩水电站的送出需求，新增输电能力5 600万千瓦。积极推动华北—华中联网加强（长治—南阳）特高压交流工程，提升落点华中的输电通道利用效率。至2025年，公司经营区特高压直流达到19回，跨省跨区输电能力达到3.0亿千瓦，输送清洁能源占比达到50%。（国网发展部、物资部、后勤部，国网特高压部，相关分部，相关省公司、通航公司、物资公司、直流公司、交流公司、经研院）

②推动各级电网协调发展。完善区域网架结构，在送端完善西北、东北主网架结构，加快构建川渝特高压交流主网架，支撑跨区直流线路安全高效运行；在受端完善华北电网京津冀负荷中心特高压骨干网架，提升华东电网长三角地区多直流馈入系统支撑能力，提高华中电网区外直流利用效率，建成"日"字型特高压交流主网架。优化500（750）千伏电网，实现合理分层分区，提高重要断面输送能力。完善220（330）千伏电网，围绕

负荷中心逐步形成双回路供电和环网结构，提升供电能力和可靠性水平，实现灵活可靠供电。到2025年，110千伏及以上线路长度达到152万千米、变电容量达到74亿千伏安，并网发电装机规模达到23.5亿千瓦。（国网发展部、相关部门，相关机构，各分部，各省公司、通航公司、物资公司、直流公司、交流公司、经研院）

③服务城乡能源体系转型升级。落实城市更新行动部署，做好老旧小区、厂区、街区和城中村配电网改造，深化配网可靠性提升行动，强化"煤改电"配套电网运维保障。服务新型城镇化发展，加快提档升级，助力提升经济发展优势区域的经济和人口承载能力。实施农村电网巩固提升工程，加强乡镇供电所和农电队伍建设，补齐乡村供电服务短板。继续做好东西帮扶和定点帮扶工作，巩固电力帮扶成果，从而与全面推进乡村振兴有效衔接。（国网发展部、设备部、营销部、基建部、物资部、后勤部，国调中心，各省公司、物资公司）

（2）构建新型电力系统。

①深化重大问题研究。组织开展顶层设计，研究提出新型电力系统内涵特征、构建原则、演变过程和路线图，做好试点示范工程建设工作。研究新型电力系统构建基础理论、核心技术和关键装备，突破柔性直流、储能、虚拟电厂等关键技术，跟踪高效碳捕捉和循环利用、氢能"制运储用"等颠覆性技术进展。研究新型电力系统运行控制体系，提高机电、电磁多时间尺度的电网暂态仿真分析能力，加快掌握系统安全运行控制、分布式和微网协调控制等关键技术。研究新型电力系统电价体系、配套政策和市场机制，提出保障措施建议。（国网发展部、财务部、科技部，国网体改办、国调中心，各分部，各省公司、电科院、经研院、能源院、联研院）

②完善"十四五"电网规划。优化电源建设规模和布局，研究电力缺口和调峰需求，提出抽水蓄能、储能、调峰气电、煤电建设和灵活性改造规模布局，统筹电力供应、运行安全和利用效率，提出风电、太阳能发电等电源安排建议。研究应急备用和调峰电源建设方案，推动电源增发、稳供，利用市场化手段扩大需求侧响应规模，持续保障电力供应。优化电网项目建设方案和时序，结合新能源开发规模和布局，重点保障负荷供应，优先满足新能源接入。结合清洁能源基地开发和受端市场空间，研究论证以输送风电、光伏等新能源为主的柔性直流示范工程。（国网发展部、相关部门，相关机构，各分部，各省公司、经研院、能源院、电科院）

（3）服务新能源发展。

①保障新能源及时同步并网。加强新能源富集区域变电站布点，推进送出通道建设。开辟风电、太阳能发电等新能源配套电网工程建设"绿色通道"，保障新能源及时并网发电。加快水电、核电并网和送出工程建设，支持四川等地区水电开发，超前研究西藏水电开发外送方案。到2025年，公司经营区风电、太阳能发电总装机容量达到8亿千瓦以上。（国网发展部、基建部，国网特高压部、国调中心，各分部，各省公司）

②支持分布式电源和微电网发展。为分布式电源提供一站式全流程免费服务。加强配电网互联互通和智能控制，满足分布式清洁能源并网和多元负荷用电需要。做好并网型微电网接入服务，发挥微电网就地消纳分布式电源、集成优化供需资源作用。利用5G、物联网等先进技术手段，实现对用户侧分布式电源和微电网的可观、可控。到2025年，公司经营区分布式光伏达到1.8亿千瓦。（国网营销部、发展部、设备部，国调中心，各省公司、信通公司、综能服务集团）

（4）促进清洁能源消纳。

①加快调峰调频电源建设。落实国家可再生能源发展规划，充分满足新能源发展需要和区域、省级电网调峰需求，有序推进绩溪、敦化、荒沟、沂蒙等30项在建抽水蓄能电站工程。高质量推进奉新、庄河等抽水蓄能电站前期工作，结合"十四五"规划，在新能源开发集中、消纳困难的西北部地区，以及受端直流落点密集、负荷水平高的东中部地区，安排一批抽水蓄能电站项目，加强抽水蓄能电站综合利用，提升系统灵活调节能力。"十四五"期间，在新能源集中开发地区和负荷中心新增开工2 000万千瓦以上装机、1 000亿元以上投资规模的抽水蓄能电站，到2025年公司经营区抽水蓄能装机超过5 000万千瓦。（国网水新部，国网发展部，相关省公司、新源公司）

②优化电网调度运行。强化新能源功率预测，并提升预测精度，延展预测周期。加强跨区跨省外送电源联合优化配置，推动跨地区跨流域风光水火荷联合运行，增强电网对清洁能源大规模接入的适应能力。加强清洁能源全网统一调度，完善跨区域和区域内旋转备用共享机制，充分发挥大电网一体化平衡优势，通过跨区系统运行方式统筹、全网备用资源共享、省间余缺互济等手段，提升资源优化配置能力和效率。推进"新能源+抽水蓄能"联合调度，最大限度提高抽水蓄能和新能源的协同效益。"十四五"期间，公司经营区新能源发电利用率保持95%以上。

③创新电力交易机制。健全清洁能源市场化交易机制，完善以中长期交易为主、现货交易为补充的省间交易体系，扩大清洁能源交易规模，充分发挥市场在资源优化配置中的决定性作用。保障市场机制与可再生能源全额保障性收购、消纳责任权重机制的衔接，完善清洁能源替代常规能源的发电权交易机制，促进市场主体多方共赢，提升消纳积极性。到2025年，建立健全促进清洁能源消纳的市场化交易机制，清洁能源电量占比达到35%。（北京电力交易中心，国网发展部，国网体改办、国调中心，各分部，各省公司、能源院、经研院、电科院）

2.智慧赋能提升

（1）推动电网形态升级。

①推进源网荷储协同互动。加强源网荷储统筹规划，推动电网和常规能源、新能源、负荷资源及储能协调发展。推动"源随荷动"调度模式向"源网荷储协同互动"模式转变，以定标准为基础、建市场为手段、提能力为目标、推重点为抓手，切实发挥调控系统

作为大电网运行控制"指挥中枢"和贯通能源生产、传输和消费全环节的资源优化配置平台作用。建设源网荷储协同调控系统，对接独立负荷聚合商、车联网平台、大用户等相关负荷侧资源聚合平台，激发高载能可调节负荷、电动汽车、中央空调、电锅炉等需求响应潜力，实现负荷侧资源在调度端的全景感知、动态聚合和连续可控，引导储能参与辅助服务市场，推进源网荷储调控能力提升工作。到2025年，纳入源网荷储协同互动的可调节负荷与储能容量占电网供电负荷的5%。（国调中心，国网发展部、营销部、互联网部，北京电力交易中心，各分部，各省公司、信通公司，综能服务集团）

②探索电气热冷多能互补。统筹考虑地区能源资源禀赋，围绕配电网用户侧，融合信息通信新技术、能源行业新业态，发展多种分布式能源、集群负荷统一规划、运行和管理的智慧能源系统。基于工业园区、大型公共建筑等应用场景，结合电力供需及新能源出力情况，优化电锅炉、热泵、蓄冷蓄热装置、燃气冷热电三联供等多能转换设备运行方式，全面提升能源互联网环境下多元主体协同运行与集成优化能力。"十四五"期间，持续推动用户侧综合能源系统建设，在河北雄安、河南兰考、长三角示范区等地实施一批试点项目。（国网营销部、发展部、设备部、互联网部，国调中心，各省公司、综能服务集团、能源院）

（2）推动电网技术升级。

①加强关键核心技术攻关。坚持科技自立自强，持续巩固优势技术领域，深化大电网安全、新能源并网、特高压输电等技术应用，进一步提升核心竞争力。加快突破各类"卡脖子"技术，针对电力系统"双高""双峰"特点，加快电力可靠供应、安全稳定运行控制等技术研发，推动以输送新能源为主的特高压和柔性直流输电等技术装备进步，推进虚拟电厂、新能源主动支撑等技术应用，研究推广有源配电网、分布式能源、终端能效提升和能源综合利用等技术装备。（国网科技部、发展部、设备部、营销部、基建部，国网特高压部、国调中心，各分部，各省公司、电科院、联研院）

②加快能源与数字技术融合应用。加强"大云物移智链"等技术在能源电力领域的融合创新和应用，夯实能源互联网信息支撑体系，优化信息采集感知终端部署，强化通信网络建设，加快云、数据中台和物联平台等新型数字基础设施建设应用，深化业务中台、网上电网、调控云、绿色国网、营销2.0、设备管理PMS3.0、现代智慧供应链等的推广应用。深入推进芯片、5G、人工智能、区块链、北斗等先进技术与能源业务融合创新，加快能源大数据中心建设运营，拓展高品质数据产品和服务。到2025年，数字化发展指数达到87%。（国网互联网部、发展部、设备部、营销部、科技部、基建部，国调中心，各分部，各省公司、信通公司、大数据中心）

（3）推动电网功能升级。

①支撑能源生产清洁化。积极支持存量煤电机组灵活性改造，保证新建煤电机组具备深度调节能力，尽可能减少煤电发电量，推动电煤消费尽快达峰。提高新能源发电机组

涉网性能，推动储能规模化应用，发展"新能源＋储能＋调相机"模式，提高新能源利用效率。服务国家智慧能源体系构建，深化新能源云应用和并网接入一站式服务，为新能源发展提供政策、规划、技术、管理全方面的支撑，配合做好新能源规划引导工作，促进新能源科学有序发展。（国网发展部、营销部，国调中心、北京电力交易中心，各分部，各省公司）

②推进能源消费电气化。大力推进燃煤自备电厂清洁替代，逐步扩大清洁取暖、港口岸电、绿色交通、生产加工等替代规模，探索经济性较好领域的全面替代。拓展智慧城市、智慧农业、智能制造等新领域，在生产制造和工业领域推广机器人等智能应用，在农产品仓储和加工等环节加快冷链物流、电烘干、电除菌等技术应用，培育电能替代新业态、新领域。积极参与和支持纯电动船、高温高效热泵等新型用电技术研发，加强示范引领，打造国际领先的电能替代技术标准体系。积极争取电能替代补贴等优惠政策，优化运营模式，促进可持续发展。到 2025 年，非化石能源占一次能源消费比重达到 20%，电能占终端能源消费比重达到 30%。（国网营销部、发展部、科技部，各省公司、综能服务集团）

③促进能源利用高效化。发挥电网基础平台作用，充分利用柔性直流、抽水蓄能电站、动态无功补偿装置等灵活元件功能，提升调节灵活性，促进电网灵活高效运行。推广节能导线和变压器，强化节能调度，提高电网节能水平。聚焦工业、建筑、交通等重点用能领域，运用高效节能技术、用户互动技术、能源梯次利用技术，提升系统整体效率。依托省级智慧能源服务平台，广泛开展能效公共服务，为重点客户提供能效对标服务，制定能效提升解决方案，引导客户节能改造，着力促进能效提升。推广应用高效能源转换设备，建设综合能效示范工程，推动能源互联网成为我国能效提升的关键环节。（国调中心，国网发展部、营销部、设备部、科技部，各省公司、综能服务集团）

（4）推动市场开放升级。

①打造统一开放的电力市场。着力构建全国统一电力市场，做好市场与优发优购、中长期市场与现货市场、省间交易与省内交易的统筹。构建架构先进、功能丰富、灵活配置的电力市场交易平台，支撑市场高效运营。推动发用电计划和竞争性环节电价有序放开，持续提升市场化交易规模和占比，降低社会综合用能成本。建立促进新能源消纳的市场机制，完善辅助服务市场，引导抽水蓄能、储能、可中断负荷等参与系统调节。持续强化接入、供电、计量、结算等市场服务能力，提升各类市场主体的获得感与满意度。到 2025 年，市场化交易电量占比达到 45% 以上。（北京电力交易中心，国网发展部，国网体改办、国调中心，各分部，各省公司，能源院、经研院、电科院）

②积极参与国家碳市场建设。加强发电、用电、跨省区送电等大数据建设，支撑全国碳市场政策研究、配额测算等工作。围绕电能替代、抽水蓄能、综合能源服务等，加强碳减排方法研究，为产业链上下游提供碳减排服务，从供给和需求双侧发力，通过市场手

段统筹能源电力发展和节能减碳目标实现。提升公司碳资产管理能力，充分挖掘碳减排（CCER）资产，建立健全公司碳排放管理体系，发挥公司产科研用一体化优势，提供碳排放交易方案设计、代理等服务，培育碳市场新兴业务，构建绿色低碳品牌，形成共赢发展的专业支撑体系。（国网发展部、财务部、营销部、互联网部，国调中心、北京电力交易中心，各省公司、综能服务集团）

3. 安全保障提升

（1）强化电网安全。

①夯实各级网架基础。宣贯执行新版《电力系统安全稳定导则》，深化大电网安全特性研究，聚焦"强直弱交"、短路电流超标、局部潮流重载等问题，持续优化电力系统结构布局，合理分层分区，补强安全薄弱环节。落实国家主管部门有关安排部署，"十四五"中期完成省会城市及计划单列市坚强局部电网建设，"十四五"后期力争实现重点城市坚强局部电网全覆盖，保障供电安全。（国网发展部、设备部、基建部、国网特高压部、国调中心，各分部，各省公司）

②加强大电网安全运行控制。筑牢电网三道防线，提升安全稳定紧急控制水平，增强抵御故障的韧性、事故后恢复的弹性，提升系统自愈能力。建设"安全可靠、自主可控"新一代变电站二次系统，夯实电网安全运行基础。提升全电磁暂态仿真能力，防控重大安全隐患。建设以"智能、安全、共享、开放"为特征的新一代调度技术支持系统，进一步提高电网全息感知、灵活控制和平衡调节能力。完善省级以上调度备用能力，提升备用调度功能，强化主备调切换演练。到2025年，全面建成六大区域电网系统保护，电网安全水平保持国际领先。（国调中心，各分部，各省公司、信通公司）

（2）强化设备安全。

①严把设备入网质量关。坚持中高端标准选型，推动关键设备国产化替代，降低进口依赖。健全电网设备技术标准，建立技术符合性评估认证体系，深化全过程技术监督。加大设备监造力度和到货质量抽检，强化智能仓储及检储配一体化建设，引导设备品牌提升，从源头严控设备质量。（国网物资部、设备部、科技部、后勤部，各省公司、物资公司）

②深化设备精益管理。优化运维管理模式，落实设备主人制，提升设备监控强度和管理细度。优化设备差异化运维策略，常态化开展隐患排查工作，落实反事故措施，推行以可靠性为中心的状态检修，提升设备安全可靠性水平。消除重点消防安全隐患，持续提升电网设备消防水平。"十四五"期间，直流工程能量可用率、综合供电可靠率和电压合格率逐年提升。（国网设备部，各省公司、直流公司）

③加快构建现代设备管理体系。坚持设备实物和价值管理并重，加强顶层设计，形成部门协同、专业协作、上下联动的全员设备管理机制。在规划设计、物资采购、施工建设、运行维护等各环节深化全面质量管理和资产全寿命管理，提升设备管理质效。（国网

设备部、发展部、基建部、物资部，国网特高压部、水新部，各省公司、能源院）

（3）强化网络安全。

①健全网络安全防护体系。持续优化网络安全顶层设计，夯实网络安全三道防线，确保不发生网络重大安全事故。健全网络安全风险评估与能力评价机制，完善公司网络安全应急体系。推进网络边界安全自主可控装置的研发和推广应用，通过边界装置统一云化部署，实现自主可控边界装备的柔性部署、灵活编排、统一管控。到2025年，全面建成全场景网络安全防护体系。（国网互联网部，国调中心，各分部，各省公司、信通公司）

②提升网络信息安全主动防御能力。开展网络安全基础数据治理工作，完善全场景态势感知平台，加强关键节点监控。全面加强运行值班，深化应用电力监控系统网络安全管理平台，实现"静态防御"向"动态管控"的转变。建设电力监控系统网络攻防实训基地，常态化进行攻防演练和沙盘推演，切实提高抵御集团化、大规模恶意网络攻击能力。加强资产本体、网络边界、数据安全防护，扩大商用密码应用。（国网互联网部，国调中心，各分部，各省公司、信通公司）

（4）提升管控水平。

①全面建成安全管理体系。形成完善的安全制度、机制、标准，健全自我评价、自我改进、自我提升安全管理内生机制，推进安全治理体系和治理能力现代化。深入开展专项整治三年行动，全力推进"1150工程"，滚动更新问题隐患和制度措施"两个清单"，着力从根本上消除隐患、从根本上解决问题。强化全员履责，滚动修订全员安全责任清单，照单履责、失职问责。深化双重预防机制建设，构建覆盖各专业、各层级的安全风险防控机制，健全隐患排查、评估、治理、销号全过程工作机制，防范化解重大安全风险隐患。（国网安监部、相关部门，相关机构，各分部，各省公司、能源院）

②完善应急体系建设。开展军、地、企协调联动的一体化应急体系建设，在运转机制、工作流程和指挥方式等方面强化协同。健全公司突发事件应急预案体系，强化突发事件应急处置评估，加强应急队伍建设和管理，开展应急培训和实战演练，强化应急物资和应急装备保障。（国网安监部、物资部、相关部门，相关机构，各分部，各省公司）

③强化作业安全管控。落实"四个管住"要求，加强作业现场风险管控。全面推进作业层班组标准化建设，严格班组骨干培训准入，将作业层班组打造成为保障作业现场安全的基本单元。强化远程抽查和"四不两直"督察，严肃开展量化考核、分级预警、责任追究活动。深化作业人员实名制信息化管控，将劳务分包队伍纳入施工单位"四统一"管理，杜绝"以包代管""包而不管"。"十四五"期间，推进作业层班组骨干考试及准入全面实施。（国网基建部、安监部、设备部、营销部、产业部，国网特高压部、水新部，各分部，各省公司、新源公司、直流公司、交流公司）

4.卓越服务提升

（1）构建卓越服务体系。

①深化营销稽查与质量监督体系建设。以线上化、数字化、智能化营销稽查为主线，全面强化营销稽查内部审计职能和专业化管理，组建两级柔性稽查团队和地市稽查大队，构建"区域化"稽查管理机制；强化稽查会商督办，建立正向激励机制，实现"发现一个问题、规范一类业务"。搭建功能全面、高度智能、数据共享的营销稽查监控平台，构建"查改防"一体化的智慧稽查新模式，全面推动营销基础管理与优质服务水平"双提升"。（国网营销部，各省公司、客服中心）

②打造现代客户服务模式。推进国网客服中心转型发展，推动95598业务向人工智能转变，服务模式向智能化、数字化转型，持续提升服务效率；深化客户反映的各类问题治理，推动业务部门深入解决根本性问题，持续提升服务水平。持续深化省营销服务中心（计量中心）建设运营，实施电能表、互感器等设备状态评价和失准更换，提升支撑效能；推进省营销服务中心"服务型"转型，提升对地市、县公司的支撑与服务能力。深化营配业务协同融合，全面推行城区低压网格化管理和现场综合服务，强化园区供电机构和全能型供电所建设，加快推广客户经理制，促进大客户经理、业扩报装、用电检查等岗位融合，强化"一体四翼"业务的协同，加快拓展"供电＋能效服务"。强化供电营业厅、城区网格化综合服务站、全能型乡镇供电所等各类服务资源统筹，以及与政府服务网格的协同，持续提升客户诉求响应效率和质量，持续提升乡镇供电所管理信息化、协同高效化、服务立体化水平。（国网营销部、设备部，各省公司、客服中心）

（2）提高供电服务品质。

①优化客户服务体验。加快95598业务智能化转型和供电营业厅优化升级，推广城区网格化服务。推进服务线上化、数字化、智慧化，统筹95598电话、网上国网和营业厅等服务渠道资源，构建线上线下一体化服务新模式，提升服务效率。加强供电服务建设管理，深化问题整改和长效机制建设，强化供电服务监督管控，研究建立差异化服务新模式，构建科学合理的供电服务评价体系，深化第三方满意度调查，持续提升客户满意度和获得感。（国网营销部，各省公司、客服中心）

②提升乡村电气化服务水平。全面提升普遍服务能力，推进东部城乡电网一体化、中部供电服务均等化、西部民生供电普惠化。大力保障农业生产用电，强化乡村产业升级用电服务，全面服务乡村美好生活用能需要，在农业生产、乡村产业、农村生活等领域建成一批乡村电气化惠农富民项目和乡村电气化示范工程，打造乡村振兴农商数字化平台，大幅提升乡村电气化服务水平。到2025年，电力普遍服务水平达到99.94%。（国网营销部、发展部、设备部、基建部，各省公司、客服中心）

③提升供电保障能力。落实配电网目标网架，着力解决局部重过载、低电压、联系薄弱等问题，提升供电能力。推进配电网建设运维一体化管理，强化配电网工程管理支

撑，深化供电服务指挥中心运营，加强基层班组配电专业管理，提升不停电作业能力。强化电压监测分析，优化无功配置及运行控制策略，提升电能质量。督促重要客户完善外电源及自备应急电源，配置合格率不低于90%、80%；确保完成冬奥会、世界大学生运动会、亚运会、全运会等重大活动保电任务。到2025年，城乡用户平均停电时间下降至9.0小时。（国网发展部、设备部、营销部、后勤部，国调中心，各省公司）

（3）拓展客户能效服务。

①深化需求响应。积极推动建立需求响应市场化价格机制，围绕工业用户、智能楼宇、电动汽车、客户侧储能等重点方向，促进客户侧各类用能设施与电网的广泛互联、深度感知，建立优质经济可调节负荷资源库，积极推进各类可调节负荷参与需求响应。通过省级智慧能源服务平台聚合各类客户可调节负荷、负荷聚合商，强化系统对接，积极服务各类主体参与需求响应市场、辅助服务市场及现货市场，因地制宜开展削峰、填谷、促进清洁能源消纳等场景下的需求响应应用。以新型智能物联电能表和能源控制器为基础，以台区为单位，统筹电动汽车、户用光伏、智能物联家电等各类负荷，推进台区用能优化。（国网营销部、发展部、财务部、互联网部，国调中心，北京电力交易中心，各省公司、电动汽车公司、综能服务集团）

②推广综合能源服务。以提升全社会用能效率、服务能源绿色发展为目标，适应能源市场发展态势，满足客户多元用能需求，拓展综合能效、多能供应、清洁能源、新兴用能、能源交易、智慧用能等综合能源服务，积极开展用能诊断，定期向客户发布用能信息，培育客户良好用能习惯，助力提升终端用能效率，促进经济效益、社会效益最大化。建立协同工作体系和联动机制，提升投研分析、规划设计、风险防控等核心服务能力，全面集成贯通省级智慧能源服务平台和"绿色国网"，广泛接入全社会用能信息，实现综合能源服务队伍专业化、服务规范化、手段信息化。（国网营销部、财务部、科技部、互联网部、产业部，各省公司、综能服务集团）

（4）优化电力营商环境。

①提升客户办电效率。坚持"你用电、我用心"，认真落实提升"获得电力"服务水平9项举措，加快推广"三零""三省"服务。实行业务限时办理和线上业务"一证通办"，简化供电方案审批程序，进一步压减办电环节。全面推行"阳光业扩"服务，拓展"网上国网"功能，健全电网资源、需求等信息公开机制，提高办电时效性和透明度。到2025年，"获得电力"指标排名进入世界前10。（国网营销部、发展部，各省公司、客服中心）

②降低客户用能成本。严格落实国家降低用电成本政策，积极配合政府做好转供电规范治理工作，清理规范转供电环节不合理加价行为，确保政策红利及时足额传导。积极推动完善市场交易规则，加强服务产品开发，助力大用户降低直接交易的难度和风险，促进改革红利最大程度释放。加快电力现货市场建设，积极推进新一代用电信息采集系统建设，提升计量采集支撑能力，助力各类企业公平参与电力市场交易，降低客户综合用能成

本。(国网营销部、发展部、财务部，北京电力交易中心，各省公司)

5.价值创造提升

(1)挖掘生产经营潜力。

①推动技术降损和管理降损。按照计量点、支路、主干线、配变出口"四级平衡"原则，深入开展台区三相不平衡治理工作，提高线路功率因数。压实10千伏分线及台区线损管理责任，狠抓高损线路和台区治理，加快反窃电监控系统建设应用，强化反窃查违和防窃电改造，推行"一线路一指标、一台区一指标"。强化同期线损监测，提升智能化降损决策能力。"十四五"期间，公司经营区综合线损率降至5.5%。(国网发展部、设备部、营销部、国调中心，各分部，各省公司)

②强化重点环节降本节支。以业财链路贯通为主线，深度应用电网生产运营作业标准成本，推进作业成本标准化，同时科学配置设备生产成本，压减低效、无效支出。优化购电结构，提高优质低价水电采购规模，降低购电成本。严控非生产性支出，降低行政办公费用，从严安排"三公"经费及会议费。利用资信优势和询价机制，多渠道筹集低成本资金，努力降低融资成本。(国网财务部、办公室、发展部、设备部、营销部，北京电力交易中心，各分部，各省公司)

③加强电费回收管控。积极推广购电制、分次结算、分次划拨、抵押担保等措施，缩短电费回收周期。强化充值购电资金管理，实行非居民客户电费结余回馈机制。做实做细"一户一策"欠费风险防控。"十四五"期间，确保新增电费足额回收，陈欠电费应收尽收，经营成果颗粒归仓。(国网营销部、财务部，各省公司)

(2)提升资产运营效率。

①提高电网设备利用水平。推动特高压配套电源建设，落实长期送受电协议，促进形成稳定的送受电市场，提高资源配置效率。合理安排跨区直流系统检修计划，完善系统运行和稳控措施，实现输电能力"可用尽用"。全面诊断各级电网运行效率，就容载比长期越上限、设备负载率长期偏低的情况形成问题清单，制定统筹冗余资源、优化电网结构等措施，限期整改落实。加强老旧设备改造，提高现有设备健康水平和利用率，提高电网整体运行效率。聚焦效率效益，建立责任清晰、权责对等的高质量发展指标体系，覆盖各单位、各层级、各专项，深入开展高质量发展评价活动，紧密衔接规划计划和投资安排，以高质量投资推动高质量发展。(国网发展部、设备部、营销部、基建部，国网特高压部、国调中心、北京电力交易中心，各分部，各省公司、经研院)

②推进基础资源共享运营。在确保安全的前提下，以市场需求为导向，安全稳妥地推进公司站址、杆塔、管廊等基础资源综合开发利用，通过投资附属设施、实施数字化赋能、开展衍生服务等方式，提供新产品、新技术、新服务，获得基础资源复用价值。到2025年，多站融合数据中心站、杆塔、光缆、沟道等基础资源实现多场景共享运营。(国网互联网部、财务部、设备部、后勤部，各省公司、大数据中心)

（3）加大市场开拓力度。

①大力实施电能替代。推动电动汽车、港口岸电、纯电动船、公路和铁路电气化发展。深挖工业生产窑炉、锅炉替代潜力。推进电供冷热，实现绿色建筑电能替代，推进清洁取暖"煤改电"。积极参与用能标准建设，推进电能替代技术发展和应用。"十四五"期间，公司经营区替代电量达到6000亿千瓦时。（国网营销部、发展部、科技部，各省公司）

②提高售电市场占有率。因地制宜制定外部供区上划接收、股份合作等方案，推进公司营业区扩容。规范自备电厂并网管理，推动自备电厂转公用。增强客户黏性，吸引潜在客户转入公司营业区。针对国家级新区、新增工业园区等优质项目，建立以市、县为责任主体的快速响应机制，优化电网投资界面和配套电网工程建设管理程序，运用灵活电价政策。到2025年，公司售电市场占有率保持90.5%以上。（国网营销部、发展部、设备部，国网体改办，各省公司）

③积极拓展新业务新业态。围绕满足客户综合化、定制化能源需求，构建直属产业公司与属地公司协同高效的业务运作体系，扩大综合能源服务市场规模。聚焦能源转型新业务、能源数字新产品、能源平台新服务，推动产业结构性升级，梯次形成新的增长点、增长极。就已经市场检验、产业模式明确的综合能源服务、能源+电商、电动汽车服务等业务，加大市场开拓力度，推进规模发展。就已取得试点收益、产业模式尚需固化的能源+工业互联网、能源+金融、5G与地理时空信息服务等业务，加快突破提升。就产业模式和市场尚需培育、营收规模发展处于起步阶段的源网荷储协同服务、大数据运营等业务，加强培育孵化。（国网互联网部、产业部、发展部、财务部、设备部、营销部、物资部，国调中心、北京电力交易中心，各省公司、南瑞集团、信产集团、电动汽车公司、电商公司、综能服务集团、大数据中心、能源院）

（4）构建共享生态体系。

①带动产业链提质升级。把握产业链现代化发展要求，发挥特高压、抽水蓄能等重大工程产业带动作用，优化供应链，提升电力相关产业综合实力。围绕资源增值复用、业务创新赋能、数据共享应用、平台建设运营等方面，延伸价值链，打造新的增长点。统筹推进投资、建设、运营产业链一体化，技术、标准、管理价值链一体化，有力带动产业基础能力提升、有效投资规模扩大，推进产业链相关主体协同发展。"十四五"期间，拉动上下游产业链投资超过5万亿元。（国网发展部、财务部、设备部、营销部、科技部、基建部、互联网部、物资部，国网特高压部、水新部，各分部，各省公司）

②构建能源互联网生态圈。推动电动汽车充换电、综合能源服务等市场化业务发展，加快智慧能源服务等业务信息平台建设，为各类市场主体赋能。汇聚各方力量，加强跨界融合，推动政府、行业、企业等各类主体合作，实现信息深度共享、资源充分汇聚、供需高效对接，培育、布局与开拓新业务、新业态、新模式，全面支撑能源互联网生态构建。

到2025年，初步建成共建共治共享的能源互联网生态圈。（国网发展部、互联网部、营销部、产业部、国网体改办，各省公司、综能服务集团）

（四）重大项目

1. 特高压交流

加强华北—华中联网，扩展延伸华北、华东特高压主网架，建成华中特高压骨干网架和川渝特高压输电通道，规划建设26项重点特高压交流工程（表1-2）。

表1-2 重点特高压交流工程

单位：万千伏安、千米、亿元

序号	工程名称	变电容量	新建线路	投资	投产年份
1	晋北特高压站扩建	300		5	2021
2	晋中特高压站扩建	300		5	2021
3	长沙—南昌	1 200	690.4	104	2022
4	华北—华中联网加强（长治—南阳）		372	25	2022
5	北京东特高压站扩建	600		9	2022
6	雄安特高压站扩建	600		6	2022
7	石家庄特高压站扩建	600		6	2022
8	福州—厦门	600	484	62	2022
9	南阳—荆门—长沙		984.5	82	2022
10	荆门—武汉	600	476	65	2022
11	驻马店—武汉		573	34	2022
12	武汉—南昌		865	58	2022
13	驻马店、南阳特高压站扩建	600		10	2022
14	甘孜—天府南—成都东	1 800	820	129	2022
15	重庆—天府南	600	360	32	2022
16	胜利—张北		760	40	2023
17	大同—怀来—天津北—天津南	2 700	1 960	163	2023
18	天津南特高压站扩建	600		6	2024
19	平圩四期电源（2×1 000兆瓦）送出		5	2	2024

续表

序号	工程名称	变电容量	新建线路	投资	投产年份
20	南昌特高压站扩建	300		5	2024
21	吴江（嘉兴）1 000千伏输变电工程	600	2	17	2025
22	浙江特高压交流环网工程	900	1 230	128	2025
23	长沙特高压站扩建	300		5	2025
24	荆门特高压站扩建	300		5	2025
25	黄石1 000千伏输变电工程	600	14	20	2025
26	阿坝1 000千伏输变电工程	600	860	87	2025

2. 跨省跨区直流

保障西北、西南能源基地外送，满足"三华"负荷中心电力需求，推进闽粤联网，规划建设9项重点跨省跨区直流工程（表1-3）。

表1-3 重点跨省跨区直流工程

单位：万千瓦、千米、亿元

序号	工程名称	换流容量	新建线路	投资	投产年份
1	陕北—武汉	1 600	1 136	184	2021
2	雅中—江西	1 600	1 711	254	2021
3	闽粤联网*	200	145	28	2021
4	白鹤滩—江苏	1 600	2 087	307	2022
5	白鹤滩—浙江	1 600	2 140	286	2022
6	陇东—山东	1 600	1 025	189	2024
7	哈密北—重庆	1 600	2 253	260	2024
8	金上—湖北	1 600	1 818	257	2025
9	青藏直流扩建	120		21	2025

注：*为控股换流站及公司经营区域内的投资。

3. 抽水蓄能电站

加快抽水蓄能电站建设，提升系统灵活调节能力，"十四五"投产容量2 000万千瓦以上（表1-4）。

表1-4 "十四五"投产的抽水蓄能电站工程

单位：亿元、万千瓦

序号	工程名称	投资规模	装机容量	"十四五"投产容量
1	安徽绩溪	98.9	180	30
2	吉林敦化	77.9	140	140
3	黑龙江荒沟	58	120	120
4	山东沂蒙	73.7	120	120
5	河北丰宁（一、二期）	192.4	360	360
6	安徽金寨	74.7	120	120
7	河南天池	67.5	120	120
8	山东文登	85.7	180	180
9	福建厦门	86.6	140	140
10	重庆蟠龙	71.2	120	120
11	陕西镇安	88.5	140	140
12	新疆阜康	83.7	120	120
13	江苏句容	96.1	135	90
14	辽宁清原	109	180	120
15	浙江宁海	79.5	140	70
16	浙江缙云	103.9	180	60
17	河南洛宁	88.8	140	70

（五）投入产出

1.投资安排

落实党和国家各项决策部署，保障经济社会发展，满足电力增长需要，统筹发展与经营、需求与能力，安排公司"十四五"电网业务固定资产和股权投资26 501亿元。其中，固定资产投资26 449亿元，较"十三五"增长9.6%；股权投资52亿元，与"十三五"基本持平（表1-5）。

表1-5 "十四五"电网业务投资规模

单位：亿元

	"十四五"投资规模	2021年	2022年	2023年	2024年	2025年
一、电网基建	21 860	3 802	4 241	4 553	4 725	4 539
（1）特高压交直流	3 002	615	603	601	595	588
（2）750千伏及以下	18 858	3 187	3 638	3 952	4 130	3 951
二、抽水蓄能及常规水电	1 000	215	210	200	190	185
三、生产技改	1 867	347	351	365	399	405
（1）电网技改	1 778	334	332	346	380	386
（2）电源技改	89	13	19	19	19	19
四、零星购置	388	76	78	78	78	78
五、营销（资本性）	499	109	102	99	99	90
六、数字化（资本性）	346	74	65	72	75	60
七、电网小型基建	349	87	72	64	65	61
八、生产辅助技改	140	26	27	28	29	30
九、股权投资	52	11	11	10	10	10
合计	26 501	4 747	5 157	5 469	5 670	5 458

2. 效率效益

（1）运营效率。到2025年，跨省跨区输电能力达到3.0亿千瓦，较"十三五"末增长30%；特高压直流通道利用小时数不低于4 500小时，较"十三五"末增长699小时；综合线损率5.5%，较"十三五"末下降0.37个百分点；全员劳动生产率100万元/人·年，较"十三五"末增长45%；单位资产售电量1.25千瓦时/元，较"十三五"末增长2%；"十四五"单位投资增售电量0.48千瓦时/元，较"十三五"增长2%。

（2）经营效益。按照售电量年均增速5%，输配电价水平保持稳定测算，"十四五"期间，电网业务营业收入累计14.37万亿元，年均增长5%；利润总额累计1 979亿元，年均增长13%；净利润累计1 374亿元，年均增长17%；净资产收益率1.5%，营业收入利润率1.4%，资产负债率控制在52%以下。

（3）社会效益。"十四五"期间，扩大内需方面，电网投资带动上下游产业投资约5.3万亿元，每年对GDP增长贡献度约0.42%，每年对工业增加值贡献度约2.4%；新增就业岗位约400万个，每年约80万个；创造税收约2 600亿元，每年约520亿元。

服务碳达峰、碳中和目标方面，保障风电和太阳能累计装机达到8亿千瓦以上。到2025年，风电和太阳能发电量约达1.1万亿千瓦时，相当于减少电煤消耗约4.7亿吨，减排二氧化碳约8.5亿吨。

（六）保障措施

1. 加强与国家规划衔接

主动与各级能源主管部门进行沟通，推动公司电网规划纳入国家和地方"十四五"电力规划。促请各级政府将电网规划纳入国土空间规划，在站址和走廊保护、项目审批、征地拆迁等方面给予支持，为电网发展营造良好环境。

2. 推动建立合理电价机制

针对新能源大规模发展带来的系统成本上升问题，加强价格形成及疏导方式研究，推动建立以节约能源为导向的电价机制，抑制不合理能源消费，促进能源转型和节能提效。促请完善政策性投资监管规定，巩固完善输配电价机制，确保新能源消纳、履行普遍服务等投资有效疏导。推动国家出台关于抽水蓄能、电化学储能价格形成机制和可中断负荷电价机制。

3. 争取资金和政策支持

争取中央资金对农网巩固提升、煤改电等专项工程，以及中西部地区重大电网项目进行支持，争取地方财政在资金补贴、财税减免、低息贷款等方面的扶持，切实减轻公司经营压力。在国家层面推动建立电网东西帮扶机制，着力解决电网发展不平衡、不充分问题。

4. 严控带息负债和经营风险

建立健全投融资计划协同联动机制，优化债务融资管理，发挥公司资信优势，积极研究债券发行方式，丰富发债品种，合理降低债务融资成本。推进混合所有制改革，加大资本开放力度，积极引入社会资本，拓展资本金来源。坚持依法合规，强化融资相关政策研究，提升融资效率，做好融资风险管控工作。

三、金融业务发展

公司坚决贯彻落实中央关于金融服务实体经济的要求，积极稳妥地发展金融业务，形成金融、科技、海外三方协同、赋能发展的金融业务布局，业务范围涵盖财务公司、保险、信托、证券、基金、租赁等金融行业主要领域。金融业务作为公司"一体四翼"发展总体布局的重要组成部分，为电网及产业链上下游实体企业提供了有力支撑，在服务公司高质量发展中发挥了重要作用。

"十四五"时期,公司内外部形势严峻复杂,金融业务发展机遇与挑战并存,需要进一步强服务、促改革、提效能、控风险,更好地支撑公司战略实施。"一体四翼"发展总体布局为金融业务明确了定位,指明了方向。为贯彻落实公司党组决策部署,推动"一体四翼"发展总体布局有效落地,促进金融业务转型升级发展,就要特别制定相应方案(图1-2)。

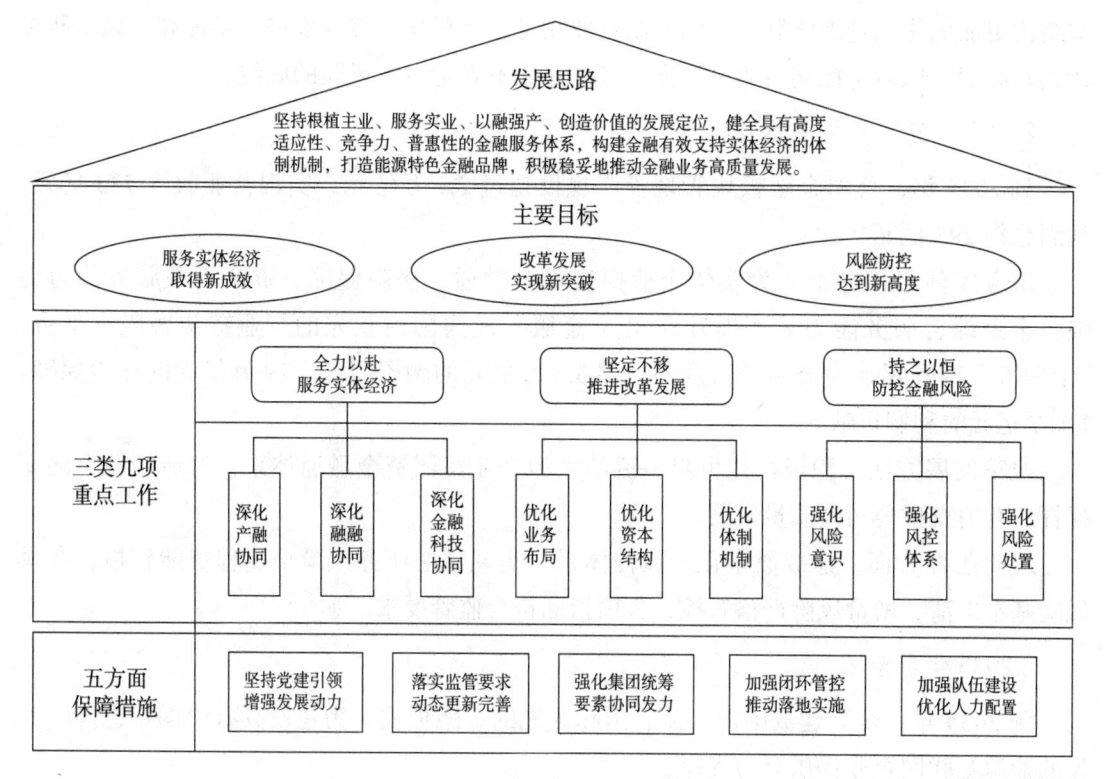

图 1-2 金融业务发展方案

（一）发展思路

认真贯彻落实党中央、国务院关于服务实体经济、防控金融风险、深化金融改革工作部署,按照公司"一业为主、四翼齐飞、全要素发力"发展总体布局,坚持根植主业、服务实业、以融强产、创造价值的发展定位,健全具有高度适应性、竞争力、普惠性的金融服务体系,构建金融有效支持实体经济的体制机制,打造能源特色金融品牌,积极稳妥地推动金融业务高质量发展,为建设具有中国特色国际领先的能源互联网企业提供坚实金融支撑。

（二）主要目标

1.总体目标

到2025年，服务实体经济取得新成效，产融协同不断深化，融融协同显著增强，金融科技协同相得益彰，能源金融特色优势更为彰显。改革发展实现新突破，业务布局、资本结构更加优化，管理体制、协同机制更加完善，市场化发展程度进一步提高。风险防控达到新高度，风险防控能力明显增强，坚决守住不发生重大风险的底线。

2."十四五"发展具体目标

到2025年，公司金融板块管理资产规模超过2.2万亿元，实现营业收入733亿元，利润总额295亿元。

服务实体经济方面，为实体企业提供资金融通、保险保障、资产管理服务能力更强，金融综合服务能力显著提升，"电e金服"成为国内领先的产业链金融服务平台，"十四五"期间累计为公司经营发展提供3.3万亿元的融资服务、29万亿元的保险保障、1187亿元的利润贡献。

改革发展方面，积极构建世界一流的大型企业集团资金融通体系，打造能源金融新标杆，有力支撑公司高质量发展。

风险防控方面，建成数字化大风控体系，实现金融业务风险全过程智能管控；存量风险基本出清，增量风险严格管控，各项指标符合监管要求。

3.2035年展望

到2035年，全面建成国内一流、国际领先的金融板块，为建设具有中国特色国际领先的能源互联网企业提供有力支撑。

（三）重点工作

坚持服务实体经济的本源定位，不断深化产融、融融、金融科技协同，发挥能源金融、综合金融优势，高质量运营"电e金服"，为实体经济发展注入源头活水、增强抗风险能力、提供价值创造支撑，有力推动主业高质量发展。

1.深化产融协同

（1）做优资金融通服务工作。一是不断优化资金结算服务。构建独立自主的结算服务体系，增强资金归集、集中管理、资金监控、数据服务能力，提升自主结算服务能力，深化结算自动化建设，推进新一代资金结算系统建设，积极服务电力交易资金清算。二是持续优化存款服务。完善存款产品结构，努力拓展并表存款规模，深度挖掘非并表存款潜力，强化省管产业单位资金归集，创新存款产品，满足省管产业单位资金保值增值需求，加大补充医疗、企业年金资金归集力度。三是不断优化信贷业务。扩大业务规模，灵活提供临时性融资服务，优化资产期限结构，探索创新信贷、票据、产业链金融等领域的业务。四是巩固发展融资租赁业务。积极拓展系统内业务，有序开拓市场化业务。深化推广直接租赁业务，加快推进业务全覆盖；加强与五大发电集团所属单位的合作，开发其他中小发电公司和地方能源公司业务；稳健发展中小微企业业务。五是积极拓展信托业务。扩大跨区电网资产运作规模，加强省管产业单位资金支持电网建设。拓展供应链信托金融服务，积极探索应收账款资产证券化以及合同订单融资等新模式。六是大力发展保理业务。做大应收电费、工程款保理业务，加快拓展新能源电力企业应收财政补贴款保理业务，有序发展保函、担保、票据等非融资类保理服务。七是加快发展保险投资计划业务。根据电网建设及资金投放安排开发保险债权、股权投资计划。依托电网资源努力开拓上游发电企业客户，逐步形成可复制的综合性投融资服务模式。（国网财务部牵头，设备部、物资部、产业部、法律部、人资部等部门配合，英大集团、相关金融单位负责落实）

（2）做精保险保障服务工作。一是提升电网保险保障水平。推动电网资产投保全覆盖，拓展险种保障广度，完善险种保障组合。开拓新领域新险种，试点推广网络安全保险、营业中断险、无人机综合保险等。二是拓展电力能源行业业务。加大保险创新力度，灵活运用保证保险等工具，助力产业链上下游民营、中小微企业发展。支持战略性新兴产业，运用"首台（套）重大技术装备保险"资质，为特高压国产高新技术装备推广及其他战略新兴科技创新提供有力支撑。三是大力开拓市场优质业务。提高车险业务发展质量，瞄准业务基础良好、效益显著的车险细分市场，实现良性发展。积极融入新零售布局，推动农电渠道与能源金融新零售体系有机结合。针对系统内单位和员工在安全生产、健康养老、风险防范等方面的保险需求，积极开发创新人身保险产品。四是巩固核心业务渠道、拓展新兴渠道业务。拓展供电营业厅、供电服务职工资源开发广度与深度。以股东服务站为主线，积极开发系统外中小企业职场营销市场。加强互联网自营平台建设，增加合作渠道。增强健康险产品的服务功能，优化公司医改、医养资源整合活动。五是推动保险经纪服务转型升级。拓宽增值服务内涵，健全保险经纪服务链条，深化开展电网资产风险管理研究，不断提高保险经纪服务水平。积极开发市场业务；深度挖掘直属单位、省管产业单位业务，大力发展产业链保险经纪业务，完善产品体系；积极拓展新能源领域业务及政府项目。（国网财务部牵头，营销部、物资部、人资部、后勤部等部门配合，英大集团、相关金融单位负责落实）

（3）做强资产管理服务工作。一是助力控制资产负债率。积极运用产业基金等各类金融工具，助力实现公司资产负债率考核目标。二是拓宽融资服务渠道。通过债券发行、上市公司配套融资、类REITs、公募REITs、ABS、资产支持计划、永续债等金融工具，满足各单位融资需求。三是提高资金运作效益。通过协议存款、信托、资管计划、证券投资基金、产业基金等方式，加强省管产业单位资金、补充医疗保险等资金运作，发挥协同运作的规模优势，提升资金运作效率和收益水平。通过优化资产配置，提升保险资金运作收益。四是拓展企业年金业务。扩大企业年金管理规模，助力企业年金保值增值；推动符合条件的金融单位适时申请投资管理人资格。五是助力盘活存量资产。依托英大投资，围绕风险资产管理、低效无效资产处置、集体企业改革等方面，妥善承接、化解资产处置风险，维护金融安全稳定。（国网财务部牵头，产业部、人资部等部门配合，英大集团、相关金融单位负责落实）

（4）做专资本运作服务工作。一是强化资本运作支撑。积极提供财务顾问、投资咨询、保荐等服务，支持系统内单位通过资产重组、收购兼并、IPO等方式盘活存量资产；引入社会资本发起设立系列产业基金，在特高压、抽水蓄能、增量配电等领域落地更多股权多元化项目。二是拓展市值管理业务。通过定向资产管理、综合金融服务等形式，为系统内外单位提供股票增减持、资本市场研究咨询等服务，提升股权市值。三是拓展产业链资本运作。采取"投资＋投行"的方式，通过产业基金等开展产业链企业股权投资、并购投资业务，并为产业链企业IPO、再融资、并购重组等提供投资银行、财务顾问等一揽子金融服务。四是促进科研成果转化。打造能源行业领域具有较大影响力的科技创新基金产品，以公司科技成果为重点，为科技型企业成果转化类项目提供股权投资、咨询服务。（国网财务部牵头，科技部、产业部、特高压部、水新部等部门配合，英大集团、相关金融单位负责落实）

（5）做好境外金融服务工作。一是加强国际业务资金保障。维护和利用好公司国家主权级信用评级，加大与商业银行的合作广度和深度，通过"过桥贷款＋发行债券"组合融资策略，服务"一带一路"建设，拓宽资金服务对象，优化贷款定价策略。二是积极引入境外资金。拓展跨境信贷业务，积极引进境外低成本资金服务电网建设和公司发展。利用产业基金等方式，积极参与公司战略性新兴产业企业混合所有制改革。三是提高境外投资效益。做大做强境外债券投资，提升投资收益率；稳妥推进"电网＋金融"股权投资，探索开展货币基金、债券基金等形式投资；建设境外资金池，强化资金集中管理，提高境外资金运作收益。四是加快保险业务国际化。运用再保险分入方式，为境外资产和工程项目提供保险服务；积极为重大技术装备提供定制化的创新型综合保险服务，探索运用直保方式为产业链中小微企业出口提供信用保证。积极服务出国（境）人员保险需求，设计定制化保险产品，增加保障种类，提高境外理赔服务水平。持续扩大海外运营资产保险经纪服务的覆盖范围，逐步提高回分国内保险市场份额；开拓海外大型电力项目、工程承包和投资项目等保险经纪业务，积极拓展电网资产境内分出再保险业务渠道，逐步增加分出险种，适度提高分出比例。五是研究探索信托、证券公司国际化业务。（国网财务部牵头，产业部、国际部等部门配合，海外投资公司、英大集团、相关金融单位负责落实）

（6）强化金融服务创新。一是构建绿色金融业务体系。积极培育绿色金融业务，推进设立绿色气候基金，研究编制绿色发展指数，创新研发绿色金融产品。二是打造公司碳资产管理平台。发挥国网英大碳资产公司优势，提升综合化碳减排、碳资产管理、碳交易、绿色企业认证等服务能力，促进"双碳"目标实现。三是积极参与全国碳市场建设。深化与相关部门的合作，推进全国碳市场的股权投资、系统对接等工作，构建绿色金融生态圈。四是积极开展境外金融创新业务。研究发行境外绿色债券，建立欧洲、美国商业票据计划，进一步拓宽资金来源；探索开展境外产业链金融业务；配合研究国际板块引战上市可行性，打通国际业务市场化资本补充渠道，提升国际业务资本实力、发展能力和治理水平。（国网财务部牵头，发展部、国际部等部门配合，英大集团、海外投资公司、相关金融单位负责落实）

2. 深化融融协同

（1）加强业务合作协同。一是加强内部融资协同。拓展"电财跨境通道＋直租""信托＋直租"等业务，合作开展同业资金业务。二是加强投行业务协同。调动各金融单位以协同承揽、承做、承销等方式增强项目承接及服务能力。相关业务优先选择内部单位作为财务顾问和保荐承销机构。三是加强资管业务协同。促进资产管理业务供需对接，除监管规定限制外，在同等条件下优先认购集团内部的相关产品，促进外部运作成本转换为内部收益。强化资产管理业务研究，积极提供市值托管、财务顾问、年金综合咨询等专业服务。四是加强保险业务协同。持续深化"一个入口报案"、国网保险系统和行业标准应用；加强企业补充医疗保险价值链管理，在电力能源行业协同合作。开展保险交叉销售活动，建立健全合作规范；因地制宜地开展属地特色化交叉销售工作；借助电网特色渠道资源优势，提升保险交叉销售效能。五是加强投资业务协同。建立健全各金融单位之间的协同联动机制，统筹投资管理运作，整合投资链条和投资资源，发挥不同领域投资优势，加强投资信息沟通和金融产品投资合作，提高投资收益水平。六是加强创新研究协同。整合各金融单位研究力量，推动研究成果共享；加强与系统内中国电力科学研究院、国网经济技术研究院有限公司、国网能源研究院等科研机构的合作，促进能源行业专业研究成果在资本市场的展示和应用。七是统筹协调授信业务。充分发挥公司资源优势，加强统筹协调，推动建立业务资源互换机制，扩大总对总合作范围，争取优惠条件授信，努力提升授信额度、丰富授信品种、降低资金成本；积极引入银行资金支持电网建设；协调推动银行参与认购金融单位发行的债券、基金及其他资管产品；提升银行资产引入规模。（英大集团、相关金融单位负责落实）

（2）加强渠道拓展协同。一是深化股东服务站运营。提高股东服务站在公司主要办公区域的覆盖率，将其建设成为面向系统内单位、员工开展综合金融服务的线下窗口。二是拓展特色普惠金融服务。延伸服务半径，拓展普惠金融服务的广度和深度；建立健全双向业务考核和激励机制，推动供电营业厅、供电服务职工与"网上国网"线上线下交叉赋能。三是扩大渠道代理代销规模。推动内部金融单位优先进入商业银行合作白名单。加大银保、银基、银证、银信等合作力度，努力提升战略合作银行代销保险产品、基金产品和资管产品规模。四是推动构建金融新生态。发挥电网特色渠道资源价值，增强市场服务能

力，稳妥拓展供应链金融、个人普惠金融服务，实现开放合作、互利共赢。（英大集团、相关金融单位负责落实）

（3）加强客户服务协同。一是推进客户信息共享。通过金融全业务数据中心，搭建客户信息共享平台，促进客户资源共享；推行客户分层分类管理，制定客户信息共享工作实施方案，统一启用增量客户信息，逐步更新存量客户信息。二是建立客户关系管理体系。整合分析客户数据，实现业务营销精准激励；建立客户投诉反馈处理标准化流程，细化投诉处理责任分工，加强实时管理。三是加强交易对手统筹管理。建立与战略目标相适应的行业和交易对手准入机制，建立交易对手库，加强关联方管理和风险集中度管控，逐步协调推进统一授信。（英大集团、相关金融单位负责落实）

（4）加强产品创新协同。发挥金融产品研发柔性团队作用，协同开发定制化、场景化、特色化、差异化金融产品和服务。一是协同调研金融需求。组织各金融单位，加强与电网、支撑产业、战略性新兴产业和系统外部重点客户等的沟通交流，了解金融需求，明确产品协同研发重点，提升金融产品协同研发的针对性和时效性。二是协同研发综合金融产品。不断提升专业能力、研发能力和履职能力，加强上下沟通、横向协同，切实把握好金融产品研发协同工作各个环节，相关金融单位根据分工和专业优势共同完成产品开发工作，做好金融产品条款、精算、试销、报备、评估等工作，动态跟踪线上金融产品、综合金融产品研发进度，并从合规经营、创新发展角度，就金融产品创新、模式创新、关键条款等提出意见与建议。三是统筹开展与外部金融机构的产品协同研发活动。引入外部金融机构进行产品研发，共同研讨制定业务模式，优化合作条件，提升合作效率。（英大集团、相关金融单位负责落实）

（5）加强境外业务协同。一是加强牌照合作。加强境内金融单位与海投公司的业务合作，共同投资设立境外机构。二是优化股权架构。在英大集团和海投公司层面进一步优化整合资本架构，有效打通境内、境外两个市场，统筹推进金融业务协同发展。三是协同开展业务。强化与央企海外公司等的业务合作，研究丰富境外投融资工具，通过联合设立境外并购基金等方式，撬动国际资本，投资国际项目，推动能源领域先进科技成果转化。有序"引进来"，为国企混改、科技创新、新兴产业、能源转型等项目拓宽融资渠道，引进低成本长期稳定的境外资金。（英大集团、海外投资公司、相关金融单位负责落实）

3. 深化金融科技协同

（1）深化"电e金服"应用。一是提升产品质效。强化产品创新，把"电e金服"当作拓展产业链市场化业务的主战场，坚持普惠导向，发挥能源金融、综合金融优势，精准对接产业链实体企业，特别是中小微企业需求，推动形成更有针对性和竞争力的产品体系。丰富产品内涵，加快上线融资租赁、绿色金融等产品，积极推动金融科技产品化，有序探索数字货币、标准化票据等领域产品。开放产品供给，引入优质金融机构，在既定业务格局下稳妥有序地拓展合作，促进良性竞争，提高金融服务的市场化水平。二是优化用户体验。优化平台功能，便于自动识别用户身份特征，提高用户认证效率。紧密嵌入办电、交费、招投标、电子商务等多元业务场景，联动各类线上线下渠道，增强场景式服务能力。全时感知、极速响应客户需求，精准匹配、智能推荐金融产品，提升平台便捷性、智慧性和友好性。强化金融系统支撑，加快完善金融单位核心业务系统，畅通系统交互和数据链路，优化业务模式和办理流程，提高需求响应能力和业务办理效率，增强用户认同感、信任感和黏性。做好系统跳转界面，严格遵守监管要求，保障平台门户和金融单位核心业务系统顺利跳转，确保业务办理的合规性和连贯性，提升用户操作体验。三是完善运营体系。健全运营机制，适应监管导向，进一步厘清金融与科技界面，适时优化金融业务布局。建立运营制度体系，研究制定"1+N"规范性文件，加强金融活动统筹管理，明确各方职责界面，提升运营整体性和协同性。完善商业化运营机制，稳健探索盈利模式，提升平台运营效率；建立金融机构准入退出机制，全面签署合作协议，规范开展业务合作；形成常态化法律合规审查机制，强化日常合规管理，以机制建设支撑高质量运营。强化运营协同，国网雄安金融科技集团要落实平台运营主体责任，加强专业力量和团队建设，提高后台保障和应急处理能力，夯实金融科技基础；各金融单位要增强服务意识，深度融入平台运营，主动对接核心企业和潜在客户，推动金融业务落地，提高专业化运营水平；核心企业要立足属地优势，发挥牵引带动作用，加强统筹协调，扩大平台影响力。提升运营水平，加强宣传推广，突出平台定位，强化中小微企业、合作金融机构、地方政府视角，履行告知义务、做好风险提示，树立良好品牌形象。丰富日常运营活动，聚焦客户拉新、留存、促活、转化，形成主题式、专题类、常态化活动体系，不断拓展运营成果。强化同业学习交流，吸收利用行业先进做法和经验，打造能源金融运营特色品牌。四是深化科技赋能。深化大数据、云计算技术应用，结合大数据分析，加强算力建设，对客户进行全方位画像，多维进行需求分析、交易分析、偏好分析、信用评价，为金融机构客户筛选、授信核定、精准营销等提供支持。深化物联网技术应用，通过传感、导航、定位等感知技术，实现远程识别和信息采集，有效解决信息不对称问题引发的重复抵质押、押品不足值、货权不清晰等问题。深化移动互联网技术应用，借助手机 APP、小程序、公众号等移动终端，扩大应用覆盖范围，随时随地进行信息甄别、产品定价、商品交易等，提高客户与平台双向互动水平。深化人工智能技术应用，利用自然语言、算法模型、语义分析等技术，打造智能客服机器人，提升交互体验；利用数据智能校验，实现客户信息联动，提升业务办理效率。深化区块链技术应用，通过将产品、确权、订单、合同等数据上链存证，确保数据真实可信，大幅提高业务办理效率，促进多边交易彼此信任，打造新型商业区块链信任体系。五是严格风险防控。严防监管风险，严格遵守国家法律法规，动态跟进金融监管要求，适时研究推进"电e金服"实体化运作，及时获取必要的金融科技准入许可，严格区分金融与科技界面。严防业务风险，坚持有所为有所不为，坚守 ToB 平台定位，严格执行产品上下架管理办法，加强对合作机构的评估审核，同时所有金融产品必须经过监管备案，从源头上提高平台发展质量。严防数据风险，加强数据存储安全，实行分级分类保护，防止数据被篡改、窃取、删除；保障数据传输安全，引入区块链技术，确保数据传输真实、准确。严防系统风险，严格系统安全防护标准，强化系统运行安全措施，严把网络安全各道关口，提高网络攻击等事项处理能力，保障系统运行安全。（国网财务部、互联网部牵头，营销部、物资部、法律部等部门配合，雄安金融科技集团、英大集团、相关金融单位负责落实）

（2）加快数字化转型发展。一是加快两个实验室建设。建设金融科技联合实验室，开展大数据、区块链、人工智能、数字孪生等数字化新技术研究，推进基于新技术的数字化金融产品研发、线上化服务创新。建设能源数字金融长三角实验室。研发数字化、线上化、智能化的金融产品和服务。探索利用国网区块链技术，打造金融资产数字化平台。开展能源数字金融新产品、新业务、新模式研究应用工作，促进金融与数字科技融合，推动能源领域的数字金融业务模式和产品创新，打造数字金融、普惠金融、绿色金融新产品。二是搭建三个中台。建设数据中台，汇聚各金融单位及公司内外部数据，充分挖掘数据价值，做到"找得全""看得懂""用得顺""算得准""查得快"，支撑各金融单位精准营销、客户画像、智能风控、辅助决策等环节。建设业务中台，推进用户中心、交易中心、产品中心、服务中心等公共能力建设，沉淀公共能力，为各金融单位前端业务提供快速支撑，及时响应市场变化。建设管理中台，强化风险隔离机制、金融业务规范化协同、关联交易合规性管理等，有效支撑金控集团监管要求。三是打造四个辅助系统。加强数字化运营监控，打造"业务全覆盖、数据多维度"的金融数字化运营监控系统，对外满足企业全场景展示，对内支撑智慧化经营分析和决策需要，拓展业务规模、优化客户体验、提升企业经营管理水平。构建"集中监控、实时预警、联动处置、情报共享"的金融数字化风险防控系统，满足"事前感知、事中响应、事后溯源"的金融风险防控需要，为金控集团风险防控提供技术支撑。打造"利用数据生产要素，以用户为中心，基于一个客户画像，推荐多个金融产品，提供一站式金融服务"的综合金融业务模式，深入挖掘内外部数据价值，拓展客户资源。构建平台化能力，支持各金融单位间交叉销售、共同营销等金融协同业务。构建数字化、智能化综合客户服务系统，向各金融单位提供人工和智能相结合的统一客户服务，有效降低人工服务成本、提升客户服务体验。（英大集团、相关金融单位负责落实）

（3）稳妥发展金融科技。一是加快推动区块链及人工智能等技术应用。依托国网区块链科技公司和国网区块链技术实验室，完善区块链公共服务平台，研究关键数据上链存证、链上流转；研究人机互动客服体系，研发AI智能客服机器人，并以组件形式为金融业务提供支撑服务，不断深化高新科技在金融财务、电力交易等场景的赋能应用。二是加强配网数字孪生技术应用。构建以配网资产标准化模型为核心的配网数字孪生云平台，实现配网资产设备一体化、结算决算一体化、勘测设计一体化、设计施工一体化，提升配网资产精益管控、固定资产投资质效。依托数字孪生技术为绿电交易金融服务、零碳园区建设等提供解决方案，助力实现"双碳"目标。三是提升基础服务能力。搭建"产品、客户服务、营销活动"多维度运营体系，提升产品服务能力，打通内外部用户服务渠道，实现平台引流。强化与"电e金服"的协调联动，打造风险预警等相关产品。构建"数据安全管理、业务合规运营等"全链条风控管理体系，加强对合作伙伴信用情况及经营数据的穿透溯源管理。四是扩大电力征信牌照价值。充分发挥国网征信公司已有的征信资质，积极争取机会申领个人征信、信用评级等资质。建立电力征信行业标准，推动电力数据纳入央行征信系统，促进电力征信闭环管理。依托征信公司多元化股权形式，建立征信业务市场化经营机制，联合"电e金服"促成合规稳定的商业模式。五是拓展数据资源及增值变现能力。拓展内外部数据渠道，丰富数据维度，积累数据资源。借助征信联盟、大数据联盟、央企电商联盟等渠道优势，深化与政府/监管部门、银行/金融机构、电力/能源企业、高校/科研院所等行业的合作，通过自主拓展与合作拓展相结合的方式，在智慧政务、金融风控、技术服务等领域构建多维应用场景的数字产品及服务体系，释放电力大数据价值。积极参与雄安数据资产交易所的建设运营，培育出一批互信互助的战略合作伙伴，打造良好的电力大数据共享服务生态圈。（雄安金融科技集团负责落实）

4.优化业务布局

（1）完善金融业务体系。一是规范建设金融控股公司。结合金融行业监管和国资国企改革要求，积极稳妥地推进金融控股公司申设工作，完善管理架构，健全运行机制，打造一流金融控股公司。对标对表，切实提升金融业务集团化运作、专业化管理、规范化经营水平，树立央企金融控股集团标杆。二是提高发展效率与效益。立足牌照价值和比较优势，找准发展定位，聚焦重点领域，把握规模与效益的平衡点，持续提高金融业务发展效率与效益。三是稳妥拓展业务领域。落实监管要求，把握政策机遇，扩展业务资质，积极寻求内外部支持，获得企业年金受托管理人、投资管理人、个人征信、信用评级等业务资格。四是不断提高金融投资效率。坚持有进有退、有所为有所不为，严守中央企业金融业务监管规定，规范审慎进行金融投资，逐步退出规模较小、持股较低、以融促产不明显、投资回报不达预期的金融投资，实现有进有退、有投有收。（国网财务部牵头，英大集团、相关金融单位负责落实）

（2）完善金融区域布局。一是推动长三角金融中心发展。依托国网英大长三角金融中心，统筹业务力量和资源配置，深化协同发展，做实"金融+制造"双轮驱动、做优"电e金服"示范中心、做强能源数字金融实验室、做精科创基金示范园、做大能源互联网产业创新发展联盟、做专能源REITs业务。二是落实区域发展战略。积极参与雄安新区金融岛、数据资产交易所等项目建设，推动数字人民币、监管科技等项目创新应用。紧密对接京津冀协同发展、成渝地区双城经济圈等国家区域发展战略，总结提炼长三角金融中心工作经验和典型做法，开展金融业务区域服务。三是合力开发中小城市业务。利用好供电营业厅和股东服务站资源,延伸服务广度和深度,深化线上化发展模式,丰富中小城市金融服务,同时研究推进协同金融单位分支机构开展综合金融服务。(国网财务部牵头,英大集团、相关金融单位负责落实)

5. 优化资本结构

(1) 加强资本管理。一是加快上市步伐。依托金融上市平台,研究推动具备条件的优质金融资产上市,分阶段实现主要金融资产上市。二是加快混合所有制改革进程。积极推动重点金融单位引进战略投资者,进一步加大资本开放力度,转机制、引人才、强活力。三是加快提升金融单位资本实力。建立"赛马机制",促进资金投入向投资回报率高、业务发展好、市场形象优的金融单位倾斜。四是严格遵循政策边界。严格执行投资管理制度,深入落实国资委和公司投资负面清单要求,聚焦主责主业,严防脱实向虚,严控投资风险,对于纳入禁止类的项目,一律不得投资,加强违规投资责任追究,确保国有资产保值增值。(国网财务部牵头,英大集团、相关金融单位负责落实)

(2) 加强投资管控。一是提高投资收益水平。借力资本市场适时拓宽投资渠道,建立健全股权投资基石资金等机制,促使投资规模与公司投资能力相匹配,投资领域与战略定位相适应。二是健全投资决策机制。对现有投资机制进行优化和完善,制定规范的投资授权程序与业务流程,进一步健全投资管理制度。三是扎实推进投后管理。加强投后管理制度体系建设,制定和执行系统化、规范化的投后管理制度。推动建立投后管理常态化联系和汇报机制,提升投后管理效能。四是完善投资考核机制。建立健全以主动管理、投资收益和风险管理为导向的投资评价和业绩考核体系,完善激励约束机制,指导投资业务发展。(国网财务部牵头,英大集团、相关金融单位负责落实)

(3) 加强融资管理。一是统筹安排融资计划。建立健全投融资计划协同联动机制,加强各金融单位、相关职能部门在投融资方面的信息交互,统筹各单位资金需求,实现融资优势互补,促进合力发展。二是科学管理融资成本。强化营运资金管理,科学控制金融产品资金来源的成本,减少利率倒挂。优化债务融资管理,发挥公司资信优势,积极研究债券发行方式,丰富发债品种,提升金控集团融资功能,合理降低债务融资利率。坚持依法合规,强化融资相关政策、规则研究,综合提升融资效率,做好融资风险管控。三是合理优化融资结构。多渠道增强金融单位资本实力,防控财务风险。优化债务结构,促进融资期限与资产寿命周期相匹配。(国网财务部牵头,英大集团、相关金融单位负责落实)

6. 优化体制机制

(1) 优化管控模式。一是优化管理架构。深化"总部—英大集团—各金融单位"三级管理架构,深入实施"战略+财务"管控模式,厘清各方界面,梳理关键事项,明晰管控流程,全面实行清单式管理,进一步理顺管理关系、提高管理效率。二是优化业务管控。科学制定发展规划,明确发展重点和方向,并组织做好实施工作。完善金融业务清单,分类管控、动态调整,并对执行情况进行监督检查。优化业务布局和界面,合理划分业务范围,避免同质交叉竞争,实现金融资源最优配置。三是优化计划预算管控。坚持一盘棋,统筹兼顾公司发展目标、集团发展任务与金融单位发展实际,突出分层衔接和差异管控,做好提出建议、分解下达、督导执行等各个环节工作,持续提高管理效率和水平。四是优化股权投资管控。在年度股权投资预算管理的基础上,增强项目调整灵活性,进一步提高市场响应速度。适应金融行业特性,持续优化股票市值管理、参与上市公司投资、产业基金跟投等事项决策流程。不断完善授权管理机制,规范做好投资决策、报批(备)、实施、运营等各项工作。五是优化上市公司管控。适应上市公司监管要求,规范上市公司日常管理、关联交易、信息披露、风险防控等方面行为,提升上市公司治理效能和管理水平,不断提高发展质量,树立资本市场良好形象。(国网财务部、人资部牵头,英大集团、相关金融单位负责落实)

(2)优化人力资源管控。一是优化企业负责人管控。按照相关规定,积极配合推进职业经理人制度,逐步加强职业经理人队伍建设,实现市场化选聘、契约化管理,建立健全市场化导向的激励约束机制,激发经营层活力。二是优化用工管控。研究建立金融单位用工核定模型,分类研究用工总量决定机制,实现业绩增、用工增,业绩减、用工减。优化用工结构,引导用工向经营管理和业务发展的重点方向和重点领域倾斜,鼓励金融单位依法合规灵活用好派遣、外包等多种用工形式,支撑业务发展、降低人力成本。持续开展人才盘点活动,用好用活内部人才市场,加快专业人才储备,优化人力资源配置,拓宽人才成长空间。三是优化薪酬管控。配合优化市场化金融单位工资总额决定机制,用好延期支付工资单列政策,统筹考虑短期与中长期目标,强化行业对标,推动建立遵循金融市场规律、分配合理的薪酬管理机制。引导各金融单位优化完善薪酬内部分配结构,增强对市场优秀人才的吸引力。在上市公司探索实行股权激励机制,丰富人才激励手段。四是优化考核管控。不断优化关键考核指标,实现业务指标与行业对标为主、管理指标与内部对标为辅,建立符合金融行业特点、评价科学、管理闭环的绩效考核体系,引导各金融单位持续提升价值贡献。充分发挥专业考核作用,更好地推动产融协同、融融协同、风险防控、经营管理等重点目标任务。强化企业负责人业绩考核全链条闭环管理,切实发挥好考核"指挥棒"作用。(国网财务部、人资部牵头,英大集团、相关金融单位负责落实)

7.加强风险全过程管控

加强全面风险管理。一是健全风险防控机制。落实各单位"三道防线"的风险管控责任,优化风控治理结构,加大风险协同处置和考核追责力度,确保不碰红线、不越底线。二是加强风险事前防控。落实金控集团风险管理要求,制定风险偏好管理制度,建立风险偏好体系,滚动修订金融业务清单,着力推进客户识别、大额风险暴露、统一授信协调。三是加强过程管控。建立风险分层分类预警机制,前移风险防控关口。建立内控评价机制,明确企业自评和监督评价要求,建立常态化内控自评与监督评价工作机制,加强内控责任落实与督促整改，强化内控规范的刚性执行。加快数字化风险防控系统建设，研究构建风险评估模型、知识图谱、监测预警规则等风控管理手段，全面提升风险管控能力，提升风险识别、评估、监测、预警、应对和处置水平。规范风险项目管理，妥善处置化解风险。四是优化风险考核方法和指标体系。强化历史对标、监管对标和行业对标，充分发挥风险考核的指挥棒作用。（国网财务部指导，英大集团、相关金融单位负责落实）

8. 加强法律合规管理

完善法律合规管理体系。一是完善合规管理机制。围绕产融结合、科技金融、金控公司、上市公司等重要着力点，构建完善的合规管理机制。二是树立合规导向。树立"合规立身"价值导向，构建全方位依法维权体系和专业化维权机制；加强政策法律环境分析，聚焦金融监管重点，完善法律风险提示机制，增强合规管理能力。三是建立集团化多层次的法律风险防控体系。分类做好金融投资者集中维权、交易对手预期违约、金融创新业务、系统性及传染性金融业务等重点法律风险防控，保障公司金融业务合规运营。（国网法律部、财务部指导，英大集团、相关金融单位负责落实）

9. 加强金融审计监督

完善审计体制机制。一是强化风险审计协同。发挥审计风控中心作用，推进资源整合和业务联动，推动审计向风险导向型转变、向事前事中延伸，形成风险审计监督合力。二是加强金融审计闭环管理。全面履行审计"三项职责"，保障公司重大战略决策落地，促进公司治理能力提升、依法合规经营。开展审计工作评价，深化审计问题整改，严格审计质量管理。严肃审计成果运用，强化违规经营投资责任追究，建立容错机制。三是提升审计能力。推动金融科技赋能审计，实现在线分析与分散核查、持续监督与定期审计的有机结合。夯实金融审计管理基础，建立专业培训体系，提高审计工作标准化、规范化水平，打造专业担当的金融审计团队。（国网审计部、财务部指导，英大集团、相关金融单位负责落实）

（四）投入产出

1. 投资安排

"十四五"期间，金融板块安排投资958亿元，主要是股权投资928亿元（合并抵销口径579亿元），包括向金融单位增资、布局新业务领域、开展产业基金投资等；固定资产投资（包括固定资产零购及信息化建设）30亿元。金融股权投资主要包括：一是向控股金融单位增资349亿元，增强控股单位资本实力，满足资本充足率、核心偿付能力等金融监管要求，支撑金融单位业务发展。二是开展新业务布局108亿元，进一步把握金融发展机遇，结合国家重大区域发展政策优势，进行综合金融、智能投顾等新兴业务布局及长三角等地区区域布局。三是开展产业基金跟投及基石投资256亿元，落实深化国资国企改革的决策部署,推进混合所有制改革,促进公司创新业务孵化及能源领域高科技项目培育转化,带动上下游产业转型升级。四是追加参股单位投资160亿元,优化业务布局,充分发挥参股单位业务协同效应,适时开展股权市值管理,参与孵化培育新兴产业。五是国网海外投资公司新增股权投资45亿元,积极引入境外低成本资金,服务混合所有制改革和产业优化升级。六是国网雄安金融科技集团新增股权投资10亿元,进行金融科技布局。

2.经营效益测算

到2025年,公司金融板块经营业绩和发展质量进一步提高,价值创造能力和效益贡献水平进一步提升,"稳定器""助推器"作用进一步彰显。预计管理资产规模超过2.2万亿元,较"十三五"末增长47%;实现营业收入733亿元,较"十三五"末增长58%;利润总额295亿元,较"十三五"末增长60%。

(五)保障措施

1.坚持党建引领,增强发展动力

坚持旗帜领航,着力强根铸魂,加强党风廉政建设,推动党建工作与金融业务深度融合,以高质量党建引领金融业务高质量发展。

2.落实监管要求,动态更新完善

加强监管沟通与政策研判,严格落实金融监管要求,确保金融业务依法合规、健康发展。围绕"一体四翼"发展总体布局,紧跟公司内外部经营形势变化,动态做好与公司规划、专业规划的有机衔接。

3.强化集团统筹,要素协同发力

加强集团化运作、集约化发展,统筹优化配置公司资源,推动产业、金融、科技融合发展,释放数据、人才、管理等要素潜能,营造强大发展合力。

4.加强闭环管控,推动落地实施

按照既定"路线图"和"任务书",围绕发展目标和重点工作,建立健全"规划、预算、实施、考核、评价"闭环管理体系,确保各项工作落地落实。

5.加强队伍建设,优化人力配置

坚持市场化发展方向,不断优化人力资源配置,努力建设一支德才兼备、专业高效的高层次金融人才队伍。

四、国际业务发展

近年来,公司坚决贯彻党中央、国务院决策部署,全面落实"走出去"战略,积极服务"一带一路"建设，国际业务不断发展壮大，业务范围包括境外资产并购和运营、绿地项目开发、能源电力国际合作、国际产能合作、国际技术与交流合作等。公司已在9个国家和地区投资运营12个骨干能源网，境外投资总额232亿美元，管理境外资产650亿美元。公司境外工程总承包和装备出口合同额累计已超过460亿美元。2020年，面对境外疫情和复杂国际环境，公司国际业务经营稳健，逆势上扬，全年利润达到150亿元。

当前，国际政治经济形势正在发生深刻而复杂的变化，公司国际业务面临新的挑战。同时，随着"一带一路"建设深入推进和一系列双多边贸易协定的签署，公司国际业务也将迎来新的发展机遇。为全面贯彻落实国家和公司重大战略，推动"一体四翼"布局有效落地实施，打造"一带一路"建设央企标杆，就要特别制定相应方案。

（一）发展思路

认真贯彻落实党中央、国务院决策部署，深入贯彻"四个革命、一个合作"能源安全新战略，践行中央企业"六个力量"，以服务和推进"一带一路"建设为核心，以公司战略目标为指引，积极推进投资建设运营、技术装备标准两个一体化"走出去"，开展市场化、长期化、本土化经营活动，突出服务大局、突出效益贡献、突出风险防控、突出规范运营，成为"一带一路"建设央企标杆（四突出一标杆）。

四突出：突出服务大局，就是服务国家高水平对外开放大局，服务构建国内国际双循环相互促进的新发展格局，服务共建"一带一路"高质量发展，服务公司"一体四翼"总体发展布局，服务创建世界一流示范企业。突出效益贡献，就是境外项目坚持以效益为中心，坚持好中选优，坚守回报底线，精益运营境外资产，强化经营成果回收，持续提升对公司发展的利润贡献度。突出风险防控，就是全面排查境外项目面临的各类风险，制定完善的风险应对措施和预案，健全境外风险防控体系，强化国际业务风险防控。突出规范运营，就是严格遵守国内外法律和监管要求，加强境外项目集中管控和提级监管，规范重大事项决策和实施，确保境外项目依法合规和稳健运营。

一标杆：打造"一带一路"建设央企标杆，就是全力落实国家高水平对外开放战略部署，积极服务和参与"一带一路"建设，所有境外项目运营平稳、全部盈利，在中央企业国际化经营评价中名列前茅，实现资产质量、运营管理、绿地开拓、技术装备、业绩指标5个国际领先，打造公司"一体四翼"坚强"一翼"，成为央企"走出去"和"一带一路"建设的典范和标杆（图1-3）。

第一章 综合计划

```
                        总体思路
       以"一带一路"为核心,以公司战略为指引,推动"两个一体化"走
       出去,开展"三化经营"活动,服务"一体四翼",打造央企标杆。
```

四突出一标杆
突出服务大局	突出效益贡献	突出风险防控	突出规范运营	"一带一路"建设央企标杆

实现五个国际领先
资产质量　运营管理　绿地开拓　技术装备　业绩指标

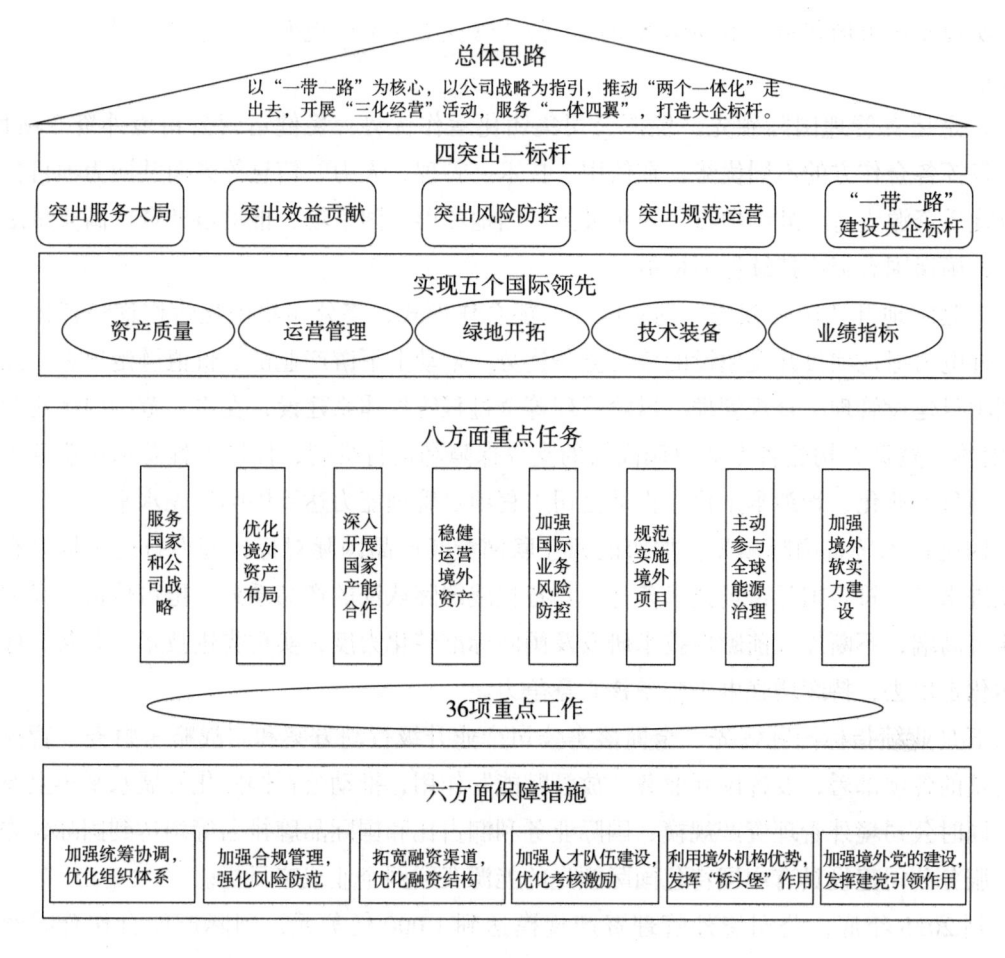

八方面重点任务
服务国家和公司战略 ｜ 优化境外资产布局 ｜ 深入开展国家产能合作 ｜ 稳健运营境外资产 ｜ 加强国际业务风险防控 ｜ 规范实施境外项目 ｜ 主动参与全球能源治理 ｜ 加强境外软实力建设

36项重点工作

六方面保障措施
加强统筹协调,优化组织体系 ｜ 加强合规管理,强化风险防范 ｜ 拓宽融资渠道,优化融资结构 ｜ 加强人才队伍建设,优化考核激励 ｜ 利用境外机构优势,发挥"桥头堡"作用 ｜ 加强境外党的建设,发挥建党引领作用

图 1-3　国际业务发展思路

(二) 主要目标

1. 总体目标

到 2025 年底,公司国际业务不断拓展,境外资产规模有效增加,效益贡献持续提升;适应国际市场竞争的集团化运作机制不断强化,国际化运转体系更加协同高效;全球资源配置能力显著增强,风险防控能力持续提升;在国际能源治理中具有较强的参与度和话语权,国际影响力不断提升,成为"一带一路"建设等国家重大战略实施的重要力量。实现国际业务资产质量、运营管理、绿地开拓、技术装备、业绩指标 5 个国际领先,成为"一带一路"央企标杆。

2. 具体目标

一是资产质量国际领先。积极开拓国际市场,新增一批国家和地区级骨干能源网投资项目,形成规模可观、安全可靠、协同互补、收益良好的境外能源电力基础设施资产组

合，实现发达市场和新兴市场均衡布局。公司管理境外资产规模在国际电网同行业占据领先地位。

二是运营管理国际领先。发挥公司集团化运作优势，稳健运营公司境外资产项目。统筹发挥各合作方的不同优势，在信用、技术、管理、人力、信息等方面共同为项目公司提供优质资源支持，鼓励项目公司积极拓展当地和第三国市场，推动境外资产高质量滚动发展，确保国有资产持续保值增值。

三是绿地开拓国际领先。创新国际产能合作模式，将公司集团化运作优势转化为参与境外电力绿地项目开发建设的核心竞争优势，带动上下游产业链、价值链走出去。强化工程项目建设管理、合规管理、风险管理等全过程管控体系建设，在更大范围内优化调配"人财物"资源，构建各专业协调高效的支撑保障和运行机制，促进工程总承包业务市场化、项目专业化、管理本土化，推动公司工程项目管理能力达到国际领先水平。

四是技术装备国际领先。加快能源互联网配套产品国际对标，着力打造一批具有国际先进水平、符合国际市场技术条件、具备权威国际认证的产品系列，抢占价值链高端和产业链高端，不断加大前瞻性技术研发及国际标准转化力度，实现先进技术、装备、标准一体化走出去，持续增强电工装备核心竞争力。

五是业绩指标国际领先。全面落实公司产业升级行动方案和"战略＋财务"管控模式调整的各项部署，发挥国际业务"放管赋能"作用，推动公司国际化发展水平再上新台阶，同时公司境外管理资产规模、国际业务利润占比和国际品牌排名等均达到国际领先水平，服务公司建设具有中国特色国际领先的能源互联网企业战略目标。

到2025年底，公司境外管理资产规模达到1 000亿美元，国际产能合作合同额累计650亿美元，国际业务年收入1 200亿元，年利润210亿元，"一带一路"贡献度达到68%，参与重要国际组织达到28个，累计主导制定国际标准达到100项。

3. 2035年展望

公司国际业务体系更加完善，综合实力更加雄厚，发展质量更加卓越，管理境外资产规模达到1 500亿美元，实现利润300亿元，为公司全面建成具有中国特色国际领先的能源互联网企业做出突出贡献。

公司国际化发展主要目标如表1-6所示。

表1-6 公司国际化发展主要目标

指标	2020年	2025年	2035年
境外资产规模（亿美元）	650	1 000	1 500
国际产能合作合同额（亿美元）	460	650	1 000
国际营业收入（亿元）	892	1 200	1 800

续 表

指标	2020年	2025年	2035年
国际业务利润（亿元）	150	210	300
"一带一路"贡献度	62.3%	68%	70%
参与重要国际组织数量	25	28	30
主导制定国际标准（项）	82	100	200

(三) 重点工作

1. 落实国家战略部署，积极服务国家大局

按照以企业为主体、以市场为导向的国家总体要求，充分利用国内国际两个市场、两种资源，积极服务和参与"一带一路"建设，助力构建国内国际双循环相互促进的新发展格局。加强能源电力国际合作，稳健运营10条周边国家跨国联网线路，扎实推进中韩、中尼联网前期工作，积极参与"一带一路"国家能源电力基础设施联通项目。

积极服务构建国内国际双循环相互促进的新发展格局，充分利用国内国际两个市场两种资源，坚持以企业为主体、以市场为导向，发挥国有企业"六个力量"，推动"一带一路"高质量发展。（责任部门及单位：国际部）

服务公司"一业为主、四翼齐飞、全要素发力"总体发展布局，推动"一体四翼"统筹发展，发挥国际业务作为"四翼"之一的重要作用，持续提升国际业务板块对公司的利润贡献。

2. 优化国际业务布局，稳步进行资产投资并购

采取差异化投资策略开拓市场。发掘欧洲机会，深耕拉美市场，拓展中东、非洲市场，进一步扩大优质存量资产并购规模。以成熟发达市场和有潜力的新兴国家市场为主要投资区域，在"一带一路"地区重点关注新的能源电力项目，利用双多边机制，推动影响力大、风险可控、收益模式稳定透明的投资项目。在欧洲，关注大型能源电力企业重组动态和相关国家外商投资审查政策，主动发掘中东欧地区和与我国政治、经贸关系密切的国家的投资机会，支持互联互通项目和再投资项目。在拉丁美洲，深入研究巴西控股公司上市和智利资产业务优化整合方案，在当地进行再投资和滚动发展。积极推进巴拿马、哥伦比亚等国家投资项目，借助公司在南美的良好声誉开发绿地项目。在中东地区，把握能源转型机遇，通过投资并购、BOT、EPC等多种方式推动项目开发，关注沙特、阿联酋等地潜在机会。研究成立公司驻中东办事处，强化公司在中东地区的资源整合。在亚洲其他地区，深度挖掘巴基斯坦市场等。在大洋洲支持公司在澳运营资产积极开展再投资项目。在非洲主要以产能合作为主，同时关注信用评级相对较高国家的投资机会。（责任部门及

单位：国际部、国际公司、中电装备、装备制造企业）

大力发挥融资成本优势。充分利用公司国家主权级信用评级优势和境外融资专业渠道，提升利用国际金融市场低成本资金的能力，通过多元组合的融资策略，进一步降低融资成本，服务境外项目发展。（责任部门及单位：财务部、国际部、海外投资公司、国际公司）

深化市场拓展合作。积极利用公司境外运营实体间接开展境外投资，并与国际机构、跨国企业、投资基金和境外合作伙伴开展第三方市场合作等，减少当地政府对公司直接参与投资的敏感度。（责任部门及单位：国际部、国际公司）

强化信息收集和形势研判。拓展信息收集来源，加大信息收集密度，加强对国际宏观政治经济环境、国际能源电力行业发展趋势的研判和动态跟踪，重点对潜在项目所在国经济环境、监管政策等进行深度分析，提高分析研判水平，为准确寻找切实可行的投资机会奠定基础。（责任部门及单位：国际部、国际公司、国网能源院）

3. 推进重大项目落地落实，深入开展国际产能合作

发挥公司集团化优势，统筹协调，形成竞争合力，把握世界能源转型机遇，捕捉境外优质绿地项目机会，加强项目实施管理，打造精品工程。积极开发装备、技术和服务带动力强，国际影响大的能源电力基础设施项目，推动"两个一体化"走出去，助力构建国内国际双循环相互促进新发展格局。"十四五"期间，公司国际产能合作新增合同额190亿美元。

全力推进习近平总书记见证签约项目。建设好巴基斯坦默拉直流项目，尽早投入商业运行。落实葡萄牙国家能源网公司合作框架协议，推动支持REN公司开拓第三方市场，开展人员交流培训和联合研发活动。落实希腊国家电网公司合作意向协议，做好IPTO公司克里特岛联网项目有关工作。（责任部门及单位：国际部、国际公司、中电装备）

积极开发大型绿地项目。充分发挥公司综合优势，积极捕捉境外优质绿地项目机会，强化内外协同运作，形成国际竞争合力，以"投资、建设、运营"一体化带动"技术、标准、装备"一体化"走出去"。（责任部门及单位：国际部、特高压部、中电装备、国际公司）

深入开展国际产能合作。发挥公司集团化优势，创新业务模式，重点开拓对装备制造、施工服务、电网运维和技术标准等带动力强、国际影响大的大型能源电力基础设施建设项目，带动国内优势产能输出，打造有影响力的精品样板工程。（责任部门及单位：国际部、中电装备、装备制造企业，相关省电力公司）

提升国际工程总承包国际竞争力。构建统筹协调、统一管理、优势互补、集团化运作的境外工程总承包项目实施体系。积极适应市场化、国际化经营管理需求，持续优化项目管理界面及决策链条。充分发挥专业技术单位作用，提前筹划整体解决方案，加强客户需求引导，抢占市场先机。建立高效的项目管理团队，提高工程组织管理能力。牢固树立

安全发展理念，持续提升本质安全水平，确保中方人员和施工安全。（责任部门及单位：国际部、中电装备、装备制造企业、相关省电力公司）

提升电工装备产品的国际化水平。推动智能配用电、控保和调度系统等核心高端设备的国际对标，着力打造具有国际先进水平、具备国际权威认证的国际化产品系列，不断提升核心产品国际竞争力及整体解决方案供应能力。（责任部门及单位：国际部、产业部、装备制造企业）

4. 稳健运营境外资产，提升国际业务效益水平

以安全、效益、风险控制为重点，加强经营重大问题的研究应对，坚持"三化"经营，持续提高境外资产运营水平，充分挖掘增值创利潜力。加强全资、控股公司优化整合，利用现有境外运营资产平台实现滚动发展。加强境外风险防控，加大经营成果回收力度，推进人民币国际化。"十四五"期间，境外资产运营收入4 900亿元，累计实现利润855亿元。

坚持"共商、共建、共享"和互惠互利、合作共赢原则，开展"市场化、长期化、本土化"经营。积极主动参与境外项目公司治理，充分行使股东权利，发挥董事会在项目公司治理、经营决策中的关键作用，积极与当地监管机构沟通，持续挖掘境外资产增值创利潜力，确保境外国有资产保值增值。（责任部门及单位：国际部、国际公司、中电装备）

发挥现有境外运营资产平台作用，通过多种方式开展合作，积极开拓优质能源基础设施项目，实现高质量协同和滚动发展。充分发挥当地合作伙伴作用，营造良好经营氛围，创造宽松政策环境。积极与境外合作伙伴开展合作，发挥各自优势，开拓第三方新市场，挖掘新机遇，实现共同发展。（责任部门及单位：国际部、国际公司）

全面管理境外全资公司，主导管理境外控股公司，深度参与管理境外参股公司，稳步提升运营绩效。以业务发展为基础，以资本运作为抓手，以保值增值为目标，加强境外全资控股公司资金、资本运作及资产统筹，维护公司良好信用评级。积极参与参股公司的运营管理，保障我方股东权利。（责任部门及单位：国际部、国际公司、中电装备）

加强全资控股公司优化整合。深入研究国网巴控公司资产证券化，优化管理架构，深化本土化运营，与当地利益相关方互利共赢。按照商业最优原则加强资本运作，充分发挥CPFL公司上市平台优势，在保持我方绝对控制权的情况下，研究多种方式灵活进退，提高公司价值和股东收益。根据智利法律和监管政策规定，推进切昆塔公司开展业务重组和架构调整。做好智利CGE公司交割接管工作，确保平稳运营，探索研究智利业务优化整合方案，盘活整合收益。（责任部门及单位：国际部、财务部、国际公司）

全面管理境外全资公司。国家电网巴西控股公司通过完善董事会、监事会设置，明确内部事权划分及前后方职责界面，持续完善以现代企业治理体系为重点的管理体系和管控流程。加强专业化运维团队建设，提升常规交流及特高压直流运维管理水平，保障公司输变电资产平稳运营，提升资产运营水平，提升资产回报。智利切昆塔集团公司充分借

鉴以往境外全资公司运营管理经验，结合智利当地情况，持续优化本公司的管控体系，全面落实我方治理管控目标。着力提升资产运营质量，提高经营绩效水平。加强与当地监管机构的沟通，积极参与政策研讨和听证，争取有利政策环境。借助现有平台优势资源，深度开拓智利电力市场，挖掘协同效应，提高整体投资回报。巴基斯坦默拉输电公司，按期实现默拉直流输电项目投运，稳妥开展项目运营，依托当地资源和技术培训逐步提高巴方运维人员比例；做好输电费结算和税务筹划工作，确保项目收益；做好安全生产、环境保护、外汇管理、财税筹划等工作，建立完善本地化规章制度体系以及资产运营管理制度。定期开展合规培训活动，依法合规运营。（责任部门及单位：国际部、国际公司、中电装备）

主导管理境外控股公司。巴西 CPFL 公司发挥优质上市公司平台作用，以资产证券化、治理结构优化、市值管理常态化为抓手，不断提升治理水平和经营业绩。通过资产和业务优化整合，拓展增利提效空间，提高一站式服务水平和市场竞争力。发挥同现有资产的协同效应，拓展新的投资机会，增强市场话语权。加强与监管机构的沟通，积极参与政策研讨和听证，争取有利政策环境。国网澳洲资产公司充分发挥控股股东作用，加强股东方协同，积极稳妥地进行重要经营事项和重大投资项目管控，有效控制经营风险，确保稳健高效运营。积极进行业务开发，在符合发展战略、风险要求和投资回报的前提下，在现有核心业务领域寻找新的投资机会，力争扩大资产和经营规模，增加业务收入，提高资产收益。（责任部门及单位：国际部、国际公司）

深度参与管理境外参股公司。根据股东协议，积极参与参股公司的运营管理，争取发挥重要作用。菲律宾国家电网公司坚持底线思维，增强危机意识，做好潜在风险应对，与外交部、商务部和使馆等政府部门保持密切沟通，积极营造良好外部环境，服务中菲两国合作大局。积极发挥菲方股东在当地的影响力和优势，妥善应对监管重置、上市和外部挑战，维护 NGCP 公司合法权益。优化经营策略和管控措施，做好电网投资建设运营，确保国有资产保值增值。葡萄牙国家能源网公司积极发挥行业投资者和单一最大股东作用，落实好两国元首见证签署的合作协议，深入开展交流合作，共同开拓第三方市场，提升经营管理绩效；积极支持 REN 公司拓展国际业务，整合双方在智利的输电、输气项目资源，探索挖掘提升协同效应。南澳输电网公司继续积极发挥单一最大股东作用，进一步加强与其他股东方的协同，通过董事会及下属专委会参与公司治理，共同推进商业计划和资本结构优化，保障我方投资收益。澳网公司充分发挥参股股东作用，通过董事会和股东会深度参与重大经营事项的决策。支持通过降本增效、开发非监管业务等手段提高经营绩效。意大利国家能源网公司通过股东会、董事会和专委会深度参与四家公司的治理，加强对经营管理重点事项的研判，推进项目锚定问题的持续优化解决。希腊国家电网公司统筹发挥公司综合优势，持续深度参与公司经营管理，支持 IPTO 电网发展，提升管理效能。积极落实两国元首见证签署的合作协议，推动克里特岛联网项目公司股权转让。密切关注希腊政府进一步减持 IPTO 公司股权进展，努力扩大公司在希腊的资产规模。阿曼国家电网公司通过股东会、董事会和专委会深度参与重大经营事项决策，积极发挥派驻高管人员作用，深度参与日常经营管理，提升 OETC 公司资产价值，保障我方股东权益。香港港灯公司通过董事会、股东会参与重大经营事项决策，通过往关键岗位委派高管人员，深度参与日常经营管理，保障香港安全稳定供电，服务香港经济社会民生和国家对港工作大局。（责任部门及单位：国际部、国际公司）

5. 加强国际业务风险防控，确保安全稳健高质量发展

高度关注中美斗争局势，坚持底线思维，深度排查境外项目风险，健全完善应对措施和预案；加大境外经营成果回收力度，归还总部到期美元债券；持续加强收益结算路径研究，推进人民币国际化；推动境外全资、控股项目股权多元化。项目开拓坚持好中选优，优化境外投资组合。

坚持底线思维，牢固树立风险防范和依法合规意识，积极应对外部环境中各种不稳定、不确定因素，完善应对措施和预案。深度排查境外项目面临的潜在风险，持续完善公司合规管理体系和境外风险管控体系，确保境外资产经营全流程、全方位合法合规。（责任部门及单位：国际部、法律部、国际公司、中电装备）

加强境外融资、币种安排等专题研究，优化境外资金结构，推动境外全资控股项目股权多元化，在保持公司管控和并表的前提下，降低公司股比、分散风险。（责任部门及单位：国际部、财务部、国际公司）

持续加强对金融制裁、结算路径等的研究，落实国家外汇管理要求，推进人民币国际化，在菲律宾、澳大利亚实现人民币跨境结算的基础上，进一步打通其他项目跨境人民币流动通道，减少美元和 SWIFT 系统的使用，保障公司境外资金及回流路径安全。（责任部门及单位：国际部、财务部、国际公司、中电装备）

高度关注中美斗争形势，最大限度防范美国"长臂管辖"风险。跟踪分析各境外投资运营项目所在国家和地区的政治、经济和监管动向，并积极研究应对。开展对 RCEP、中欧投资协定、CPTPP 等双多边国际经贸规则的研究，充分把握机遇、规避风险。（责任部门及单位：国际部、法律部、国际公司）

在新项目开拓中坚持好中选优，坚守回报底线，不盲目追求扩张。动态平衡境外资产布局，根据商业最优原则，优化投资组合，做到有进有退，进一步提升境外资产运营质量和效益。（责任部门及单位：国际部、国际公司、中电装备）

6. 全面落实国家有关规定，确保境外项目规范管理

按照"统筹规划、集中管控、提级监管"的要求，全面加强国际业务全过程规范实施和管理，规范境外单位重大事项的研究、论证及决策程序，强化对决策和执行情况的监督，发挥境外资金集中管控平台作用，加强境外财务资金管控。

更加聚焦主业，发挥优势，提升公司的整体竞争力和集团化实施能力。充分发挥公司信用、技术、管理、人才、品牌综合优势，组织协调系统内相关单位发挥专业优势，高效协同实施好境外重点项目。（责任部门及单位：国际部、国际公司、中电装备）

突出集中管控，从内控建设、合规管理、风险评估、尽职调查、决策审批、投后评价等方面全面加强国际业务管理，严格规范境外重大经营投资行为。加强境外财务资金管控，强化境外资金监督管理。（责任部门及单位：国际部、财务部、国际公司、中电装备）

实施提级监管，强化监管境外单位"三重一大"决策事项，规范境外单位重大事项的研究、论证及决策程序，加强对境外单位重大事项决策和执行情况的监督，强化对重要境外单位主要负责人和财务负责人等关键岗位人员的管理。（责任部门及单位：国际部、法律部、国际公司、中电装备）

强化境外廉政建设。强化责任落实，压实各级党组织的主体责任，不断提高境外反腐责任意识。强化关键环节把控，严格遵守所在国家法律法规，坚定杜绝不正当竞争和商业贿赂行为，切实采取有力措施加强各环节的廉洁风险管控，着力营造风清气正、干事创业的廉洁工作氛围。（责任部门及单位：国际部、巡视办、国际公司、中电装备、装备制造企业、相关省电力公司）

7. 主动参与全球能源治理，提升国际交流合作水平

积极配合国家重要外交活动，主动参与全球能源治理，服务"碳达峰、碳中和"目标，推动能源清洁绿色发展。高水平举办能源转型国际论坛，打造论坛国际品牌。加强与能源电力国际组织和相关企业的合作，不断提升国际交流水平。到2025年底，公司参与重要国际组织数量达到28个。

落实公司"碳达峰、碳中和"行动方案，推动能源清洁转型。高质量举办能源转型国际论坛，打造论坛国际品牌。传播绿色低碳发展理念，引领国际能源转型发展，推动全球绿色发展和世界经济绿色复苏，助力实现"碳达峰、碳中和"目标。积极分享公司能源转型理念和经验，为推动能源变革提出中国倡议、发出国网声音、贡献国网力量。（责任部门及单位：国际部、研究室、发展部、宣传部、科研院所）

积极配合国家重要外交活动，主动服务国家外交大局。充分发挥央企"六个力量"作用，在国际舞台展示央企责任与担当，树立大国企业形象与风范，推动构建人类命运共同体。（责任部门及单位：国际部、国际公司、中电装备、装备制造企业）

加强与国际能源组织、相关能源机构和企业的合作。扎实推进公司与境外电力公司签署的合作协议落实和交流工作。积极参与国际电工委员会（IEC）、电气电子工程师学会（IEEE）、国际大电网委员会（CIGRE）等国际学术组织高端活动，推进与国际可再生能源署（IRENA）等国际组织的深度交流，在技术、管理、人才等领域开展务实合作。（责任部门及单位：国际部、科技部、相关直属单位和省电力公司）

"走出去"和"引进来"相结合，加强国际技术交流合作与培训。鼓励公司骨干技术人才参与国际重要学术会议和技术研讨；鼓励支持省公司、直属单位根据自身特点和需求开展国际交流与合作，助力创建世界一流示范企业。提升公司国际化培训能力，做优做精"一带一路"国家和地区电力能源高管人才发展项目；对境外运营公司和工程项目人员进行定制化培训。（责任部门及单位：国际部、科技部、国网大学、技术学院、相关直属单位和省电力公司）

8.加强境外软实力建设，大力提升公司国际影响力

践行人类命运共同体理念，坚持"三化"经营，履行企业社会责任，树立责任央企良好形象。加强国际宣传，讲好国网故事，促进"民心相通"，营造良好氛围，不断提升公司品牌形象和国际影响力。积极主导发起国际标准制定，在境外项目建设运营中大力推广使用中国标准，推动标准国际化。到2025年底，累计主导制定国际标准达100项，实现700项中国标准在国际项目上的应用。

积极履行社会责任，持续提升公司良好国际形象。在境外资产运营和工程建设中，坚持"市场化、长期化、本土化"经营理念，扩大本地化用工规模，增加当地就业，开展针对当地员工的技术培训活动。主动承担企业社会责任，积极参与教育、扶贫、医疗等相关公益活动，塑造负责任公司的良好国际形象。（责任部门及单位：国际部、宣传部、国际公司、中电装备）

讲好"国网故事"，持续提升公司国际知名度。深入挖掘和宣传公司积极承担当地社会责任，促进当地经济发展、人文交流、文化融合的典型案例，策划开展系列主题传播活动。组织部分省公司、直属单位与驻外机构"结对子"，联动策划国内外宣传，不断提升公司品牌形象和国际影响力。推动国际宣传能力建设，加强与境外媒体的深度合作，根据不同国家和地区的特点采取有针对性的差异化策略，大力传播公司互利共赢发展理念，讲好"国网故事"。（责任部门及单位：国际部、宣传部、国际公司、中电装备、相关直属单位和省电力公司）

积极主导参与国际标准制定，推动中国标准"走出去"。依托公司核心技术优势，加快公司自主创新成果向国际标准的转化，不断提升公司在国际标准化组织和国际标准制定中的影响力和话语权。大力推动中国技术和标准国际化，在"一带一路"国家和地区电网建设运营中推广中国标准，推动中国技术优势向国际竞争优势转化。（责任部门及单位：科技部、国际部、国际公司、中电装备、装备制造企业）

加强海外技术咨询服务市场开拓。充分发挥公司技术优势，依托科研机构力量，主动参与西方发达国家柔性直流、新能源并网、智能电网等领域的技术咨询服务，提高公司影响力；积极寻求非洲、亚洲等地区国家电力规划、成套设计、设备调试、运维管理等方面的技术服务，拓展公司国际业务类型，通过技术服务带动公司工程建设和装备制造"走出去"。（责任部门及单位：国际部、科技部、科研院所、中电装备）

（四）投入产出

1. 投资安排

基于"十四五"期间国际形势判断，聚焦成熟市场和重点新兴国家受监管的电网主业，分析"十四五"期间公司在国际电力市场的潜在存量资产并购和绿地项目投资，预计"十四五"期间公司新增境外投资约150亿美元，其中在发达国家约88亿美元，在发展中国家约62亿美元。境外投资受全球宏观政治经济、东道国监管政策、政府审批等影响较大，存在不确定性，公司将根据实际情况动态调整。

"十四五"期间主要通过以下渠道进行筹资：一是利用公司国家主权信用评级，以国网海投公司作为境外融资实施主体，抓住美元、欧元等货币低利率融资窗口期，通过"过桥贷款+发行债券"组合融资策略，确保海外投资资金及时、足额、低成本供给。二是依托国网国际公司及其所属企业等境外投资运营实体的良好国际信用评级，灵活利用境外发债、银行授信等多种渠道开展境外融资。三是科学筹划新项目融资架构，根据市场条件尽可能匹配投资和融资币种，实现汇率风险自然对冲；综合考虑成本与风险因素，妥善运用汇率和利率掉期工具，减小境外项目外汇风险敞口。

2. 效益测算

"十四五"期间公司境外主要经济效益指标预测如下所述：

（1）权益资产总额：预计2025年底约为1 000亿美元，较2020年650亿美元增长54%。

（2）营业收入：预计2025年约实现1 200亿元，较2020年892亿元增长34%。

（3）利润总额：预计2025年实现210亿元，较2020年150亿元增长40%。

"十四五"期间，公司国际业务将继续保持良好的经营效益和盈利能力。预计五年累计实现营业收入5 331亿元、利润910亿元，年均增长率分别为6.8%和8.0%，年均投资回报率8.9%。

（五）保障措施

一是加强统筹协调，优化组织体系。落实国家对境外业务管理的新要求，修订完善相关规章制度，从内控建设、合规管理、风险评估、尽职调查、决策审批、投后评价等方面持续加强国际业务管理。落实公司"战略+财务"管控模式要求，优化市场化国际单位管控实施方案，激励引导国际单位发挥协同效应，实现公司价值最大化。加强对国际化发展的统筹协调，充分发挥省公司、直属单位的人才和技术优势，形成推动国际化发展的强大合力。

二是加强合规管理，强化风险管控。完善国际业务风险防控体系，完善风险预判、识别、评估、预警、应对机制，制定切实可行的风险防范措施和应对预案。完善国际业务合规管理体系，研究国际业务涉及地的法律法规及相关国际规则，准确把握不同地域环境、司法体系下合规的内涵，识别重点合规风险，开展针对性的防范和化解工作。加强境外反腐倡廉工作，强化公司统一领导，形成监管合力，提升境外资产监督效能，逐步构建境外腐败治理机制。严格规范和加强外事管理，严格团组审批和人员出入境管理，加强行前安全保密教育和培训工作，提升公司外事管理数字化建设水平，探索建立安全跨境信息传输渠道，防范信息安全风险。

三是拓宽融资渠道，优化融资结构。推动资金来源多样化，与亚投行、丝路基金金融机构及国内商业银行间的合作，充分利用各银行特色业务、新型业务满足项目投融资全程需求。积极争取国内政策性金融机构的优惠贷款，以政策性优惠贷款为基点撬动更多资金进入。有条件的境外单位通过引入战略投资者和上市等方式筹措资金，促进公司治理结构优化。推进境外融资能力建设，发挥境外融资平台专业优势，推动境外项目融资结构多元化，提升融资能力，降低融资成本，控制汇率风险。基于境外资金集中管理平台增加境外各单位间资金融通规模，统筹协调资金余缺，提升资金运用效率，实现资金全球化配置。不断优化境外项目融资结构与股本结构，控制债务压力及债务风险，确保项目长期稳健运营。

四是加强人才队伍建设，优化考核激励。拓宽人才来源渠道，加强人员培训和实岗锻炼，落实省公司和直属单位与驻外机构之间的对口选派机制，通过市场化机制引进有全球视野的外部国际化人才，积极吸收项目所在地专业化管理人才，内外互补，不断拓宽人才来源渠道。完善人才激励机制，鼓励省公司、直属单位参与和支持国际业务开拓，建立健全驻外人员职业培养长效机制，畅通职业发展通道。完善任期制度、回任机制和上升通道，有序推动驻外人员定期轮换，在公司内部形成良性流动循环。

五是利用境外机构优势，发挥"桥头堡"作用。持续增强驻外机构信息收集能力，关注世界各国能源电力安全、监管、改革、创新等最新动态，为公司发展提供第一手资料。保持与重要研究机构和智库的交流合作，推动与当地知名机构组织的学术交流和经验分享。利用好驻外机构优势，做好与当地各方的沟通交流工作，建立良好的公共关系，主动发出中国声音，讲好国网故事，提升公司国际影响力。

六是加强境外党的建设，发挥党建引领作用。坚持以习近平新时代中国特色社会主义思想为指导，落实新时代党的建设总要求和新时代党的组织路线，同步推进境外党建工作与国际业务发展，将党的领导融入境外业务各环节，充分发挥党组织的政治核心作用。严格贯彻境外党建工作的"五不公开"原则，采取灵活多样的方式开展公司境外机构的党支部建设工作，做到既满足党建工作要求，又符合当地法律法规，确保党建工作不断线、标准不降低。将境外党建与企业文化建设结合起来，组织境外员工及时学习、了解公司重大战略、发展动态、丰硕成果，增强其自豪感，营造爱企爱岗、担当作为、积极向上的工作氛围。

第二节　综合计划管理概述

一、综合计划管理介绍

（一）综合计划管理总则

为贯彻公司建设具有中国特色国际领先的能源互联网企业战略目标，落实改革和监管要求，推进产业转型升级，保障公司和电网高质量发展，根据国家和公司有关规定，制定综合计划管理办法。

综合计划是在对公司核心资源和发展需求进行综合平衡、统筹优化的基础上形成的，统领公司全局的年度经营发展目标，是全面落实公司战略和规划的系统实施方案。

综合计划管理是对公司综合计划项目储备、总控确定，计划编制、审批、下达、执行、检查、调整、考核与评价全过程的管理。

（二）综合计划管理的基本原则

（1）围绕公司战略，落实发展规划，提升发展质效。

（2）适应改革要求，依法合规高效，提升管理效率。

（3）推动产业升级，分类分级管控，实现有效引领。

（4）统筹投入需求，优化资源配置，实现整体最优。

（三）综合计划管理内容

综合计划管理内容包括指标管理和投入管理，其中指标承接公司战略和规划，投入涵盖公司所有固定资产投资、股权投资和主要成本类投入。综合计划指标体系和专项设置，由国网发展部组织提出建议，经公司决策后执行。

1. 指标管理

公司综合计划指标以战略目标为导向，突出目标性和指导性，涵盖公司主要生产经营活动和年度发展目标，分为经营实力、核心技术、服务品质、企业治理、绿色发展、品牌价值6类。

（1）经营实力（18项），包括售电量、省间交易电量、公司管理机组发电量、市场化交易电量、当年电费回收率、市场占有率、电网投资效率、资产总额、资产负债率、营业收入、可控费用、利润（利润总额、净利润）、经济增加值（EVA）、职工人数、职工劳动生产率、新兴业务收入规模、金融资产管理规模、境外电网运营规模。

（2）核心技术（4项），包括研发经费投入强度、电网设备运行可靠率、数字化发展指数、信息安全防护能力。

（3）服务品质（6项），包括重大决策部署完成率、电网频率合格率、综合供电可靠率、综合供电电压合格率、业扩服务时限达标率、客户服务满意度。

（4）企业治理（1项），即合规与风险管控水平。

（5）绿色发展（2项），包括线损率、清洁能源利用率。

（6）品牌价值（2项），包括国际信用评级、全球最具价值品牌500强。

各单位指标计划由总部决策下达，直属单位由总部业务管理部门补充确定个性化指标并适时调整。

各单位下属单位指标计划由各单位决策下达，可根据经营管理需要，在本单位指标计划基础上增设辅助分析指标。

2. 投入管理

发展投入分为主导、支撑、新兴、省管四部分，分专项、分板块维度划分，满足公司管理要求。

发展投入分16个专项实行项目计划管理，分为总部管理项目和各单位管理项目，原则上与各专项限上、限下项目界面一致。总部决策下达总部管理项目明细和各单位管理项目规模（以下简称"自管规模"），各单位决策下达本单位管理项目明细。

各专项项目实行常态化储备，按照限上、限下界面，由各级专业部门负责或委托各级经研院（所）、符合资质要求的中介机构开展可研编制、评审工作，项目完成评审后即可纳入综合计划项目储备。关于部分金额较小的项目和零星购置等项目，根据专业管理要求可编制项目建议书。

完成可研评审后，各级专业部门负责开展本专业内储备项目关联论证，各级发展部负责开展本单位专项间项目关联论证。

综合计划储备项目在纳入计划安排前，须完成可研批复，限上项目由总部相关专业部门负责可研批复，限下项目由省公司、直属单位相关专业部门组织可研批复，项目完成批复后方可纳入综合计划安排实施。

按照总部及各单位董事会议事规则及"三重一大"决策实施办法，各级董事会决策项目及"三重一大"项目须单独履行决策程序后，再纳入综合计划安排。所有项目须符合公司投资负面清单及非主业投资管理等国资监管要求。

(四)综合计划管理职责分工

1. 总(分)部

国网发展部是公司综合计划管理的归口部门,履行以下职责:

(1)负责公司综合计划管理制度制定及监督执行。

(2)负责公司综合计划指标体系构建及优化完善。

(3)负责公司项目储备归口管理,负责储备项目关联审核,会同财务部开展项目储备库管理活动。

(4)负责结合项目需求和投资能力,衔接预算,经统筹优化、综合平衡后,形成综合计划建议。

(5)负责组织提出综合计划总控目标建议。

(6)负责组织综合计划编制和分解下达。

(7)负责组织综合计划执行分析和监督检查。

(8)负责组织综合计划调整和分解下达。

(9)负责售电量、省间交易电量、市场化交易电量、公司管理机组发电量、线损率、电网投资效率、重大决策部署完成率指标计划管理和执行情况分析。

(10)负责电网基建和零星购置专项计划管理和执行情况分析。

国网财务部负责营业收入、利润、资产总额、资产负债率、经济增加值(EVA)、可控费用、金融资产管理规模、国际信用评级指标计划管理和执行情况分析;负责股权投资专项计划管理和执行情况分析;负责预算与综合计划衔接。

国网设备部负责综合供电可靠率、综合供电电压合格率、电网设备运行可靠率指标计划管理和执行情况分析;负责电网生产技改、电网生产大修专项计划管理和执行情况分析。

国网营销部负责业扩服务时限达标率、当年电费回收率、市场占有率、客户服务满意度指标计划管理和执行情况分析;负责电力市场营销专项计划管理和执行情况分析。

国网科技部负责研发经费投入强度指标计划管理和执行情况分析;负责研究开发专项计划管理和执行情况分析。

国网基建部负责电网基建工程计划的细化分解落实、项目建设管理和计划执行情况分析,参与电网基建专项计划的编制。

国网互联网部负责数字化发展指数、信息安全防护能力指标计划管理和执行情况分析;负责电网数字化专项计划管理和执行情况分析。

国网物资部负责纳入综合计划各类项目物资、服务的采购管理、物资供应管理和执行情况分析。

国网产业部负责产业基建、产业技改、产业大修专项计划管理和执行情况分析;负责新兴业务收入规模指标计划管理和执行情况分析，负责产业单位的个性化指标归口管理，配合发展部编制和下达市场化产业单位综合计划。

国网国际部负责境外投资归口管理和计划执行情况分析；负责境外电网运营规模指标计划管理和执行情况分析；负责国际单位个性化指标管理和执行情况分析，配合发展部编制和下达市场化国际单位综合计划。

国网审计部负责综合计划执行情况审计。

国网法律部负责合规和风险管控水平指标计划管理和执行情况分析。

国网人资部负责职工人数、职工劳动生产率等指标计划管理和执行情况分析；负责教育培训专项计划管理和执行情况分析；负责生产辅助技改、生产辅助大修中的教培设施项目管理和执行情况分析。

国网后勤部负责电网小型基建、生产辅助技改、生产辅助大修专项计划管理和执行情况分析。

国网宣传部负责全球最具价值品牌500强指标计划管理和执行情况分析。

国网特高压部负责特高压交直流工程计划的细化分解落实、项目建设管理和计划执行情况分析。

国网水新部负责抽水蓄能、新能源和其他调峰水电的基建、技改、大修项目管理，负责计划细化分解和执行情况分析。

国调中心负责电网频率合格率、清洁能源利用率指标计划管理和执行情况分析。

分部发展部门负责本单位综合计划管理和计划执行情况分析；配合总部监督区域内省公司项目储备和综合计划执行情况。分部专业部门参照总部部门职责，按照业务分工开展相关工作。

2.省公司级单位

各省公司发展部是本单位综合计划归口管理部门，履行以下职责：

（1）负责项目储备归口管理，负责储备项目关联审核，会同财务部开展项目储备库管理工作。

（2）负责组织提出本单位综合计划总控目标建议。

（3）负责结合项目需求和投入能力，衔接预算，经统筹优化、综合平衡后，形成本单位综合计划建议。

（4）负责根据上级单位下达的综合计划，分解下达本单位综合计划。

（5）负责组织本单位综合计划执行分析和监督检查。

（6）负责组织本单位综合计划调整和分解下达。

（7）负责售电量、省间交易电量、市场化交易电量、公司管理机组发电量、线损率、电网投资效率、重大决策部署完成率等计划指标管理和执行情况分析。

（8）负责电网基建和零星购置专项计划管理和执行情况分析。

各省公司专业部门按照业务分工开展相关工作，主要职责如下：

（1）负责专项项目储备。

（2）负责提出相关指标计划和专项计划建议。

（3）配合综合计划归口管理部门进行计划细化分解。

（4）负责专项计划执行情况分析。

（5）配合进行综合计划执行检查。

（6）负责提出相关指标计划和专项计划调整建议。

英大集团统筹金融单位综合计划管理工作，负责金融单位个性化指标管理和执行情况分析；负责金融板块整体综合计划总控目标建议、计划建议、分解下达、调整建议和计划执行情况分析。

3. 地市公司级单位

各地市公司发展部是本单位综合计划的归口管理部门，履行以下职责：

（1）负责组织专业部门提出项目需求，开展项目储备论证。

（2）负责衔接预算，组织提出本单位下年度综合计划建议，细化分解上级单位下达的综合计划。

（3）负责组织本单位综合计划执行情况分析和监督检查，协调本单位综合计划管理中的有关问题。

（4）负责电网基建项目、零星购置项目的论证与储备，负责售电量、省间交易电量、市场化交易电量、公司管理机组发电量、线损率、电网投资效率、重大决策部署完成率等指标计划建议及执行情况分析。

专业部门按照业务分工开展相关工作，主要职责如下：

（1）负责提出专项项目需求，组织可研编制，配合上级单位专业部门开展可研评审及批复工作。

（2）负责本单位专项项目的论证储备。

（3）负责提出相关指标计划和专项计划建议。

（4）配合综合计划归口管理部门进行计划细化分解。

（5）负责专项计划执行分析。

（6）负责向本单位综合计划归口管理部门提出相关指标计划和专项计划调整建议。

4. 其他

县公司发展建设部门归口本单位综合计划管理，其他专业部门按照职责分工配合相关管理工作。

各级经研院（所）负责支撑公司综合计划管理，配合开展项目储备监督检查、关联论证等工作。

国网能源院负责支撑公司综合计划管理，开展综合计划管理体系研究等工作。

（五）综合计划管理总控目标确定

总控目标是公司年度主要经营指标和发展投入规模的总体控制目标，是各单位综合计划建议编制的基础。总控目标由各单位提出建议，总部统一决策确定下达。

总部统一启动编制工作，按照不同管控模式提出编制要求。

（1）对于实施"战略＋运营"管控模式的省公司，总部提出总控规模原则和参考值，以及各专业重点任务，指导进行总控目标编制。

（2）对于实施"战略＋财务"管控模式的市场化产业、金融、国际单位，相关投入需求总控目标由产业部、英大集团、国际部统筹组织进行编制，经公司统筹平衡，并履行决策程序后，负责分解下达并督导落实。

（3）对于分部和运营保障类、支撑服务类等其他单位，在总部业务和专项计划主管部门指导下开展总控目标编制。

①总控目标建议上报（一上）。各单位按照总控目标编制要求，根据本单位经营实际和发展需求，确保落实公司重点任务，提出下一年度主要经营指标和分专项投入规模建议，履行本单位决策程序后上报总部。其中，除海投公司外，金融板块总控目标建议方案由英大集团统筹提出。

②总控目标决策下达（一下）。国网发展部将各单位上报的建议分解发送至总部专业部门审核，统筹平衡提出公司下一年度总控目标建议，履行公司决策程序后分解下达，作为各单位编制综合计划建议的依据。

（六）综合计划编制与下达

1.综合计划建议上报（二上）

各单位按照综合计划编制要求，根据总部下达的总控目标，统筹平衡提出综合计划建议，履行本单位决策程序后报公司总部。

2.综合计划决策下达（二下）

国网发展部将各单位上报的综合计划建议分解发送总部专业部门审核，总部专业部门编制专项计划建议报告。国网发展部统筹优化，提出公司综合计划建议，履行公司决策程序，形成公司综合计划方案分解下达至各单位。

3.各单位综合计划决策下达

综合计划下达后，各单位及时做好分解落实工作。对自管规模，可按实际需要进行分批分解。自管规模内实施项目，在综合计划建议阶段已经公司决策的，可直接分解实施；未经决策项目，需履行相应决策程序后纳入计划实施。

公司总部出资项目由相应专业部门负责进一步细化分解落实。

对次年上半年急需实施的项目可进行预安排,满足施工准备要求,保障项目实施。

(1)预安排项目来源于项目储备库,且完成可研批复,原则上预安排项目须全部纳入次年计划安排。

(2)预安排项目在当年可提报物资和服务招标需求,不得发生资金支出或成本入账。

(七)综合计划执行与检查

总部对各单位综合计划执行情况进行全过程监督检查。

(1)国网发展部门定期进行综合计划执行情况分析,按季度对各单位综合计划执行进度、规范性等情况进行通报,不定期组织开展各单位计划分解与执行情况监督检查工作,检查结果纳入年终综合计划评价。

(2)总部专业部门定期进行本专业归口管理指标与专项计划执行情况分析,协调督导各单位做好计划执行工作。

各单位要加强计划执行过程管控,确保重点项目和主要指标可控。

(1)各单位作为计划执行主体,要做好项目设计、招标、建设和资金使用等全过程管理工作,确保合规高效。

(2)各单位综合计划归口管理部门会同专业部门定期进行综合计划执行情况分析,按月报送综合计划完成情况。建立指标与项目执行研判预警机制,协调督导本单位计划执行。

综合计划执行过程中,遇有影响全年计划完成的因素,及时向上级计划主管部门汇报沟通。

(八)综合计划调整

根据外部环境变化和生产经营实际需要,总部和各单位可按决策权限分别进行综合计划调整。各级"三重一大"项目须单独履行决策程序后,再进行调整。

各单位专项自管规模内已下达项目调整,履行本单位相应决策程序,无需上报总部审核。

总部管理项目和各专项自管规模调整,由总部在年度调整时统一决策。确需提前调整实施的,上报总部履行相应程序后先行实施,后续补充总部决策程序。

(1)实施"战略+运营"管控模式的省公司,以及分部和运营保障类、支撑服务类等其他单位,由专项计划归口管理部门审核并履行签报程序。

因自然灾害或突发不可抗力导致电网设备故障或安全隐患急需实施的项目,在本单位自管规模内无法平衡,可按照相关专业管理办法和项目建设程序先行组织实施,后续纳入公司综合计划调整。

（2）实施"战略＋财务"管控模式的市场化产业、国际单位，产业投入调整、境外投入调整由产业部、国际部分别审核统筹并履行相应程序，其他专项投入调整参照"战略＋运营"管控单位执行。

（3）实施"战略＋财务"管控模式的市场化金融单位，市场化投入在板块自管总规模内由英大集团统筹，突破板块自管总规模的由英大集团报送专项计划归口管理部门审核并履行签报程序；非市场化投入调整参照"战略＋运营"管控单位执行。

综合计划年度调整由国网发展部统一组织进行，各单位提出调整建议，履行本单位决策后上报总部。国网发展部分解各单位计划调整建议到专业部门审核，形成公司综合计划调整建议，履行公司决策程序后下达执行。

年度综合计划调整主要包括以下事项：

（1）中央新增各项重大决策部署。
（2）公司新增各项重要任务安排。
（3）事前已履行总部决策或签报程序的审核备案事项。
（4）因自然灾害或突发不可抗力导致电网设备故障或安全隐患急需实施的项目。
（5）各单位提出的综合计划调整需求，原则上在本单位总规模内平衡。需要突破总规模的，须说明调整理由提交公司决策。

（九）综合计划考核与评价

综合计划执行考核纳入公司企业负责人业绩考核统一进行，同时遵循相关管理办法。

综合计划执行评价由国网发展部组织各专业部门进行，同时要分级分类。"战略＋运营"管控和运营保障类、支撑服务类单位，以适应外部监管形势、落实国家和公司决策部署、提升投资效率为导向，注重电网安全、经营效益、客户服务等方面的评价。"战略＋财务"管控类单位，以全面激发市场化单位发展潜力与经营活力、提高市场竞争力和管理创新力为导向，注重资本运营效率和价值创造能力等方面的评价。

组织建立发展投入后评估机制，促进综合计划闭环管控。兼顾社会效益、经济效益和区域差异，对各单位各专项投入产出进行量化评估，评估结果闭环反馈指导次年总控目标确定和计划安排。

各单位负责对所属单位进行综合计划考核和评价。产业部、英大集团、国际部对产业、金融、国际单位综合计划执行情况进行评价。

（十）综合计划管理信息化支撑

综合计划决策管理系统是公司综合计划全口径全过程管理信息系统，公司除应急项目外，所有综合计划编制、上报、下达、分解、调整、推送 ERP 建项均需在综合计划决策管理系统中进行，未纳入综合计划的项目不得实施。通过综合计划决策管理系统，为各单位、各专项项目提供项目录入、统计分析、决策支持、监督检查、考核评价等服务。

综合计划决策管理系统通过公司项目中台与各专业项目管理系统进行业务流程匹配和信息交互,提供项目统一编码、统一命名、统一标签等服务,规范项目基础数据管理。

二、综合计划管理体系调整

为推进公司战略目标落地,承接公司"十四五"规划,有效落实产业升级、提质增效和新跨越行动计划,适应行业监管和公司管控模式优化要求,需对综合计划管理体系进行调整优化。

(一)调整综合计划管理内容

1.优化内容体系

综合计划是公司战略目标和发展规划落地的年度实施方案,管理内容包括计划指标和发展投入两部分。计划指标承接公司战略和规划,分为"经营实力、核心技术、服务品质、企业治理、绿色发展、品牌价值"6个大类33项指标;发展投入涵盖公司所有固定资产投资、股权投资和主要成本,分为"主导、支撑、新兴、省管"四大产业16个专项。

2.调整指标设置

聚焦战略落地,一是突出中国特色,增设重大决策部署完成率、合规和风险管控水平等两项指标;二是突出国际领先,增设国际信用评级、全球最具价值品牌500强、境外电网运营规模、市场占有率、电网设备运行可靠率等5项指标;三是突出能源互联网,增设数字化发展指数、信息安全防护能力、市场化交易电量、清洁能源利用率、客户服务满意度等5项指标。聚焦重点任务,一是推进产业升级,发展投入分解为四大产业,计划指标分为各产业共性指标和个性指标;二是推进提质增效,将利润总额指标调整为利润指标,包含利润总额和净利润;三是推进新跨越行动计划,增设研发经费投入强度指标。

3.调整投入口径

将控股增量配电、省属新兴产业和境外固定资产投资,以及省管产业投入,全口径纳入发展投入统计。一是控股增量配电公司固定资产投资,纳入主导产业投入和电网板块投入,由发展部归口管理。二是省属电动汽车、综合能源和思极公司投入,分别纳入国网电动汽车公司、国网综合能源服务集团和国网信通产业集团综合计划,列入新兴产业和产业板块投入,由产业部归口管理。三是境外固定资产投资纳入支撑产业和国际板块投入,由国际部归口管理。四是省管产业投入作为统计分析指标,不纳入公司综合计划发展投入合计,由产业部归口管理。

（二）理顺综合计划管理界面

1. 优化专项计划管理界面

加强数字新基建管理，将电网信息化专项名称调整为电网数字化专项，对各专项计划中的数字化建设需求统一进行管理。加大科技创新支撑力度，研究开发专项增设资本性分类，将直属科研院所实验能力建设项目调整纳入研究开发专项。

2. 优化总部与各单位管理界面

总部管理项目重要程度高、涉及范围广、投入额度大，由总部决策、下达和调整项目明细，并组织开展项目储备、执行检查及考核评价工作。

各单位管理项目市场响应要求较高、投入额度较小，由各单位决策、下达和调整项目明细，并组织开展项目储备、执行检查工作，总部负责考核评价。

3. 精简综合计划管理流程

将综合计划"三上三下"管理流程调整为"两上两下"，按需实时入库、动态调整。

（1）"一上一下"定总控。各单位在确保落实公司重点任务的前提下，上报次年主要经营目标和发展投入分专项规模建议；经总部统筹平衡、履行决策程序后分解下达相关方案，作为各单位编制综合计划的依据。

（2）"二上二下"定计划。各单位根据总部下达的总控目标，上报次年综合计划建议；经总部统筹平衡、履行决策程序后，形成综合计划方案，分解下达各单位。

4. 完善综合计划管控模式

（1）"战略＋运营"管控。对于省级电力公司，增强各单位自主统筹能力。在总控目标编制阶段，总部提出各单位投入总规模参考值，明确专项编制原则和重点任务，各单位结合经营实际，提出分专项投入规模建议。

（2）"战略＋财务"管控。对于市场化产业、金融、国际单位，强化市场导向。根据相关产业规划，结合市场形势，由产业部、英大集团、国际部统筹各项计划指标，纳入公司综合计划统一平衡决策。

5. 落实国家监管要求

按照《国家发展改革委 国家能源局关于加强和规范电网规划投资管理工作的通知》（发改能源规〔2020〕816号）要求，完善电网项目分类及核备管理，确保纳入输配电价有效疏导。

（1）明确电网投资范围。一是将电网投资项目分为电网基建项目和技术改造项目两类；二是将电网基建项目、技术改造项目进一步分别细分为输变电工程、电网安全与服务、电网生产辅助设施三类，作为核备管理分类；三是将综合计划中各专项投资计划（纳入核价部分）与核备管理分类（外部监管要求）衔接起来。

（2）加强项目核备管理。一是严格落实国资和行业监管要求，实行总部和二级单位两级投资决策制度，严格"三重一大"项目决策程序。

二是加强电网投资合规性管理，在电网基建基础上，电网小型基建、生产技改、生产辅助技改、零星购置、电力市场营销、电网数字化、研究开发等电网全口径投资均应履行核备程序。

6. 工作要求

（1）落实公司管理新要求。国网发展部将统一组织修订综合计划管理办法，完善实施细则和工作手册，加强信息化保障，落实综合计划全过程在线管理。总部相关专业部门根据分级决策事项，结合专业管理需要，优化调整项目可研批复限额（限上、限下），加强新增计划指标管理，细化指标内容，明确指标定义。

（2）确保各级权责落地。各部门、各单位要按照调整优化后的综合计划管理体系，进一步细化职责分工。各单位要加强对下属单位的培训宣贯，确保各级权责有效落地，提升效率与效益。

（3）加快项目中台建设。各部门、各单位要按照中台建设有关要求，加快开展项目管理业务中台试点建设和推广应用，加快专业系统中台化改造，沉淀项目管理共性核心业务和基础数据，实现数据源头统一、分类标准统一、发布渠道统一、业务流程贯通，切实提升项目管理效率。

第三节 综合计划管理重点工作

一、基本建设投资管理

（一）基本建设投资管理总则

为加强国家电网有限公司直属产业公司（以下简称"产业公司"）基本建设（以下简称"产业基建"）投资管理，清晰管理界面，明确职责分工，规范投资行为，防范投资风险，提高投资收益，就要根据《中央企业投资监督管理办法》《国家电网有限公司投资管理规定》等法律法规和公司有关规定，结合公司"放管服"改革工作要求，制定相应办法。

相应办法中所称产业基建投资是指产业公司因企业发展需要实施的基本建设投资，

包括境内外新建、改扩建、购置生产经营用固定资产资本性投资，主要包括产业公司在电工装备制造、信息通信、房产物业、新能源（不含抽水蓄能电站和常规水电）、节能与电能替代（不含公司系统外合同能源管理项目）、通用航空、电动汽车、电子商务、物资供应、传媒等业务板块生产性基本建设投资。

产业公司的抽水蓄能电站和常规水电投资以及境外投资管理按照公司相关规定施行。BOT、BT、PPP、融资租赁、系统外合同能源管理项目等经营性投资按公司相关规定施行，不纳入产业基建管理范围。

加强产业基建投资"事前、事中、事后"全过程管控，包括项目前期、计划和预算、建设实施、后评价和考核等各个阶段。

产业基建投资实行统一管理、两级（公司总部、产业公司）决策，纳入公司"三重一大"的产业基建项目由公司决策，其他项目由产业公司决策，产业公司不得再下放决策权限。

（二）投资原则

产业基建投资应遵循国家法律法规、产业政策和有关监督管理规定，符合公司规划与总体产业布局，符合直属产业发展规划，符合产业公司功能定位、核心业务布局与发展需要，有利于提升产业发展水平和企业核心竞争力。鼓励产业公司投资战略性新兴产业。

产业基建投资实践中应根据产业公司自身投资能力和行业发展趋势，加强项目投资收益论证，保证合理收益水平，严控投资风险，禁止低效或无效投资。原则上新投资项目的投资收益水平不低于本单位当期的净资产收益率。

公司针对市场竞争类产业公司实施投资负面清单制度。投资负面清单中设定禁止类和监管类投资项目，实行分类监管。列入负面清单禁止类的投资项目一律不得投资；列入负面清单监管类的投资项目，需报公司总部审批；未列入负面清单的投资项目，由产业公司自行审批。

（三）职责分工

国网产业部是产业基建投资的归口管理部门，主要职责如下：

负责对产业基建投资进行统一管理，制定相关管理制度。

负责制定产业基建投资负面清单，并按规定对产业基建投资项目进行审批或备案。

负责组织进行产业基建投资项目储备，提出产业基建投资年度专项计划和预算建议。

监督、指导产业基建投资工作，组织对计划、预算执行情况和重大投资项目实施情况进行检查督导和考核，组织开展产业基建投资项目后评价工作。

公司总部相关部门按职责分工负责专业指导和项目审批：

国网发展部负责将产业基建投资年度计划纳入公司综合计划管理；国网财务部负责

将产业基建投资年度预算纳入公司全面预算管理；国网设备部负责通用航空专业产业基建投资项目可研报告审批工作；国网水新部负责新能源专业基建投资项目管理工作；国网国际部负责境外业务产业基建投资项目（装备制造类除外）审批工作，负责将产业公司境外基建投资项目报送国家有关部门审（核）批或备案申请。

产业公司是产业基建投资管理责任主体，负责本单位产业基建投资全过程管理，按规定承担投资决策和管理责任，主要职责如下：

贯彻落实国家有关投资政策、法律法规、行业标准等，执行公司有关投资管理制度。

组织开展本单位产业基建投资项目前期工作，评审项目可研报告并按权限进行批复。对未达到《国家电网公司总部"三重一大"决策主要事项》标准的项目行使投资决策权。

负责提出本单位产业基建投资储备项目，编制并决策本单位的产业基建投资年度专项计划和预算建议。

负责组织本单位产业基建投资项目的实施和监督考核，直接负责本单位重大产业基建投资项目的全过程管理。

负责组织开展本单位产业基建投资计划和预算执行情况检查、考核工作，对本单位产业基建投资工作进行总结、分析和后评价，并提出改进措施。

项目实施单位是产业基建投资执行主体，主要职责为：

负责开展产业基建投资项目前期工作，提出产业基建投资储备项目、年度专项计划和预算建议。

组织产业基建投资项目的实施，负责产业基建投资全过程管理。

负责对产业基建投资工作进行总结、分析和自评价，并向上级单位报送相关材料。

（四）项目前期管理

产业公司根据直属产业发展规划初选产业基建投资项目，开展前期工作，委托具有相应资质的单位或自行开展项目可行性研究报告（以下简称"可研报告"）的编制、评审有关工作。

可研报告应包括项目概况、建设必要性和可行性、建设方案和规模、投资估算、资金来源和效益分析、风险分析等内容。其中，项目资本金比例应不低于国家规定的比例，鼓励企业开放资本结构，拓宽融资渠道，降低企业负债水平，同时引入技术、市场、管理等生产要素，提升项目市场竞争力。

完成可研报告编制、评审后，要履行产业公司决策程序（一般指产业公司党委会）。产业公司决策后，将可研报告等有关材料报公司总部履行审批或备案程序。

产业基建投资项目按以下规定进行审批或备案，且符合以下任一条件的，报公司总部审批。

（1）列入市场竞争类产业公司投资负面清单监管类的产业基建投资项目。

(2)支撑服务类产业公司产业基建投资项目。

其他产业基建投资项目由产业公司决策，报国网产业部备案。

各产业公司产业基建投资项目履行决策程序后10个工作日内，通过产业集约管控系统报送产业基建项目储备库。报送材料包括投资项目可研报告、评审意见和决策文件等。属于公司"三重一大"事项的投资项目，需正式行文上报公司总部。

国网产业部会同总部有关部门对各产业公司报送的材料进行审核，审核重点包括项目是否符合产业发展规划，是否符合各单位功能定位和核心业务方向，确定项目是否属于负面清单项目。将未列入负面清单的投资项目纳入储备库备案，由产业公司予以批复。

对于需要公司总部审批的产业基建投资项目，总部有关部门组织有资质的咨询机构对其可研报告进行评审，并依据评审意见进行批复。属于公司"三重一大"事项的，提交公司党组会进行决策。涉及董事会（董事长办公会）审议的事项，按公司董事会议事规则执行。

对于由公司总部专业部门审批的项目，在完成可研报告审批后需将审批意见反馈到国网产业部。

需国家或地方主管部门核准（备案）的项目，产业公司在获得可研报告批复（备案）后，按有关要求履行报批程序。在获得政府核准（备案）后，于10个工作日内将核准（备案）文件上报国网产业部。

对以合同能源管理方式实施的公司系统内节能项目进行专业管理，统一执行公司有关规定，由用能单位组织编制项目可研报告，并按有关规定开展可研报告审批等前期工作。完成可研报告审批后，由相关产业公司履行决策程序，并将项目可研报告和决策文件报国网产业部。

（五）计划和预算管理

公司对产业基建投资项目实行年度投资计划和预算管理，并纳入公司年度综合计划和预算。

国网产业部按照公司统一要求，组织进行产业基建投资项目储备。公司实行常态项目储备，完成可研评审的项目由各产业公司报送产业基建专项储备库，经审核后纳入公司统一储备库。

每年10月上旬，产业公司以项目储备为基础，提出下一年度产业基建投资需求计划和预算建议，需求建议应包含所有项目明细。资产负债率较高的单位要从严控制投资规模，不得安排推高企业负债率的投资项目。国网产业部依据规划指标、本年度计划执行情况，提出下一年度产业基建总控目标建议。

每年11月中旬，产业公司按照公司综合计划和预算编制要求及总控目标，提出下一年度的产业基建投资专项计划和预算建议，并纳入综合计划及预算建议统一上报公司总部。国网产业部审核后提出年度产业基建投资计划和预算建议，纳入公司综合计划和预算草案。

年度投资计划和预算建议应根据产业公司发展需要、资产负债情况和经营状况综合平衡确定，优先满足上一年结转项目的投资需求，再从储备库中适当安排新实施投资项目。

完成可研批复的项目方可列入公司综合计划。需政府部门审批的新能源及商业地产等投资项目，应在纳入年度投资计划前完成政府核准或备案程序，取得相应的规划和建设许可证。

公司统一下达的年度产业基建专项投资计划和预算，由产业公司组织实施。各产业公司根据总部下达的综合计划，分批分解项目计划，下达下级单位实施。

对于未列入年度投资计划，但因客观条件发生变化或市场竞争需要新增的产业基建投资项目，按规定完成分级审批决策程序后纳入综合计划和预算。

（1）规模范围内增补。专项投资计划规模内增补项目，由各产业公司决策后，通过计划系统报备。报备内容应包含调增项目及调减计划内项目的明细。国网产业部会同相关部门对投资方向进行审核后，统一将其纳入年度综合计划和预算。增补项目导致计划内项目投资规模调减，该调减项目原则上当年不得再次进行调整。

（2）规模范围外增补。专项投资计划规模外增补项目，由产业公司提出申请并正式行文上报公司总部，上报内容应包括调增申请文件、项目可研报告、产业公司决策文件等。国网产业部会同相关部门提出审核意见，履行增补程序后下达实施计划，并将其统一纳入年度综合计划和预算调整体系。

对下年初需要实施的项目进行预安排。关于预安排项目，需完成分级审批及决策程序，并将其纳入产业基建项目储备库。将预安排项目纳入下年计划，在当年可提报物资和服务招标需求，不发生资金支出。

受国家政策调整或市场环境变化等因素影响，产业基建年度计划不能完成时，可以申请调整。各产业公司按照公司综合计划和预算调整统一要求，提出产业基建计划和预算调整建议，国网产业部会同相关部门审核后，将其纳入公司综合计划和预算调整经公司决策后下达执行。

（六）项目建设管理

公司对产业基建投资项目实行开工备案制度。列入年度计划和预算且具备实施条件的投资项目，需在正式开工前通过产业集约管控系统报国网产业部备案。

开工备案材料应包括产业公司开工报告、建设工程规划许可证及建筑工程施工许可证等。开工报告应包含投资项目前期批复（备案）情况、建设内容和规模、投资概算等。

对于包含建设工程内容的产业基建投资项目，产业公司应根据可研报告批复意见，按公司有关规定委托有资质的设计单位开展初步设计工作。投资项目初步设计概算原则上不得超出可研报告批复的投资估算范围。

产业公司负责组织工程项目建设，加强项目安全、质量、成本、进度管理。国网产业部每年每季度组织产业公司编制重点基建投资项目里程碑节点计划，经审定后下达各产业公司执行。

建立产业基建投资项目安全管理生产责任制。项目实施单位要依法履行项目法人安全管理职责，同时要建立健全基建安全保证体系和监督体系，组织工程施工、监理、设计等参建单位落实各自的安全责任。

实行建设工程全过程质量管理。项目实施单位要建立健全基建质量管理体系，落实工程建设质量管理责任，同时组织勘察、设计、施工、调试、监理、制造等参建单位，按照国家工程质量相关法律法规，在工程全寿命周期内承担相应的工程质量责任。

加强产业基建投资项目成本管理。项目实施单位要建立投资项目成本管理体系，明确管理流程及权责，规范目标成本及动态成本管控的各项审批手续，严格执行国家和公司招投标有关规定，有效控制项目成本。

产业基建投资项目竣工后，项目实施单位应及时组织竣工验收，并出具验收报告，在竣工验收当月按照在建工程账面价值估价转入固定资产。原则上电源基建工程应在竣工投产后6个月内、其他基建工程应在竣工投产后3个月内完成决算编制工作，并依据竣工决算报告调整资产价值。

项目验收及决算后10个工作日内，产业公司负责将验收报告和决算报告通过产业集约管控系统报国网产业部备案。

经批复的产业基建投资项目建设地点、建设规模、建设内容、技术方案等发生重大变化，或投资估算调增额15%以上，应按项目原批复流程重新履行审批程序。

公司总部和各单位应定期对实施中的项目进行跟踪分析，如出现影响投资项目实现的重大不利变化，由项目单位提出投资项目中止或终止申请，公司总部相关部门研究确定，并相应调整投资计划。

产业集约管控系统是产业基建投资项目管理的专业化信息支撑平台，产业基建投资项目的专项计划需求、项目里程碑计划、项目执行信息、竣工及决算报告等通过产业集约管控系统统一报送。

（七）监督与考核管理

建立产业基建投资与效益挂钩的考核机制。项目实施完成后，新增产业投资收益应与产业公司下一年度资产经营目标挂钩，调增产业公司收益指标，并将其纳入企业负责人业绩考核。

公司针对产业基建投资项目实行内部审计制度。各级审计部门分工负责产业基建投资项目审计工作，各项目单位必须认真整改发现的问题，并及时上报有关产业基建投资项目的重大问题。

建立产业基建投资项目后评价制度。各项目实施单位就已投产项目开展自评工作，编制自评价报告；国网产业部会同有关部门审核确定公司总部组织的后评价项目，并组织开展后评价工作。产业公司根据需要，按相关规定自行选择开展针对本单位其他项目的后评价工作。项目后评价成果应作为各产业公司编制规划和投资决策的参考依据，并作为业绩考核及重大决策失误责任追究的重要依据。

建立产业基建计划执行和重点项目实施情况考核制度。对纳入产业公司企业负责人业绩考核的投资计划指标和重点项目，按照公司相关规定执行。

实行公司统计制度和投资月度分析制度。每月 2 日前，将上月计划执行情况分析报告及项目进展信息通过产业集约管控系统报送国网产业部；每年 1 月底前报送上一年度产业基建工作总结报告。

实行产业基建投资计划执行和重点投资项目实施情况通报制度。每月上旬，国网产业部对各产业公司产业基建投资计划及重点投资项目实施情况进行通报。

公司建立违规投资决策责任追究制度和责任倒查机制，对未履行或未正确履行职责造成国有资产损失以及其他严重后果的，按照国家及公司责任追究有关规定追究有关人员的责任。

各单位应建立产业基建投资全过程风险管理体系，强化投资前期风险评估和风控方案制定，做好项目实施过程中的风险监控、预警和处置，防范投资和运营风险。

二、基建项目管理

（一）基本建设项目管理总则

为规范国家电网有限公司（以下简称"公司"）基本建设项目（以下简称"基建项目"）管理工作，提高基建项目管理水平，需依据《国家电网公司基建管理通则》和《国家电网有限公司关于印发总部"放管服"第一批事项清单的通知》（国家电网办〔2019〕283 号）等，结合公司基建项目管理实际，确立相关规定。

相关规定中所指项目管理是以项目建设进度管理为主线，通过计划、组织、控制与协调，有序推动工程依法合规建设，全面实现项目建设目标的过程。主要管理内容包括进度计划管理、建设协调、参建队伍选择及合同履约管理、信息与档案管理、总结评价等，安全、质量、技术、造价管理要求在各自专业管理规定中加以明确。

（二）职责分工

按照基建工程建设程序及各相关业务部门管理职责，公司各级单位发展、基建、物资、设备、调控、财务、科技、营销、信通、档案等部门参与工程项目建设全过程管理。

（1）发展部门负责基建项目前期（立项、可研、核准及其他支撑性材料）管理工作，负责年度综合计划管理工作，形成项目前期工作成果后移交基建管理部门组织实施。

（2）基建管理部门参与项目前期工作，负责工程前期、工程建设与总结评价三个阶段管理工作，负责组织基建工程设计、设备安装、设备调试、竣工验收阶段的技术监督工作，负责与设备部门共同组织启动验收，负责基建工程项目档案的直接管理与组织协调工作。工程启动投运后移交设备部门运行，工程结算后移交财务部门决算，投运后工程档案移交档案部门归档。

（3）物资（招投标管理）部门负责基建工程相关招标采购管理和物资管理工作，负责组织实施相关招标采购、物资合同签订履约、质量监督、配送和仓储管理等工作，负责制定招标批次、物资供应计划。

（4）设备部门负责生产运行准备，协调基建部门进行工程设计、设备安装、设备调试、竣工验收阶段技术监督，会同基建部门开展竣工验收阶段设备交接验收技术监督工作，参与工程设计审查、主要设备验收、阶段性验收，与基建管理部门共同组织启动验收。

（5）调控部门参与工程设计审查，负责新设备启动调试调度准备工作，负责根据调试方案编制基建工程新设备启动调度方案，审定停送电计划，参与启动验收、投产试运行等工作。

（6）财务部门负责基建工程建设资金管理、竣工决算和转资管理工作，会同基建管理部门加强基建成本管理。

（7）科技部门是基建项目环保、水保管理的业务归口部门，负责工程项目环保、水保专项验收和监督检查；参与工程初步设计审查、启动验收、竣工验收。

（8）营销部门负责在基建工程的设计审查、建设和竣工验收阶段指导国家计量法律法规、公司计量管理方面的规章制度及技术标准的执行。

（9）信通部门参与工程设计审查、阶段性验收、启动验收及投产试运行，负责配套通信项目专业化管理，重点开展生产运行准备、质量管理及技术监督工作。

（10）档案部门是工程项目档案管理的业务归口部门，负责基建工程项目档案管理监督检查指导工作，负责本单位重大基建项目档案的验收，接收和保管符合公司档案管理要求的相关档案。

公司各级单位基建管理部门项目管理职责分工如下：

（1）国网基建部监督、检查、指导、考核省公司级单位（省（自治区、直辖市）电力公司及直属建设公司）项目管理工作。负责500千伏及以上电网工程、中央部署重大战略性工程（乡村振兴、脱贫攻坚、军民融合、清洁供暖等）进度计划的制定、下达与执行管理，对35～330千伏电网工程按照总体规模进行计划管控。负责推进项目部标准化建设，以及协调处理项目建设重大问题等工作。负责设计施工监理（咨询）队伍招标管理工作，会同国网物资部（招投标管理中心）开展500～750千伏工程中，跨区、跨省和中央部署、公司关注的重大战略性工程队伍集中招标工作。

国网特高压部负责特高压和直流工程项目建设管理工作，会同国网物资部（招投标管理中心）开展特高压和直流工程队伍集中招标工作。

（2）省公司建设部负责组织推进所辖工程项目建设，监督、检查、指导、考核省公司建设分公司（以下简称"省建设分公司"）、地市（县）供电企业项目管理工作。负责编制进度计划，上报国网基建部审批后组织实施；按明细分解除中央部署重大战略性工程（乡村振兴、脱贫攻坚、军民融合、清洁供暖等）以外的35～330千伏工程，下达年度进度计划并组织实施。负责省公司建设项目工程前期管理工作，负责特高压建设统筹协调，组织地市（县）供电企业开展辖区内各级电网建设项目属地协调等工作。负责所辖输变电工程设计施工监理（咨询）队伍招标专业管理工作，会同省物资部（招投标管理中心）开展总部招标范围外其余500千伏、750千伏输变电项目以及500千伏以下电压等级输变电工程队伍集中招标工作。负责所辖输变电工程合同、信息、档案管理工作。

省建设分公司受托负责公司总部和省公司直接管理工程项目的建设管理。负责编制项目进度计划，执行省公司下达的建设进度计划。负责本单位建设管理工程的业主项目部组建及管理工作，以及工程合同、信息、档案管理工作。

（3）地市供电企业建设部负责编制项目进度计划，执行省公司下达的建设进度计划。负责所辖地区各级电网建设项目的属地协调工作。负责所辖业主项目部管理工作的监督检查，以及工程合同、信息、档案管理工作。

地市供电企业项目管理中心负责业主项目部组建工作，负责电网项目建设过程管理工作，推动工程建设按计划实施，实现工程进度、安全、质量、技术和造价等各项建设目标。

县供电企业承担所辖地区各级电网建设项目的属地协调工作。

（三）进度计划管理

进度管理应遵循项目建设的客观规律和基本程序，科学编制电网建设进度计划，开展进度计划全过程管理工作，采取有效的管理措施，实现基建工程依法开工、有序推进、均衡投产的总体控制目标。

进度计划管理总体流程如下：

（1）建设管理单位滚动修订年度电网建设进度计划并报省公司。

（2）省公司级单位（包括省（自治区、直辖市）电力公司和公司直属建设公司）统筹考虑均衡投产要求组织审查、修订电网建设进度计划并报国网基建部。

（3）国网基建部下达年度电网建设进度计划并监督执行。

（4）建设管理单位（负责具体工程项目建设管理的省公司级单位、地市供电企业、县供电企业）执行年度电网建设进度计划，有序推进工程建设。

（5）各级单位基建管理部门按期统计上报工程开工、投产计划执行情况，定期分析项目建设进展情况并进行进度纠偏。

（6）因外部条件等不能按计划开工、投产工程，则提出进度计划和综合计划调整申请报上级管理部门批准，经决策后实施。

科学确定并严格执行合理工期，确保工程建设安全质量，如下所述：

（1）根据设备制造、施工建设的客观规律，结合科技进步、工艺创新对工期的积极影响作用，按照工程电压等级、气候条件等不同参数，确定输变电工程从开工到投产的合理工期。

（2）保证相应工序的合理施工时间，严禁随意压缩工期。

（3）如果项目前期或工程前期等原因造成开工推迟，则应顺延投产时间。

合理编制电网建设进度计划如下所述：

（1）电网建设进度计划编制应以公司综合计划为依据，充分考虑电网规划、项目前期、工程前期、招标采购及物资生产供应合理周期及电网实际运行情况等因素，落实合理工期、均衡投产等要求。

（2）电网建设进度计划应包含工程建设各阶段的重要节点进度信息，如可研评审意见取得、项目核准、设计招标定标、初设评审批复、首批物资招标定标、施工招标定标、场平完成、开工、投产、工程结算等节点时间。

严格执行电网建设进度计划，有序推进工程建设，确保建设任务按期完成，如下所述：

（1）基建管理部门严格执行电网建设进度计划，推进工程前期工作，落实标准化开工条件，履行相关开工手续，依法开工建设。

（2）业主项目部（项目管理部）根据电网建设进度计划，组织有关参建单位编制项目实施进度计划、招标需求计划、设计进度计划、物资供应计划、停电计划等，促进各项计划有效衔接，按计划有序推进工程建设。

（3）各级单位基建管理部门和业主项目部应及时统计分析所辖工程的建设进度计划执行情况，当项目进度偏离计划时，应及时采取有效的纠偏措施。

（四）建设协调

按照"统筹资源、属地协调"管理原则，推进建设外部环境协调和内部横向工作协调，提高建设协调效率，确保工程按计划实施。

统筹公司建设外部协调资源，建立常态协调工作机制，落实各级单位建设协调责任。加强与政府部门的沟通，争取政府部门政策支持。

建立电网建设协调与对外服务协同机制，加强各级单位基建管理部门与发展、物资、营销、设备、调控、科技、信通、财务、档案等相关专业部门的协调沟通与工作衔接。加强综合计划与建设进度计划、工程形象进度与财务进度的协调统一，建立物资协调工作机制和工程建设外部协调属地化工作机制，动态跟踪设备、材料的生产和供货情况，及时协调解决出现的问题，提高工程建设效率。加强工程项目文件材料积累管理，促使工程项目建设与工程文件材料收集整理同步推进。加强工程环保、水保重大变动管控，依法合规地办理相关手续。

各级单位基建管理部门定期组织召开重点工程建设协调会，分析建设进度计划执行情况，协调解决存在的问题，提出改进措施并跟踪落实。

业主项目部（项目管理部）具体负责工程的日常协调管理，开展项目建设外部协调和政策处理工作，重大问题需上报建设管理单位协调解决。

工程启动验收投运前，按规定成立工程启动验收委员会（启委会），启委会工作组根据启委会确定的验收、投运等时间节点开展工作，确保工程有序启动投运。

（五）参建队伍选择及合同管理

按照国家法律法规及公司相关规定，遵循"公开、公平、公正和诚实信用"原则，选择参建队伍。

总部、省公司两级基建管理部门，按照国家招投标有关规定，选择资质合格、业绩优秀、服务优质的工程设计、施工、监理（咨询）队伍。

公司系统输变电工程设计、施工、监理（咨询）队伍选择，必须通过有相应资质的招标代理机构（公司系统招标活动应当在公司一级部署的电子商务交易平台或省级政府规定的统一招标平台开展）进行，由公司总部、省公司按分工负责进行招标集中管理。

根据年度电网建设进度计划，制定设计、施工、监理（咨询）集中招标申报计划，满足项目开工、进度需要。

基建管理部门重点做好标段划分、招标文件审查、评标等工作。在招标文件中明确公司标准化建设及管理要求，确定安全、质量、进度、技术、造价等管理目标。

规范设计、施工、监理（咨询）合同管理要求如下：

（1）建设管理单位根据招标结果，负责签订工程设计、施工、监理（咨询）合同。

（2）建设管理单位加强合同执行管理，监督参建单位落实合同约定的目标、措施、要求。

（3）建设管理单位组织业主项目部（项目管理部），根据参建单位合同履约情况进行评价考核。

（4）工程建设中发生工程建设合同变更事项时，工程建设合同签订单位组织办理工程建设合同变更，按照公司合同会签程序，签订工程建设合同变更协议或补充协议。

参建队伍选择和合同管理的总体流程如下：

（1）基建管理部门根据两级集中招标范围划分和建设进度计划安排，制定设计、施工、监理（咨询）招标计划并上报。

（2）设计、施工、监理（咨询）招标计划审定下达后，招标管理部门进行招标，各级单位基建管理部门参与招标文件审查和评标。

（3）建设管理单位根据中标结果组织签订合同，业主项目部（项目管理部）监督合同执行，根据履约情况对参建队伍进行激励评价。

（六）项目部管理

组织成立业主项目部（项目管理部），配备合格的业主项目经理，根据管理需要配备管理专责人员，并落实业主项目部标准化管理要求。

公司以业主项目部（项目管理部）为项目管理的基本执行单元，业主项目部（项目管理部）实行项目经理负责制，其负责项目建设过程管控和参建单位管理工作，通过计划、组织、协调、监督、评价，有序推动项目建设，实现工程建设进度、安全、质量、造价和技术管控目标。

业主项目部（项目管理部）负责对设计、监理（咨询）、施工、物资供应商等参建单位进行管理协调。推进监理项目部、施工项目部标准化建设。

项目管理总体流程如下：

建设管理单位根据年度工程建设任务组建业主项目部；省建设分公司（监理公司）负责建设管理工作并承担监理业务，可组建项目管理部。

业主项目部（项目管理部）编制项目管理策划文件并下发参建单位执行，审定设计、施工、监理（咨询）单位项目管理策划文件。

业主项目部（项目管理部）落实工程开工条件，依法组织工程开工。

业主项目部（项目管理部）加强对参建队伍和建设过程关键节点的管控，推动参建各方按计划进行工程建设，收集、整理、上报工程建设信息。

业主项目部（项目管理部）参与工程启动验收，及时完成工程项目文件材料收集、整理、归档工作；对施工、监理项目部进行评价，配合建设管理单位基建管理部门对设计质量进行评价。

（七）信息与档案管理

应用基建管理系统，及时准确地统计上报工程项目建设进展情况，定期分析关键信息，提升工程项目管理效率。

按照公司电网建设项目档案管理办法，将工程项目档案管理融入工程日常管理。项目开工前，明确工程项目文件材料收集计划、归档要求、时间节点、责任单位等；工程建设过程中，注重督导参建单位，确保文件材料积累进度与工程建设进度相协同，进行预立卷；项目竣工后，及时组织有关部门和参建单位完成项目文件材料收集、整理工作，并以工程项目为单位向档案部门归档。

（八）检查考核

建立基建项目管理逐级评价考核常态机制，根据年度基建项目管理重点工作安排，制定年度基建项目管理考核标准及评价标准，定期逐级进行评价。

建立基建项目管理创新激励机制，鼓励各单位在贯彻落实标准化管理要求的同时，推进管理方式方法创新，经公司总结提炼和深入论证后，形成可供推广实施的典型经验。

公司总部、省公司级单位分层组织开展项目管理竞赛，促进项目管理整体水平稳步提升。

建立业主项目部（项目管理部）工作评价机制，在工程投产后一个月内，建设管理单位组织进行业主项目部（项目管理部）管理综合评价。

建立项目经理持证上岗和评价激励机制，分层级评选"优秀业主项目经理"，促进业主项目经理管理技能和业务水平提升。

三、小型基建项目管理

（一）小型基建项目管理总则

为加强公司小型基建项目管理，提高投资效益，依据国家有关法律法规、政策和公司有关规定，需制定相应办法。

相应办法中所称电网小型基建项目是指为企业生产经营服务的调度控制、生产管理、运行检修、营销服务、物资仓储、科研实验、教育培训用房和其他非经营性生产配套设施的新建、扩建和购置。

电网小型基建项目投资一般包含前期费、征地费、工程建设及其他费用等。

相应办法适用于公司总（分）部，各单位及其所属各级单位（含全资、控股、代管单位）（以下简称"各级单位"）。

产业基地生产经营服务配套设施（如生产管理用房、生产辅助设施、倒班宿舍等）的新建、扩建和购置，并入产业基地建设工程项目管理，不纳入公司电网小型基建项目管理；其单独建设的生产配套设施，纳入公司电网小型基建项目管理。

（二）管理原则

电网小型基建项目应坚持为企业生产经营服务的原则。各级单位应对本单位项目进行统一规划、统筹平衡、科学安排。

电网小型基建项目应按照"勤俭节约、量力而行、保证重点、逐步改善"的原则，围绕公司发展战略，充分利用现有资源，根据需要重点安排生产经营所必需的设施。

电网小型基建项目投资管理应坚持"统一管理、分级实施"的原则，严格履行决策程序，规范投资行为，防范投资风险，确保投资可控、在控。

电网小型基建项目必须纳入公司综合计划和全面预算管理，资金来源必须符合国家政策法规和公司有关规定。

各级单位应健全组织机构，落实管理责任，强化计划管控，加强专业化管理和过程控制，加强审计和监督检查，严格考核考评。

（三）管理职责

公司电网小型基建项目专项计划由公司总经理办公会（或党组会、董事会）审批。

1. 总部职责

国网后勤部是公司电网小型基建项目的归口管理部门，负责项目立项审批、年度专项计划审核编制、建设管理等工作，负责限上项目可行性研究报告审批，负责"三重一大"项目（指建筑面积1万平方米及以上，或总投资（不含征地费）1亿元及以上的项目）初步设计审批，负责政策严控类及周转住房等非生产类限上项目初步设计审批。

国网发展部负责将公司电网小型基建项目专项计划纳入公司综合计划管理，负责对计划执行情况进行监督。

国网财务部负责将公司电网小型基建项目纳入公司全面预算管理，负责对资金使用情况实施财务监督。

国网物资部（招投标管理中心）、安监部、基建部、办公厅等部门按照管理职能分工，协助做好电网小型基建项目招投标、安全、质量、档案管理指导和监督工作。

国网审计部负责公司电网小型基建项目审计监督工作。

国网监察局负责公司电网小型基建管理监督检查工作。

2. 各级单位职责

各级单位后勤部（或后勤管理部门）是本单位电网小型基建项目的归口管理部门；其他职能管理部门按照职责分工负责本单位电网小型基建项目综合计划、全面预算、安全质量、审计监督、效能监察等工作。

各级单位负责电网小型基建项目方案论证、立项申请上报、年度专项计划编制上报、建设实施、竣工验收、工程结算与决算、工程审计等工作，负责限下及零星项目的可行性研究报告审批，负责限上项目（除"三重一大"项目、政策严控类和周转住房等非生产类之外的项目）、限下及零星项目的初步设计审批。

（四）前期管理

电网小型基建项目按使用功能分为调度控制、生产管理、运行检修、营销服务、物资仓储、科研实验、教育培训用房及其他非经营性生产配套设施的新建、扩建和购置。

调度控制用房指各分部、各单位运行调度控制楼。

生产管理用房指地市公司级单位、县公司级单位生产综合用房。

运行检修用房指省检修分公司及区域检修分部（市域工区）用房，地市供电公司输、变、配运检工区、检修试验工区及市检修公司县域检修分公司用房，区县供电公司配电运检工区用房。

营销服务用房指计量中心、供电服务中心、客服中心、供电营业所、营业网点等用房。

物资仓储用房指独立的生产库房及其附属用房。

科研实验用房指科学研究实验及其附属用房。

教育培训用房指技术（能）及经营管理培训用房。

其他用房指倒班宿舍、医疗卫生场所、离退休人员活动室等上述归类中未涵盖的项目。

电网小型基建项目按照建筑和投资规模分为限上项目、限下项目、零星项目。限上项目指总投资2 000万元及以上（不含征地费，下同），或建筑面积5 000平方米及以上的项目；限下项目指总投资100～2 000万元，且建筑面积5 000平方米以下的项目；零星项目指总投资100万元及以下的项目。

关于拟纳入年度专项计划建议安排的项目，各级单位组织开展方案论证工作，并编制电网小型基建项目建议书，将所需费用列入本单位年度预算。

（1）项目申报单位的基本情况：包含电网规模、供售电量、员工人数及其分布、客户数量、营业范围及面积等。

（2）企业现有用房状况：描述本单位现有土地及用房总量情况，详细说明各地块及用房的面积、使用单位及人数、建设年代、建筑层数、建筑结构、人均面积等，并提供现状平面示意图。

（3）建设必要性：结合本单位总体规划要求、现有用房使用情况、本单位机构设置以及用房需求阐述新建用房的必要性。

（4）建设可行性：主要从地方城市规划、用地批准、政策支持等方面说明，包括建设地点、建设用地周边情况、征地拆迁等。

（5）建筑规模和方案：包括建筑面积（分为地上面积和地下面积）、楼层功能安排、总平面布置图、限上项目鸟瞰图等。

（6）投资估算。

（7）建设或改造工期安排及投资建议计划。

（8）现有用房处置方案。

（9）其他。

各级单位要对电网小型基建项目建议书进行初步评审，充分论证项目建设的必要性、可行性和建筑规模的合理性。

各级单位应加强电网小型基建项目前期管理工作，重点是建设用地以及规划条件确定，同时要根据项目前期工作进展以及轻重缓急进行合理排序，确保项目批准后能按期开工建设。

（五）计划管理

公司统筹发展需求和经营状况，合理确定年度电网小型基建项目。连续亏损和高负债单位应从严控制电网小型基建项目。

电网小型基建项目专项计划编制应保证重点工程建设，优先安排续建工程建设，严格控制新建项目。

每年5月1日前，各级单位启动下一年度电网小型基建项目专项计划编制工作，提出项目建设需求。

每年7月31日前，各单位汇总初评形成下一年度电网小型基建项目专项计划（含项目建议书），经审核后报国网后勤部。其中，限上项目和限下项目均逐项上报；零星项目打捆将投资规模上报，但需细化到单个项目。禁止把项目分拆上报。

每年9月30日前，国网后勤部审核公司下一年度电网小型基建项目专项计划（含项目建议书），经审核通过的项目列入公司电网小型基建储备项目名单。

每年10月31日前，各单位依据公司审核通过的储备项目，编制下一年度电网小型基建项目专项计划，经本单位决策并纳入综合计划建议后报国网后勤部。

每年11月30日前，国网后勤部完成电网小型基建项目专项计划评审，并将其纳入公司综合计划和预算草案，经公司审批后一并下达。总部负责确定和下达限上项目清单，各单位负责确定和下达限下及零星项目清单。

各级单位依据下达的公司综合计划和预算，严格执行公司电网小型基建项目可行性研究报告内容规定，依规委托具有资质的单位编制可行性研究报告。公司各级部门和单位按照职责分工负责可行性研究报告评审，并严格按照国家和地方规定的基本建设程序办理项目建设手续。

国网后勤部、各单位按职责分工委托具有资质的单位组织项目可行性研究报告评审，并批复项目立项和可行性研究报告。各单位组织评审的可行性研究报告及批复文件须报国网后勤部备案。

各级单位要严格电网小型基建项目计划和预算管理，严禁超出公司下达的电网小型基建项目建筑规模和投资规模计划。建筑规模或投资规模超原下达计划10%及以上、列入计划超过两年未开工建设、限上项目变更建设地点的项目，须重新履行公司审批程序。建筑规模或投资规模超原下达计划10%及以上的项目单位，两年内不得上报新开工电网小型基建项目。

（六）建设管理

各级单位应根据可行性研究评审批复意见，依规委托具有资质的设计单位开展初步设计文件编制工作。

国网后勤部、各单位按职责分工委托具有资质的单位组织项目初步设计评审，并批复初步设计。各单位组织评审的初步设计及批复文件须报国网后勤部备案。

各级单位严格按照批准的初步设计实施项目建设，切实采取措施控制工程造价，禁止擅自扩大建筑规模和提高建设标准。

项目建设严格执行国家法律法规和公司建设管理有关规章制度，实行"五制"管理（项目法人责任制、招标投标制、资本金制、工程监理制、合同管理制）。办理完成项目立项、用地批准、规划许可、施工许可等建设手续后方可开工建设。

列入公司综合计划和年度预算的项目，应按项目建设进度拨付资金，严禁超计划拨付建设资金。对于未列入公司综合计划和年度预算的项目，不得组织工程招标和物资采购，不得拨付建设资金。

项目建设管理单位要切实加强工程质量和安全管理。

项目建设管理单位要建立项目月报机制。项目建设管理单位每月将项目进展情况（包括前期工作进度）上报国网后勤部。

项目竣工后各级单位应及时组织竣工验收工作，验收报告报国网后勤部备案。

按照公司相关管理规定，应在竣工投运三个月内完成竣工决算报告编制工作，并按有关财务管理规定办理资产入账手续。

各级单位应做好项目建设档案管理工作，及时将工程建设全过程的文件资料，包括文字、图表、音像资料等存档，按国家、公司相关规定完成归档工作。

项目建设统计按国家及公司相关统计管理办法执行。

（七）监督与考核

各级审计部门应对本单位及所属单位的电网小型基建项目进行全过程审计监督。

电网小型基建项目管理纳入企业负责人业绩考核。

四、生产辅助技改、大修项目管理

（一）总则

为规范公司生产辅助技改、大修项目管理，提高生产辅助房屋及其配套设备设施安全、经济、优质运行水平，依据国家有关法律法规、政策和公司有关规定，需制定相应办法。

生产辅助技改、大修项目纳入公司综合计划和全面预算管理，坚持"统一管理、分级实施、勤俭节约、节能环保、经济适用"的原则，以消除安全隐患、恢复和完善使用功能为重点，严格履行决策程序，全面加强过程管控，确保项目依法合规、可控在控。

（二）定义和范围

生产辅助技改、大修项目是指各级单位生产辅助房屋（办公用房、教育培训、周转住房）及其配套设备设施，以及教育培训中实训设备设施的改造、大修项目。

生产辅助房屋的改造、大修主要包括下列分系统：结构分系统、围护分系统（含室外）、装饰装修分系统、给水排水分系统、供热采暖分系统、空调通风分系统、电气分系统、电梯（机械车库）分系统、建筑智能化（含消防）分系统。

生产辅助技改是指对生产辅助房屋结构分系统，围护分系统（含室外），装饰装修分系统，以及给水排水、供热采暖、空调通风、电气、电梯、建筑智能化分系统进行更新、完善和配套改造，以提高其安全性、可靠性、经济性，满足智能化、节能、环保等要求的技术改造工作。

生产辅助大修是指为恢复现有生产辅助房屋的结构分系统，围护分系统（含室外），装饰装修分系统，以及给水排水、供热采暖、空调通风、电气、电梯、建筑智能化分系统原有形态、作用和功能，满足环境、工作的要求，而进行的大修工作。

生产辅助技改、大修项目按照建设和资金规模分为限上、限下、零星项目。

限上项目指单项投资总额为300万元及以上的项目；限下项目指单项投资总额为100万～300万元的项目；零星项目指单项投资总额为100万元及以下的项目。

公司生产辅助技改、大修项目纳入公司综合计划和全面预算，报公司党组会、董事会审批。

1.总部各业务部门职责

国网后勤部是公司生产辅助技改、大修项目的归口管理部门，负责生产辅助房屋及其配套设备设施技改、大修项目管理，负责制定相关工作规章制度和技术标准、立项审批、组织限上项目可行性研究报告评审与批复、编制公司年度专项计划和预算，负责组织或参与项目初步设计评审以及项目计划执行情况、项目实施情况监督检查等工作。

国网人资部负责公司教育培训中实训设备设施技改、大修项目管理工作，负责项目前期管理、立项审批、组织限上项目可行性研究报告评审与批复、编制公司年度专项计划和预算，负责组织或参与项目初步设计评审以及项目计划执行情况、项目实施情况监督检查等工作。

国网发展部负责将生产辅助技改、大修项目专项计划纳入公司综合计划管理，负责对计划执行情况进行监督。

国网财务部负责将生产辅助技改、大修项目纳入公司全面预算管理，负责对项目可研经济性与财务合规性进行审核，并对项目预算和资金使用情况进行监督。

国网安监部负责生产辅助技改、大修项目工程建设阶段的安全监督检查工作。

国网审计部负责公司生产辅助技改、大修项目审计监督工作。

国网监察局负责按照公司纪律审查工作管理办法，受理并处置生产辅助技改、大修项目中涉及党风廉政方面问题的线索。

2. 各单位职责

各单位后勤部（或后勤管理部门）是本单位生产辅助技改、大修项目的归口管理部门，负责生产辅助房屋及其配套设备设施技改、大修项目管理工作；各单位人资部（或教育培训管理部门）负责教育培训中实训设备设施技改、大修项目管理工作；其他职能管理部门按照职责分工负责本单位生产辅助技改、大修项目综合计划、全面预算、安全质量、审计监督等工作。

各单位负责建立并维护本单位生产辅助房屋数据库以及检测、维修改造档案；负责生产辅助技改、大修项目储备、年度专项计划编制、审核、上报；负责限下项目和零星项目可行性研究报告评审与批复；组织年度生产辅助技改、大修项目的实施和检查；负责对本单位的项目管理工作进行总结、分析，提出改进措施等。

（三）前期管理

各级单位应加强项目前期管理，在做好本单位生产辅助房屋及其配套设备设施日常维修工作的基础上，开展房屋检测、评定工作，进而根据检测评定结果及相关制度规范，提出本单位生产辅助房屋及其配套设备设施技改、大修项目的年度需求，并开展项目可行性研究报告或项目方案编制等工作。

1. 可行性研究报告和项目方案编制

（1）关于生产辅助技改、大修的限上、限下项目，应编制项目可行性研究报告（以下统称"项目可研"）；关于零星项目，应编制项目可研或项目方案。

（2）项目可研由各级单位组织，并依规委托具有相应资质的单位编制；项目方案可由具体组织项目实施的资产运行维护单位自行编制。

（3）项目可研、项目方案是对项目实施必要性、可行性、经济性与财务合规性、技术先进与适应性等进行的综合论证，是项目立项、评审、批复、调整和实施的依据。项目可研和项目方案应合理确定工程造价，严禁在工程中估列费用。

2. 项目可研主要内容

（1）项目概况。

（2）项目现状。

（3）项目必要性。

（4）项目可行性。

（5）项目改造（大修）规模。

（6）主要技术方案。

（7）项目投资估算。

（8）项目经济性与财务合规性。

（9）项目工期安排。

（10）现有设备物资处置方案。

（11）附件（原图纸资料、设计图纸、项目相关检测及评定资料、改造维修记录等）。

3.项目可研和项目方案评审

限上项目可研由国网后勤部委托具有资质的单位进行评审，国网后勤部批复；限下项目和零星项目可研或方案评审及批复由各单位组织，报国网后勤部备案。

（四）计划和预算管理

各单位统筹发展需求和经营状况，结合公司标准成本要求，合理编制生产辅助技改、大修项目年度计划和预算。累计亏损或高负债企业，应从严控制生产辅助技改、大修项目。

国网后勤部于每年3月31日前提出下一年度生产辅助技改、大修项目专项计划和预算编制纲要，明确编制原则、重点及工作要求。

各单位于每年7月31日前按照编制纲要及公司综合计划和预算管理要求，开展生产辅助技改、大修项目专项计划和预算建议编制工作，形成本单位下一年度储备项目专项计划和预算建议，经审核后报国网后勤部。

每年9月30日前，国网后勤部应完成限上项目可研审批，各单位应完成限下项目和零星项目可研审批，并按照项目重要性及紧急性排序，报国网后勤部备案。

每年9月30日后，各单位新增的项目需求，按照项目常态储备要求，根据项目管理权限，完成可研评审后，纳入公司生产辅助技改、大修项目储备。

各单位于每年10月31日根据项目储备编制下一年度生产辅助技改、大修项目专项计划和预算，经本单位决策后报送国网后勤部。

国网后勤部于每年11月30日前完成生产辅助技改、大修项目专项计划和预算审查，并将其纳入公司综合计划和预算草案，经公司审批后一并下达。

各单位要严格生产辅助技改、大修项目计划和预算管理，未列入下一年度计划和预算的项目不得组织实施。

年度计划和预算调整分析如下：

（1）生产辅助技改、大修项目年度计划和预算下达后原则上不作调整。

（2）对于自然灾害或不可抗力背景下的突发应急项目，可先组织实施，同时根据公司有关规定履行备案或审批程序，统一纳入公司综合计划和预算调整。

（3）由于客观条件发生变化，不具备实施条件的项目，经本单位决策后，报国网后勤部备案，统一纳入公司综合计划和预算调整。

（4）由于客观条件发生变化，对于需要调增资金的项目，各单位应在完成可研（方案）论证、评审及批复等前期工作后，优先在本单位年度计划规模内安排，报国网后勤部备案；超过年度计划规模的，需正式行文上报国网后勤部审核，履行公司决策程序后，统一纳入公司综合计划和预算调整。

（五）实施管理

各级单位依据生产辅助房屋资产归属负责生产辅助技改、大修项目实施管理。

生产辅助技改、大修项目的设计、监理、施工、主要设备材料采购等须严格执行国家和公司有关招投标管理规定。

生产辅助技改、大修项目初步设计应以批准的项目可研报告为依据，依规委托具有资质的设计单位开展编制工作。资金规模为800万元及以上的限上项目，由国网后勤部审批；其他项目初步设计由各单位组织审批并报国网后勤部备案。

各级单位应严格按照批准的初步设计进行项目建设，加强对执行情况的检查监督，严禁擅自变更项目内容、规模和标准。因特殊原因确需调整的，需履行公司决策审批程序。

各级单位应严格遵守国家法律法规和公司建设管理有关规章制度，强化项目安全、质量、工期、资金等全过程管控，确保项目依法合规、可控在控。

各单位要建立项目月报机制，每月末将本单位计划、预算执行和项目进展情况上报国网后勤部。

项目竣工后，各级单位应按照有关规定及时组织竣工验收。

各级单位应在生产辅助技改项目通过竣工验收之日起45日内完成竣工结算报告编制审查工作，90日内完成竣工决算报告编制审查工作。

生产辅助技改项目竣工投运后，各级单位应按公司相关财务规定及时暂估增资，在竣工决算后办理正式增资等有关财务手续，并在有关统计报告中加以说明。

加强项目档案管理工作，各级单位将项目前期、监理、施工、竣工验收等环节形成的载体文件收集齐全，在项目结算后30日内按国家、公司相关规定完成归档工作。

对于项目涉及的拆旧设备，各级单位负责组织拆除，并按照公司物资管理等有关规定及时处置。

各级单位可开展生产辅助技改、大修项目后评价工作，评价内容包括项目技术可行性、经济合理性、实施规范性、投资收益以及与预期目标的对比等，并根据项目评价报告，认真分析原因、总结经验，提出改进措施，提高后续项目决策的科学水平。

(六)检查考核

各级单位应加强生产辅助技改、大修项目管理,完善项目实施跟踪、分析、检查、考核、整改措施,强化项目执行过程管控,掌握生产辅助技改、大修项目进度和资金完成情况,分析解决存在的主要问题,建立闭环管理机制。

国网后勤部根据工作开展情况,对项目可研、储备库等进行检查,对重大项目进行专项检查,并根据公司有关规定进行考核与通报。

各单位审计部门应对本单位及所属单位生产辅助技改、大修项目进行审计监督。

各单位应全面加强生产辅助技改、大修项目信息系统推广应用工作,切实提高项目管控质量。

第二章　投资管理

当前，国有企业改革、电力体制改革深入推进，国网公司发展面临的外部环境和内在要求都发生了深刻变化。国资委发布《中央企业投资监督管理办法》（国资委令第34号），对违反规定、造成国有资产损失以及其他严重不良后果的人员，严肃追究问责，实行重大决策终身责任追究制度，央企投资面临更加严格的监管。随着售电侧、增量配电网的放开，输配电定价办法的试行，市场环境、投资收益和回收机制均将发生重大变化，电网投资面临多重压力。面对新形势、新挑战，公司需认真落实国家电网公司科学发展战略，严格规范投资行为，提升精准投资水平，提高投资效率与效益，从而做强做优做大。本章将围绕投资管理概要以及投资管理重点工作进行全方位分析，为各位电网工作人员提供参考。

第一节　投资管理分析

一、投资管理概述

（一）投资管理总则

为加强公司投资管理，严格规范其投资行为，提升其精准投资水平及投资效率与效益，促进其做强做优做大，需根据《中央企业投资监督管理办法》（国资委令第34号）等国家有关法律法规、制度和《国家电网公司章程》，制定相应规定。

相应规定中所称投资是指将有形或无形资产投放于某种对象或事项，以取得一定收益的活动。其主要包括固定资产投资和股权投资，其中固定资产投资是指境内外新建、改扩建、购置固定资产的行为；股权投资是通过让渡货币资金、股权、债权、实物资产、无形资产或法律法规允许作为出资的其他资产，取得被投资企业的股权，享有权益并承担相应责任的行为。

公司对投资实行"事前、事中、事后"全过程管理，包括项目规划、前期、计划安排、工程建设、后评价等各个阶段。

相应规定适用于公司总（分）部、各省（自治区、直辖市）电力公司和直属单位（以下简称"各单位")及所属各级单位(含全资、控股、代管单位)的投资管理工作。

(二)投资原则与重点

投资必须符合公司发展战略,以公司发展规划为指导,优化结构、保证重点、聚焦主业,严格按照国资委审定的非主业投资比例,控制非主业投资,集中资金进行重点项目建设,做到规模合理、方向精准、时序科学,遵守投资决策程序,严控投资风险,提高投资回报水平。

公司执行投资项目负面清单制度。负面清单内投资项目划分为"禁止类"和"特别监管类"两种。其中,"禁止类"项目各级单位一律不得投资;"特别监管类"项目由总部报国资委履行审核把关程序。负面清单之外的投资项目按公司投资权限和管理流程执行。

公司投资项目分为基本建设(包括电网基建、产业基建、小型基建)、技术改造(包括生产技术改造、非生产技术改造、产业技术改造)、零星购置、营销投入(资本性)、信息化建设(资本性)和股权投资等多种类型。

公司投资项目应以效益为中心,依据发展需要、投资能力和经营情况统筹安排。根据各级单位的功能定位,明确投资重点。具体如下:

(1)电网基建(含调峰调频电源)。以创建世界一流电网为目标,进一步转变电网发展方式,建设以特高压电网为骨干网架、各级电网协调发展,网架坚强、广泛互联、高度智能、开放互动的一流现代化电网。

(2)产业基建。优化产业布局,做优做强核心业务,促进产业转型升级,提升产业发展水平和企业核心竞争能力。

(3)小型基建。充分利用现有资源,根据需要重点安排生产经营必需的项目,严控建设规模、投资规模和建设标准。

(4)生产技术改造。以设备完善化和差异化改造为重点,积极推广先进适用技术,提升电网装备水平和自动化、互动化水平。

(5)产业技术改造。以安全生产为基础,以技术进步为先导,优化工艺流程、完善关键生产工序,提升设备生产效率和健康水平。

(6)非生产技术改造。消除建筑安全隐患,恢复和完善建筑本体使用功能,加强建筑设施综合利用,严控办公用房装饰装修工程。

(7)零星购置。以服务生产经营为重点,坚持经济节俭、优化配置,促进零星购置固定资产安全、效能、周期成本达到最优。

(8)营销投入。利用成熟、适用和先进技术、设备,提升营销服务能力,保障售电市场开拓、电能替代、计量、节能减排、充换电设施建设、新业务发展等营销业务正常运转。

(9)信息化建设。推进公司企业信息化建设,实现公司信息化建设发展目标,全面支撑坚强智能电网建设。

（10）股权投资。聚焦核心业务，严格控制投资级次和非核心业务投资，保障合理的收益水平和产权结构。股权投资管理按照《国家电网公司股权投资管理办法》执行。

（11）境外投资。以公司国际化战略为指引，依法合规地在境外开展投资活动，保障境外资产收益水平。

公司系统集体企业应加强投资管理，规范管理流程，控制投资风险，按照"依法经营、稳健发展"的功能定位开展投资活动，提升企业业务水平、服务水平和市场竞争力，确保合理收益。集体企业投资管理按照公司集体企业相关规定执行。

（三）投资决策管理

公司投资坚持"统一管理、分级决策"原则，采取总部、各单位两级投资决策管理方式。投资决策机构就投资项目做出决策，应当形成决策文件，所有参与决策的人员均应在决策文件上签字背书，所发表意见应记录存档。

公司董事会负责就公司中长期规划、年度投资计划、一定金额以上的各级资产（股权）投资做出决策。董事长办公会根据公司董事会授权审议相关投资事项。公司党组负责对《国家电网公司总部"三重一大"决策主要事项》中明确的各类投资项目进行决策，其中属于董事会职权范围内的事项，应依照法定程序提交董事会决策。董事会在就重大投资问题进行决策前，应先听取党组意见。

各单位对未达到《国家电网公司总部"三重一大"决策主要事项》标准的项目行使投资决策权，并将其纳入年度投资计划。各单位不得向下一级单位授权。各单位决策项目包括：

（1）电网基建项目。各单位根据总部明确的规划方向、重点和边界条件，在总部下达的年度投资计划规模内，对 750 千伏及以下省内电网项目进行决策。

（2）生产技术改造项目。各单位在总部下达的年度投资计划规模内，对与本单位电网资产相关的技术改造项目进行决策。

（3）信息化项目。各单位在总部下达的年度投资计划规模内，对本单位独立组织建设项目进行决策。

（4）产业基建项目、小型基建项目、产业技术改造项目、非生产技术改造项目、零星购置项目、营销项目。各单位在总部下达的年度投资计划规模内，对本单位投资项目进行决策。

（5）股权投资项目、境外投资项目。决策权限分别按照《国家电网公司股权投资管理办法》执行。

列入公司投资项目负面清单"特别监管类"的投资项目，由各单位决策后，报总部履行公司内部决策程序，报国资委履行把关审核程序。

公司、各单位法律顾问参与重大投资决策，保证决策的合法性，就相关法律风险提出防范意见，签发法律意见书；公司法律事务机构参与投资等重大经济活动，处理有关法律事务。

（四）投资管理职责

总部、各单位相关部门按照职责分工，履行投资管理职能，负责专项规划、投资计划的技术把关，向相关各级投资决策机构负责，为公司投资决策提供依据，对下级单位或部门进行专业指导，负责投资决策的组织实施。

国网发展部是投资管理的归口部门，主要职责为：

（1）对公司投资工作进行统一管理，贯彻执行国家有关投资的方针政策、法律法规、标准、制度等。

（2）履行国家有关部门投资监管程序，履行国家有关部门电网基建（含调峰调频电源）项目监管程序。

（3）建立和完善公司投资管理制度、标准。

（4）负责研究和编制公司发展规划。

（5）负责公司电网基建项目可研管理工作。

（6）负责公司年度电网基建专项投资计划、零星购置专项投资计划编制。

（7）负责综合计划归口管理，负责公司各专项投资计划

（8）统筹平衡，履行公司决策程序，并分解下达。

（9）负责固定资产投资统计管理，负责开展投资统计监督、检查工作。

（10）负责公司固定资产投资项目后评价归口管理，负责开展电网基建项目后评价工作。

（11）负责投资项目监督、检查和考评工作。

总部相关部门职责：

（1）国网财务部是股权投资管理的责任部门，负责制定公司统一的股权投资管理制度；负责按国家和公司股权投资有关规定组织履行审批程序；负责组织编制公司股权专项投资计划；负责开展股权投资项目后评价工作；负责将各专项投资计划纳入公司预算统一管理。

（2）国网运检部是生产技术改造投资管理的责任部门，负责生产技术改造项目可研管理，组织编制生产技术改造专项投资计划；负责开展生产技术改造项目后评价工作。

（3）国网产业部是产业投资（包括产业基建、技术改造及股权投资）和集体企业投资管理的责任部门，负责制定产业投资和集体企业投资管理制度，组织履行国家有关审批、监管程序；负责产业投资项目可研管理；组织编制产业基建、产业技术改造专项投资计划；负责开展产业投资项目后评价工作。

（4）国网后勤部是小型基建、非生产技术改造投资管理的责任部门，负责进行小型基建、非生产技术改造项目可研管理，以及编制小型基建和非生产技术改造专项投资计划；负责开展小型基建和非生产技术改造项目后评价工作。

（5）国网营销部是营销项目投资管理的责任部门，负责营销项目可研管理，组织编制营销专项投资计划，组织开展专项投资计划的实施与管理工作；负责开展营销项目后评价工作。

（6）国网信通部是信息化项目投资管理的责任部门，负责信息化项目可研管理，组织编制信息化专项投资计划；负责开展信息化项目后评价工作。

（7）国网国际部是境外投资管理的责任部门，负责履行国家有关审批程序；负责编制境外投资专项计划，组织实施境外投资项目；负责开展境外投资项目后评价工作。

（8）其他部门按照专业分工，参与投资管理有关工作。

（9）国网审计部负责投资项目审计管理工作，负责对公司重大投资决策执行情况进行审计监督；国网监察局负责公司投资管理中违规违纪行为的查处和责任追究相关工作。

各单位发展部门是本单位投资管理的归口部门，主要职责为：

（1）贯彻国家和地方有关投资的政策、法律法规、标准、制度等，执行公司投资管理制度。

（2）履行地方有关部门电网、产业基建项目监管程序，配合公司总部履行国家有关部门电网、产业基建项目监管程序。

（3）负责研究和编制本单位电网发展规划。

（4）负责本单位电网、产业基建项目可研管理工作。

（5）负责本单位年度电网、产业基建专项投资计划以及零星购置专项投资计划编制工作。

（6）负责综合计划归口管理，负责本单位各专项投资计划统筹平衡，履行本单位决策程序，统一上报总部，进而按照总部下达的投资计划分解下达。

（7）负责固定资产投资统计归口管理，负责开展投资统计监督、检查工作。

（8）负责本单位投资项目后评价归口管理工作，负责开展本单位电网基建、产业基建项目后评价工作。

（9）负责本单位投资项目监督、检查和考评工作。

各单位其他专业部门作为本单位专项投资管理责任部门，按照本部门职责，参照公司总部相关部门分工，负责专项项目投资管理工作。审计、监察部门负责本单位投资项目的审计、监督等工作。

（五）投资管理流程

（1）规划管理。贯彻国家能源发展战略和公司发展战略，严格执行国家、电力行业和公司的有关政策、法律法规和标准规范，开展公司发展规划编制工作。

公司发展规划包括总体规划和专项规划。总体规划以专项规划为基础，并统筹平衡专项规划。公司发展规划是各单位发展规划的纲领，各单位发展规划要落实公司发展规划。

公司成立规划编制领导小组，负责审定公司规划工作方案，确定规划边界条件和指标体系，审查公司总体规划和专项规划。

国网发展部组织相关部门编制公司总体规划和专项规划，提出各单位发展规划的边界条件、目标。各单位编制总体规划和专项规划，履行本单位决策程序后报总部。总部相关部门对各单位规划进行审查，给予专业指导。

按照规划成果，建立项目储备库，明确项目作用、建设规模、投资估算、投产年限等信息，并根据项目"轻重缓急"进行排序。

（2）前期管理。各单位在本单位规划项目中选择投资项目，开展前期工作，加强技术经济分析和可行性、必要性论证，及时落实前期支持性文件，获取政府批复（含核准、备案等）。

投资项目的可行性研究报告包括项目建设必要性、建设地点、建设规模、技术方案、投资估算、经济评价、融资方案等。

项目可研编制工作完成后，按照公司可研管理有关规定，分级审查、批复可研。

（3）计划管理。公司对投资项目实行全口径年度投资计划管理，并将其纳入公司综合计划和预算统一管理。年度投资计划应以效率效益为中心，以项目储备库为基础，根据各单位发展需要、投资能力和经营状况综合平衡确定。连续亏损、资产负债率较高的单位，从严控制投资规模。

首先，项目储备暨专项投资计划编制阶段。各单位以公司确定的项目储备为基础，形成专项计划建议，履行本单位决策程序后，报公司总部专业部门审查。

其次，综合计划方案编制阶段。公司总部制定下年度计划总控目标，履行公司决策程序后下达。各单位根据总部下达的总控目标，将修改完善后的下年度专项投资计划纳入综合计划，履行本单位决策程序后，上报总部。

最后，综合计划审核阶段。公司总部完成专项投资计划审查，并将其纳入综合计划方案，履行公司决策程序后下达，由各单位分别组织实施。

投资计划实施过程中应对投资项目进行跟踪分析。计划下达后应严格执行，不得随意调整。如果因不可抗力、国家政策或产业政策调整、市场条件变化，投资计划无法完成或项目实施后无法达到合理效率效益水平，需对投资项目进行调整，各单位应在报送下年度投资计划之前提出调整申请，并说明调整原因。

公司每年3月份将经董事会审议通过的年度投资计划报送国资委备案。公司年度投资计划调整后及时向国资委备案。

中央投资计划由国网发展部负责归口管理。中央投资计划是公司投资计划的组成部分，纳入公司综合计划统一管理。中央投资计划由国网发展部统一编制，并向国家发展和改革委员会申请，待计划批复后分解下达各单位执行。各单位不得直接向国家申请中央投资计划。中央投资计划调整按照国家规定执行。

中央投资项目根据国家立项批复要求，由总部向国家发展和改革委员会申请批复或由省（自治区、直辖市）公司向地方投资主管部门申请批复。

（4）建设管理。公司投资项目实行项目法人责任制、资本金制、招投标制、工程监理制和合同管理制，对电网基建项目实行新开工计划备案制。

总部相关部门负责对专项计划投资项目进行管理和技术指导，各单位负责对所投资项目进行具体建设管理。各部门、各单位应协同管理，统筹加强质量、投资、进度控制和安全管理。

严格审核招标采购条件，纳入采购计划的项目应是列入公司年度投资计划的项目。同时，需要国家核准的项目必须取得国家核准批复，并取得初步设计（预）评审意见；需要地方政府核准的项目必须取得可研批复及核准批复，并取得初步设计（预）评审意见。

列入公司年度综合计划和预算的项目，根据项目建设进度，依据合同、发票等支付资金。未纳入综合计划和预算的项目不得拨付资金。

项目竣工后，应及时组织验收，完成未完事项相关合同签订、费用结算等工作。按照公司工程竣工决算相关办法规定的时限完成竣工决算，及时转增资产。

各投资管理及实施部门（单位），应按照公司档案管理相关规定，做好投资管理及实施过程中所形成文件材料的收集、整理及归档工作。

（六）投资项目中止、终止或退出

公司加强投资项目"事中"管理，总部和各单位应定期对实施、运营中的投资项目进行跟踪分析，针对外部环境和项目本身情况变化，及时进行再决策，如出现影响投资目的实现或效率效益的重大不利变化时，启动投资项目中止、终止或退出机制。

投资项目中止是对投资项目的进展及内外部条件变化进行评估后，采取的暂停投资项目的决策行为。

投资项目终止是对投资项目的进展及内外部条件变化进行评估后，做出的停止投资决策行为。

投资退出是对投资项目的进展及内外部条件变化进行评估后，对投入资本进行运作，以实现资本增值或避免和降低财产损失的安排。

项目实施过程中，由于国家有关政策、法律法规、国家标准、行业标准、技术标准发生变化，公司战略规划发生重大变动，投资估算、建设规模、建设地点、技术方案或用户需求发生重大变化等，投资目的暂时难以实现时，应中止投资项目的实施。上述情形使得项目实质性停工超过三年及以上，或投资目的无法实现时，应终止投资项目的实施。

股权投资项目和境外投资项目的中止、终止或退出，按照《国家电网公司股权投资管理办法》等文件执行。

（七）投资效果评估

公司加强投资项目"事后"管理，针对各单位投资效果实行评估制度，并以此为依据，进一步优化投资结构，把握投资重点，提高投资效益，规避投资风险，可为后续投资活动提供参考。

公司针对投资项目实行后评价制度，项目后评价的范围包括固定资产投资项目和股权投资项目。

国网发展部归口管理公司固定资产投资项目后评价工作，负责制定项目后评价分析方法和指标体系，组织开展特高压、跨国跨区跨省、中央投资等重大电网项目后评价报告编制、评审和验收工作；相关部门按照专业分工，负责本专业固定资产投资项目后评价工作；各单位组织开展本单位项目后评价工作，并配合公司总部开展重大项目后评价工作；中国电科院、国网经研院、能源院负责进行项目后评价工作技术支撑。

公司对电网发展进行年度评估。总部组织研究制定电网发展评估指标体系并确定评估重点，同时组织省（自治区、直辖市）公司进行电网发展自我评估，组织国网经研院、国网能源院评审省（自治区、直辖市）公司评估报告，形成公司电网发展评估报告。

（八）投资信息化管理

公司按照信息化建设"四统一（统一领导、统一规划、统一标准、统一建设）"的原则，建立完善公司投资管理信息化系统，加强投资基础信息管理，提升投资管理的信息化水平。

公司投资信息化管理以项目全寿命周期管理为基础，对投资项目进行全面全程的动态监控和管理，实现源头数据信息采集、全程共享。

投资信息化系统和各专业信息管理系统应确保项目信息规范统一，可进行项目全寿命周期信息正向跟踪、逆向溯源。公司相关专业部门加强项目过程信息管理，确保数据准确、及时、完整，满足项目协同管理要求。

总部相关部门通过中央企业投资管理信息系统向国资委报送年度投资计划和相关调整，以及季度、年度投资完成和重大投资项目情况。

各单位通过公司投资信息化系统、各专业管理信息化系统向总部上报投资项目、年度投资计划和投资完成情况。

（九）投资风险管理

投资风险是指由于外部环境变化或投资决策不当，投资项目无法获得预期投资收益或达到投资目的，甚至遭受投资损失的风险。

总部、各单位应当建立投资全过程风险管理体系，将投资风险管理视作企业全面风险管理的重要内容。

（1）事前风险管理。项目决策和前期过程中，细化政策环境和市场调研分析，加强技术经济论证，严格执行可行性研究报告审批程序，制定风险评估和风控方案。

（2）事中风险控制。项目实施过程中持续进行风险监控，对国家和产业政策调整、市场形势变化等可能影响项目投资效益的因素进行预警，及时处置，避免投资损失。

（3）事后风险防范。项目投产后，结合项目运营情况，及时对风险隐患和整改措施进行总结，健全完善投资风险管理体系，提高抗风险能力。

投资管理部门应开展内外部投资风险信息收集工作，并对收集的风险信息进行评估、分析，综合评定风险值和风险等级，确定风险管理优先顺序和管理策略，规避投资风险。

境内股权类重大投资项目和境外特别重大投资项目，在投资决策前应由独立第三方有资质咨询机构出具投资项目风险评估报告。加强第三方投资信息保密管理，有效防控投资过程中的各类风险。

（十）投资监督与考核

公司对投资行为和投资效果进行综合评价与考核。对于纳入年度企业负责人业绩考核指标体系的投资计划指标，公司各部门按业务分工，负责监督和考核。对于未纳入业绩考核范围的投资计划指标，重点考评投入产出效率、经济效益、社会效益、安全效益，以及计划完成情况，同时兼顾计划编制的准确率。

公司实行投资与效益挂钩的考核机制，加强项目的投入产出分析，将新增固定资产和股权项目的投资收益纳入考核。

公司投资项目严格执行审计制度。各级审计部门负责分工范围内的投资项目审计工作，对重大投资项目实行专项审计，审计的重点包括重大投资项目决策、投资方向、资金使用、资金管理、投资收益、投资风险管理等方面。对发现的问题各单位必须认真纠正和整改。有关投资项目的重大问题应及时上报。

公司投资项目严格执行公司统计制度和月度分析制度，各单位应定期及时将项目投资计划执行情况上报，总部按季度通报各单位执行情况。

公司相关专业部门负责本专业的统计监督工作，制定对应指标并进行考核，保障公司固定资产投资数据质量，并按月向发展部门报送本部门专项项目执行情况。

（十一）违规投资责任追究

按照国务院所建立国有企业违规投资责任追究制度等相关要求，以及公司所建立违规投资责任追究制度和责任倒查机制，制定违规经营投资责任追究办法，保障违规投资责任追究工作有章可循、规范有序。

公司严格界定违规投资责任，严肃追究问责。责任追究范围原则上包括：

（1）固定资产投资。未按规定进行可行性研究或风险分析；项目概算未经严格审查，严重偏离实际；未按规定履行决策和审批程序擅自投资，造成资产损失；购建项目未按规定招标，干预或操纵招标；外部环境发生重大变化，未按规定及时调整投资方案并采取止损措施；擅自变更工程设计、建设内容；项目管理混乱，致使建设严重拖期、成本明显高于同类项目等。

（2）股权投资。未按规定开展尽职调查，或尽职调查未进行风险分析等，存在重大疏漏；财务审计、资产评估或估值违反相关规定，资产收购过程中授意、指使中介机构或有关单位出具虚假报告；未按规定履行决策和审批程序，决策未充分考虑重大风险因素，未制定风险防范预案；违规通过高溢价收购等形式向关联方输送利益；投资合同、协议及标的企业公司章程中国有权益保护条款缺失，对标的企业管理失控；资产收购实施过程中，发生重大变化未及时采取止损措施；违反合同约定提前支付收购价款等。

公司总部及各单位管理有关人员任职期间违反规定，未履行或未正确履行职责造成国有资产损失以及其他严重不良后果的，根据资产损失程度、问题性质等，对相关责任人采取组织处理、经济处罚、纪律处分、禁入限制、移送司法机关等方式进行处理；已调任其他岗位或退休的，应纳入责任追究范围，实行重大决策终身责任追究制度。

违规投资责任追究具体范围、启动机制、追责程序、职责流程等，按照公司违规经营投资责任追究相关规定执行。

二、电网高质量发展

（一）工作原则

（1）聚焦高质量发展。以公司战略规划为引领，坚持"一业为主、四翼齐飞、全要素发力"总体布局，以高质量发展为主题，坚持"强弱项、补短板"，科学构建评价指标体系，明确发展目标，推动公司发展从规模速度为主转向质量效率为要，从增量扩能为主转向调整存量、做优增量并举。

（2）聚焦效率效益。紧紧围绕"做优""做强"，更加注重发展质量，坚持投入必须讲产出，投资必须讲效益，差异化考虑各单位发展阶段和特点，强化精准投资、精益管理，着力提高运营效率、经营效益。

（3）聚焦巩固提升。加强闭环管理机制，强化逐级评价，坚持问题导向，找准制约高质量发展的症结，深挖问题本质，制定有效措施，实现量化评价—问题清单—提升措施—计划安排的有机衔接，推动公司沿着质量更高、效益更好、结构更优的方向循环迭代。

（二）工作任务

1. 编制高质量发展评价内容深度规定

公司以安全质量、服务品质、低碳绿色、科技创新为前提，以运营效率、经营效益为核心，构建了"1+4+16"高质量发展评价指标体系。其中，"1+4"对应"一体四翼"指标，纵向上贯通各单位、各层级；"16"对应综合计划各专项投入指标，横向上覆盖各专业管理部门。按照"1+4+16"指标体系，可编制高质量发展评价内容深度规定，包括电网业务（发展部负责，国网经研院、能源院配合）、金融业务（财务部负责，能源院配合）、国际业务（国际部负责，能源院配合）、支撑产业和战略性新兴产业（产业部负责，能源院配合），以及各专项投入（总部各专项投入管理部门）。各单位根据内容深度规定，结合本单位业务特点和所涉及专项，细化形成本单位评价大纲（各单位）。评价大纲要明确评价重点，突出问题导向，加强各维度指标间的关联分析，加强投入产出分析，抓实问题、找准原因。涉及"四翼"多个业务的单位，评价报告应满足相关业务内容深度规定要求，并结合本单位实际，有所侧重。

2. 全面开展高质量发展评价工作

（1）"一体四翼"业务高质量发展评价。总部发展部、财务部、产业部、国际部作为各业务牵头部门，组织相关单位逐级开展高质量发展评价工作，全方位查找制约高质量发展的根本问题和本质原因。总部牵头部门负责编制业务评价总报告，各级单位编制本单位评价报告。其中，电网业务要贯穿省、市、县三级逐级开展评价工作，"四翼"业务要评价到三级单位。（电网业务：国网发展部，各省公司；金融业务：国网财务部、各金融单位；国际业务：国网国际部，国际公司、中电装备；支撑产业和战略性新兴业务：国网产业部，各产业单位）

（2）16个专项投入产出评价。各专项投入管理部门作为牵头部门，组织相关单位进行16个专项投入产出分析，深入挖掘各专项投入的痛点和难点。各专项投入管理部门负责编制产出评价报告，各单位编制本单位所涉及专项投入产出评价报告。（电网基建、零购专项：国网发展部；生产技改、大修专项：国网设备部；产业基建、技改、大修专项：国网产业部；小型基建、生产辅助技改、大修专项：国网后勤部；电力市场营销专项：国网营销部；电网数字化专项：国网互联网部；研究开发专项：国网科技部；管理咨询专项：国网研究室；教育培训专项：国网人资部；股权投资专项：国网财务部；各单位相关部门）

（3）编制问题清单和措施清单。在以上评价分析的基础上，结合电网发展诊断、项目后评价等年度常态工作成果，全面梳理影响本单位高质量发展的问题，逐级形成问题清单，深入挖掘问题本质原因，制定具体提升措施，逐级形成措施清单（电网业务：国网发展部，各省公司；金融业务：国网财务部，各金融单位；国际业务：国网国际部，国际公司、中电装备；支撑产业和战略性新兴业务：国网产业部，各产业单位；各专项投入：总部各专项投入管理部门，各单位）。

3. 制定三年提升行动方案

对照"十四五"规划和产业升级要求，分析现状差距，研究未来3年提升目标。结合问题清单和措施清单，加强与规划和年度计划安排衔接，分解形成三年提升行动方案，分年度明确目标要求，细化任务举措，层层压实责任，有序推进实施，促进公司发展质量和效率效益稳步提升。

4. 加强数字化支撑和应用

坚持数据驱动，依托公司项目中台建设，实现投资项目从规划计划到决算转资，从设备投运到成本分摊的全链条数据贯通，实现在线智能评价、动态评价，及时发现和解决问题。支撑投资管理，避免数据手工录入、结论人为填报，减轻基层工作负担，提高工作效率（国网发展部、互联网部牵头，国网财务部、设备部、营销部、基建部、物资部、特高压部、水新部、国调中心配合）。

（三）有关要求

1. 加强组织领导，逐级压实责任

做好高质量发展评价工作是推动公司战略规划落地，落实"一体四翼"总体布局，提升投资质效的重要举措。各单位要高度重视，领导同志要亲自挂帅，明确责任分工，制定实施路线图，形成行动表，统筹推进各项工作。

2. 加强协同合作，形成联动合力

高质量发展评价工作覆盖"一体四翼"各类业务，涉及各层级多个业务部门。总部相关部门要加强业务协同，形成合力，共同指导各单位有序开展工作。各单位发展部门牵头，相关部门密切配合，充分发挥各级经研院所支撑作用。国网经研院、国网能源院要配备专业骨干力量，做好业务支撑。

3. 建立常态机制，确保措施落地

各单位要建立常态工作机制，逐年滚动评价、优化指标、细化任务，逐级开展评审工作，逐级加强督导整改，确保各项措施有效落地，推动实现高质量发展目标。同时，及时总结评价工作中好的经验做法，各单位间加强沟通交流，切实发挥高质量发展评价工作效用。

三、优化营商环境

（一）总则

国家持续深化简政放权、放管结合、优化服务改革，最大限度减少政府对市场资源的直接配置，最大限度减少政府对市场活动的直接干预，加强和规范事中、事后监管，着力提升政务服务能力和水平，切实降低制度性交易成本，激发市场活力和社会创造力，增强发展动力。各级人民政府及其部门应当坚持政务公开透明，以公开为常态、不公开为例外，全面推进决策、执行、管理、服务、结果公开化。

优化营商环境应当坚持市场化、法治化、国际化原则，以市场主体需求为导向，以深刻转变政府职能为核心，创新体制机制、强化协同联动、完善法治保障，对标国际先进水平，为各类市场主体投资兴业营造稳定、公平、透明、可预期的良好环境。

国家加快建立统一开放、竞争有序的现代市场体系，依法促进各类生产要素自由流动，保障各类市场主体公平参与市场竞争。国家鼓励、支持、引导非公有制经济发展，激发非公有制经济活力和创造力。国家进一步扩大对外开放，积极促进外商投资，平等对待内资企业、外商投资企业等各类市场主体。

各级人民政府应当加强对优化营商环境工作的组织领导，完善优化营商环境的政策措施，建立健全统筹推进、督促落实优化营商环境工作的相关机制，及时协调、解决优化营商环境工作中的重大问题。县级以上人民政府有关部门应当按照职责分工，做好优化营商环境的相关工作。县级以上地方人民政府根据实际情况，可以明确优化营商环境工作的主管部门。国家鼓励和支持各地区、各部门结合实际情况，在法治框架内积极探索原创性、差异化的优化营商环境具体措施；对探索中出现失误或者偏差，符合规定条件的，可予以免责或者减轻责任。

国家建立和完善以市场主体和社会公众满意度为导向的营商环境评价体系，发挥营商环境评价对优化营商环境的引领和督促作用。

进行营商环境评价，不得影响各地区、各部门正常工作，不得影响市场主体正常生产经营活动或者增加市场主体负担。

任何单位不得利用营商环境评价谋取利益。

市场主体应当遵守法律法规，恪守社会公德和商业道德，诚实守信、公平竞争，履行安全、质量、劳动者权益保护、消费者权益保护等方面的法定义务，在国际经贸活动中遵循国际通行规则。

（二）市场主体保护

国家坚持权利平等、机会平等、规则平等，保障各种所有制经济平等受到法律保护。

市场主体依法享有经营自主权。对于依法应当由市场主体自主决策的各类事项，任何单位和个人不得干预。

国家保障各类市场主体依法平等使用资金、技术、人力资源、土地及其他自然资源等各类生产要素和公共服务资源。

各类市场主体依法平等适用国家支持发展的政策。政府及其有关部门在政府资金安排、土地供应、税费减免、资质许可、标准制定、项目申报、职称评定、人力资源政策等方面，应当依法平等地对待各类市场主体，不得制定或者实施歧视性政策措施。

招标投标和政府采购应当公开透明、公平公正，依法平等对待各类所有制下和不同地区的市场主体，不得以不合理条件或者产品产地来源等进行限制或者排斥。

政府有关部门应当加强招标投标和政府采购监管，依法纠正和查处违法违规行为。

国家依法保护市场主体的财产权和其他合法权益，保护企业经营者人身和财产安全。

严禁违反法定权限、条件、程序对市场主体的财产和企业经营者个人财产实施查封、冻结和扣押等行政强制措施；依法确需实施前述行政强制措施的，应当限定在所必需的范围内。

禁止在法律、法规规定之外要求市场主体提供财力、物力或者人力的摊派行为。市场主体有权拒绝任何形式的摊派。

国家建立知识产权侵权惩罚性赔偿制度，推动建立知识产权快速协同保护机制，健全知识产权纠纷多元化解决机制和知识产权维权援助机制，加大对知识产权的保护力度。

国家持续深化商标注册、专利申请便利化改革，提高商标注册、专利申请审查效率。

国家加大中小投资者权益保护力度，完善中小投资者权益保护机制，保障中小投资者的知情权、参与权，提升中小投资者维护合法权益的便利度。

除法律、法规另有规定外，市场主体有权自主决定加入或者退出行业协会商会等社会组织，任何单位和个人不得干预。

除法律、法规另有规定外，任何单位和个人不得强制或者变相强制市场主体参加评比、达标、表彰、培训、考核、考试以及类似活动，不得借前述活动向市场主体收费或者变相收费。

国家推动建立全国统一的市场主体维权服务平台，为市场主体提供高效、便捷的维权服务。

（三）市场环境

国家持续深化商事制度改革，统一企业登记业务规范，统一数据标准和平台服务接口，采用统一社会信用代码进行登记管理。

国家推进"证照分离"改革，持续精简涉企经营许可事项，依法采取直接取消审批、审批改为备案、优化审批服务等方式，对所有涉企经营许可事项进行分类管理，为企业取得营业执照后开展相关经营活动提供便利。除法律、行政法规规定的特定领域外，涉企经营许可事项不得成为企业登记的前置条件。

政府有关部门应当按照国家有关规定，简化企业从申请设立到具备一般性经营条件所需办理的手续。在国家规定的企业开办时限内，各地区应当确定并公开具体办理时间。

企业申请办理住所等相关变更登记的，有关部门应当依法及时予以办理，不得限制。除法律、法规、规章另有规定外，企业迁移后所持有的有效许可证件不再重复办理。

国家持续放宽市场准入，并实行全国统一的市场准入负面清单制度。市场准入负面清单以外的领域，各类市场主体均可以依法平等进入。

各地区、各部门不得另行制定市场准入性质的负面清单。

政府有关部门应当加大反垄断和反不正当竞争执法力度，有效预防和制止市场经济活动中的垄断行为、不正当竞争行为以及滥用行政权力排除、限制竞争的行为，营造公平竞争的市场环境。

国家建立健全统一开放、竞争有序的人力资源市场体系，打破城乡、地区、行业分割和身份、性别等歧视，促进人力资源有序进行社会性流动并得到合理配置。

政府及其有关部门应当完善政策措施、强化创新服务，鼓励和支持市场主体拓展创新空间，持续推进产品、技术、商业模式、管理等创新，充分发挥市场主体在推动科技成果转化中的作用。

政府及其有关部门应当严格落实国家各项减税降费政策，及时研究解决政策落实中的具体问题，确保减税降费政策全面、及时惠及市场主体。

设立政府性基金、涉企行政事业性收费、涉企保证金，应当有法律、行政法规依据或者经国务院批准。对政府性基金、涉企行政事业性收费、涉企保证金以及实行政府定价的经营服务性收费，进行目录清单管理并向社会公开，目录清单之外的前述收费和保证金一律不得执行。推广以金融机构保函替代现金缴纳涉企保证金。

国家鼓励和支持金融机构加大对民营企业、中小企业的支持力度，降低民营企业、中小企业综合融资成本。

金融监督管理部门应当完善对商业银行等金融机构的监管考核和激励机制，鼓励、引导其增加对民营企业、中小企业的信贷投放，并合理增加中长期贷款和信用贷款支持，提高贷款审批效率。

商业银行等金融机构在授信中不得设置不合理条件，不得对民营企业、中小企业设置歧视性要求。商业银行等金融机构应当按照国家有关规定规范收费行为，不得违规向服务对象收取不合理费用。商业银行应当向社会公开开设企业账户的服务标准、资费标准和办理时限。

国家促进多层次资本市场规范健康发展，拓宽市场主体融资渠道，支持符合条件的民营企业、中小企业依法发行股票、债券以及其他融资工具，扩大直接融资规模。

供水、供电、供气、供热等公用企事业单位应当向社会公开服务标准、资费标准等信息，为市场主体提供安全、便捷、稳定和价格合理的服务，不得强迫市场主体接受不合理的服务条件，不得以任何名义收取不合理费用。各地区应当优化报装流程，在国家规定的报装办理时限内确定并公开具体办理时间。

政府有关部门应当加强对公用企事业单位运营的监督管理。

行业协会商会应当依照法律、法规和章程，加强行业自律，及时反映行业诉求，为市场主体提供信息咨询、宣传培训、市场拓展、权益保护、纠纷处理等方面的服务。

国家依法严格规范行业协会商会的收费、评比、认证等行为。

国家加强社会信用体系建设，持续推进政务诚信、商务诚信、社会诚信和司法公信建设，提高全社会诚信意识和信用水平，维护信用信息安全，严格保护商业秘密和个人隐私。

地方各级人民政府及其有关部门应当履行向市场主体依法作出的政策承诺以及依法订立的各类合同，不得以行政区划调整、政府换届、机构或者职能调整以及相关责任人更替等为由违约毁约。因国家利益、社会公共利益需要改变政策承诺、合同约定的，应当依照法定权限和程序进行，并依法对市场主体进行补偿。

国家机关、事业单位不得违约拖欠市场主体的货物、工程、服务等账款，大型企业不得利用优势地位拖欠中小企业账款。

县级以上人民政府及其有关部门应当加大对国家机关、事业单位拖欠市场主体账款的清理力度，并通过加强预算管理、严格责任追究等措施，建立防范和治理国家机关、事业单位拖欠市场主体账款的长效机制。

政府有关部门应当优化市场主体注销办理流程，精简申请材料、压缩办理时间、降低注销成本。对设立后未开展生产经营活动或者无债权债务的市场主体，可以按照简易程序办理注销。对有债权债务的市场主体，在债权债务依法解决后及时办理注销。

县级以上地方人民政府应当根据需要建立企业破产工作协调机制，协调解决企业破产过程中涉及的有关问题。

（四）政务服务

政府及其有关部门应当进一步增强服务意识，切实转变工作作风，为市场主体提供规范、便利、高效的政务服务。

政府及其有关部门应当推进政务服务标准化，按照减环节、减材料、减时限的要求，编制并向社会公开政务服务事项（包括行政权力事项和公共服务事项）标准化工作流程和办事指南，细化、量化政务服务标准，压缩自由裁量权，强调同一事项无差别受理、同标准办理。没有法律、法规、规章依据，不得增设政务服务事项的办理条件和环节。

政府及其有关部门办理政务服务事项，应当根据实际情况，推行当场办结、一次办结、限时办结等制度，实现集中办理、就近办理、网上办理、异地可办。需要市场主体补正有关材料、手续的，应当一次性告知需要补正的内容；需要进行现场踏勘、现场核查、技术审查、听证论证的，应当及时安排、限时办结。

法律、法规、规章以及国家有关规定对政务服务事项办理时限有规定的，应当在规定的时限内尽快办结；没有规定的，应当按照合理、高效的原则确定办理时限并按时办结。各地区可以在国家规定的政务服务事项办理时限内进一步压减时间，并应当向社会公开。超过办理时间的，办理单位应当公开说明理由。

地方各级人民政府已设立政务服务大厅的，本行政区域内各类政务服务事项一般应当进驻政务服务大厅统一办理。对政务服务大厅中部门分设的服务窗口，应当创造条件整合为综合窗口，提供一站式服务。

国家加快建设全国一体化在线政务服务平台（以下称"一体化在线平台"），推动政务服务事项在全国范围内实现"一网通办"。除法律、法规另有规定或者涉及国家秘密等情形外，政务服务事项应当按照国务院确定的步骤，纳入一体化在线平台办理。

国家依托一体化在线平台，推动政务信息系统整合，优化政务流程，促进政务服务跨地区、跨部门、跨层级数据共享和业务协同。政府及其有关部门应当按照国家有关规定，提供数据共享服务，及时将有关政务服务数据上传至一体化在线平台，加强共享数据使用全过程管理，确保共享数据安全。

国家建立电子证照共享服务系统，实现电子证照跨地区、跨部门共享和全国范围内互信互认。各地区、各部门应当加强电子证照的推广应用。

各地区、各部门应当推动政务服务大厅与政务服务平台全面对接融合。市场主体有权自主选择政务服务办理渠道，行政机关不得限定办理渠道。

政府及其有关部门应当通过政府网站、一体化在线平台，集中公布涉及市场主体的法律、法规、规章、行政规范性文件和各类政策措施，并通过多种途径和方式加强宣传解读。

国家严格控制新设行政许可。新设行政许可应当按照《中华人民共和国行政许可法》和国务院的规定严格设定标准，并进行合法性、必要性和合理性审查论证。对通过事中、事后监管或者市场机制能够解决以及《中华人民共和国行政许可法》和国务院规定不得设立行政许可的事项，一律不得设立行政许可，严禁以备案、登记、注册、目录、规划、年检、年报、监制、认定、认证、审定以及其他任何形式变相设定或者实施行政许可。

法律、行政法规和国务院决定对相关管理事项已作出规定，但未采取行政许可管理手段的，地方不得就该事项设定行政许可。对相关管理事项尚未制定法律、行政法规的，地方可以依法就该事项设定行政许可。

国家实行行政许可清单管理制度，应适时调整行政许可清单并向社会公布，清单之外不得违法实施行政许可。

国家大力精简已有行政许可。对已取消的行政许可，行政机关不得继续实施或者变相实施，不得转由行业协会商会或者其他组织实施。

对实行行政许可管理的事项，行政机关应当通过整合实施、下放审批层级等多种方式，优化审批服务，提高审批效率，减轻市场主体负担。符合相关条件和要求的，可以按照有关规定采取告知承诺的方式办理。

县级以上地方人民政府应当深化投资审批制度改革，根据项目性质、投资规模等分类规范投资审批程序，精简审批要件，简化技术审查事项，强化项目决策与用地、规划等建设条件落实的协同，提倡相关审批在线并联办理。

设区的市级以上地方人民政府应当按照国家有关规定，优化工程建设项目（不包括特殊工程和交通、水利、能源等领域的重大工程）审批流程，推行并联审批、多图联审、联合竣工验收等方式，简化审批手续，提高审批效能。

在依法设立的开发区、新区和其他有条件的区域，按照国家有关规定推行区域评估，由设区的市级以上地方人民政府组织对一定区域内压覆重要矿产资源、地质灾害危险性等事项进行统一评估，不再对区域内的市场主体单独提出评估要求。区域评估的费用不得由市场主体承担。

作为办理行政审批条件的中介服务事项（以下称法定行政审批中介服务）应当有法律、法规或者国务院决定依据；没有依据的，不得作为办理行政审批的条件。中介服务机构应当明确办理法定行政审批中介服务的条件、流程、时限、收费标准，并向社会公开。

国家加快推进中介服务机构与行政机关脱钩。行政机关不得为市场主体指定或者变相指定中介服务机构；除法定行政审批中介服务外，不得强制或者变相强制市场主体接受中介服务。行政机关所属事业单位、主管的社会组织及其开办的企业不得开展与本机关所负责行政审批相关的中介服务，法律、行政法规另有规定的除外。

行政机关在行政审批过程中需要委托中介服务机构开展技术性服务的，应当通过竞争性方式选择中介服务机构，并自行承担服务费用，不得转嫁给市场主体承担。

证明事项应当有法律、法规或者国务院决定依据。

设定证明事项，应当坚持确有必要、从严控制的原则。对通过法定证照、法定文书、书面告知承诺、政府部门内部核查和部门间核查、网络核验、合同凭证等能够办理，能够被其他材料涵盖或者替代，以及开具单位无法调查核实的，不得设定证明事项。

政府有关部门应当公布证明事项清单，逐项列明设定依据、索要单位、开具单位、办理指南等。清单之外，政府部门、公用企事业单位和服务机构不得索要证明。各地区、各部门之间应当加强证明的互认共享，避免重复索要证明。

政府及其有关部门应当按照国家促进跨境贸易便利化的有关要求，依法削减进出口环节审批事项，取消不必要的监管要求，优化简化通关流程，提高通关效率，清理规范口岸收费，降低通关成本，推动口岸和国际贸易领域相关业务统一通过国际贸易"单一窗口"办理。

税务机关应当精简办税资料和流程,简并申报缴税次数,公开涉税事项办理时限,压减办税时间,加大推广使用电子发票的力度,逐步实现全程网上办税,持续优化纳税服务。

不动产登记机构应当按照国家有关规定,加强部门协作,实行不动产登记、交易和缴税一窗受理、并行办理,压缩办理时间,降低办理成本。在国家规定的不动产登记时限内,各地区应当确定并公开具体办理时间。

国家推动建立统一的动产和权利担保登记公示系统,逐步实现市场主体在一个平台上办理动产和权利担保登记。纳入统一登记公示系统的动产和权利范围另行规定。

政府及其有关部门应当按照构建亲清新型政商关系的要求,建立畅通有效的政企沟通机制,采取多种方式及时听取市场主体的反映和诉求,了解市场主体生产经营中遇到的困难和问题,并依法帮助其解决。

建立政企沟通机制,应当充分尊重市场主体意愿,增强针对性和有效性,不得干扰市场主体正常生产经营活动,不得增加市场主体负担。

政府及其有关部门应当建立便利、畅通的渠道,受理有关营商环境的投诉和举报。

新闻媒体应当及时、准确宣传优化营商环境的措施和成效,为优化营商环境创造良好舆论氛围。

国家鼓励对营商环境进行舆论监督,但禁止捏造虚假信息或者歪曲事实进行不实报道。

(五)监管执法

政府有关部门应当严格按照法律法规和职责,落实监管责任,明确监管对象和范围、厘清监管事权,依法对市场主体进行监管,实现监管全覆盖。

国家健全公开透明的监管规则和标准体系。国务院有关部门应当分领域制定全国统一、简明易行的监管规则和标准,并向社会公开。

政府及其有关部门应当按照国家关于加快构建以信用为基础的新型监管机制的要求,创新和完善信用监管,强化信用监管的支撑保障,加强信用监管的组织实施,不断提升信用监管效能。

国家推行"双随机、一公开"监管,除直接涉及公共安全和人民群众生命健康等特殊行业、重点领域外,市场监管领域的行政检查应当通过随机抽取检查对象、随机选派执法检查人员、抽查事项及查处结果及时向社会公开的方式进行。针对同一检查对象的多个检查事项,应当尽可能合并或者纳入跨部门联合抽查范围。

对直接涉及公共安全和人民群众生命健康等特殊行业、重点领域,依法依规实行全覆盖的重点监管,并严格规范重点监管的程序;对通过投诉举报、转办交办、数据监测等发现的问题,应当有针对性地进行检查并依法依规处理。

政府及其有关部门应当按照鼓励创新的原则，对新技术、新产业、新业态、新模式等实行包容审慎监管，针对其性质、特点分类制定和实行相应的监管规则和标准，留足发展空间，同时确保质量和安全，不得简单化予以禁止或者不予监管。

政府及其有关部门应当充分运用互联网、大数据等技术手段，依托国家统一建立的在线监管系统，加强监管信息归集共享和关联整合，推行以远程监管、移动监管、预警防控为特征的非现场监管，提升监管的精准化、智能化水平。

国家建立健全跨部门、跨区域行政执法联动响应和协作机制，实现违法线索互联、监管标准互通、处理结果互认。

国家统筹配置行政执法职能和执法资源，在相关领域推行综合行政执法，整合精简执法队伍，减少执法主体和执法层级，提高基层执法能力。

行政执法机关应当按照国家有关规定，全面落实行政执法公示、行政执法全过程记录和重大行政执法决定法制审核制度，实现行政执法信息及时准确公示、行政执法全过程留痕和可回溯管理、重大行政执法决定法制审核全覆盖。

行政执法中应当推广运用说服教育、劝导示范、行政指导等非强制性手段，依法慎重实施行政强制手段。采用非强制性手段能够达到行政管理目的的，不得实施行政强制手段；违法行为情节轻微或者社会危害较小的，可以不实施行政强制手段；确需实施行政强制手段的，应当尽可能减少对市场主体正常生产经营活动的影响。

清理整顿、专项整治等活动应当严格依法进行，除涉及人民群众生命安全、发生重特大事故或者举办国家重大活动，并报经有权机关批准外，不得在相关区域采取要求相关行业、领域的市场主体普遍停产、停业的措施。

禁止将罚没收入与行政执法机关利益挂钩。

国家健全行政执法自由裁量基准制度，合理确定裁量范围、种类和幅度，规范行政执法自由裁量权的行使。

（六）法治保障

国家根据优化营商环境需要，依照法定权限和程序及时制定或者修改、废止有关法律、法规、规章、行政规范性文件。

优化营商环境的改革措施涉及调整实施现行法律、行政法规等有关规定的，依照法定程序经有权机关授权后，可以先行先试。

制定与市场主体生产经营活动密切相关的行政法规、规章、行政规范性文件，应当按照国务院的规定，充分听取市场主体、行业协会商会的意见。

除依法需要保密外，制定与市场主体生产经营活动密切相关的行政法规、规章、行政规范性文件，应当通过报纸、网络等向社会公开征求意见，并建立健全意见采纳情况反馈机制。向社会公开征求意见的期限一般不少于 30 日。

制定与市场主体生产经营活动密切相关的行政法规、规章、行政规范性文件，应当按照国务院的规定进行公平竞争审查。

制定涉及市场主体权利义务的行政规范性文件，应当按照国务院的规定进行合法性审核。

市场主体认为地方性法规同行政法规相抵触，或者认为规章同法律、行政法规相抵触的，可以书面形式向国务院提出审查建议，由有关机关按照规定程序处理。

没有法律、法规或者国务院决定和命令依据的，行政规范性文件不得减损市场主体合法权益或者增加其义务，不得设置市场准入和退出条件，不得干预市场主体正常生产经营活动。

对于涉及市场主体权利义务的行政规范性文件，应当按照法定要求和程序予以公布，未经公布的不得作为行政管理依据。

制定与市场主体生产经营活动密切相关的行政法规、规章、行政规范性文件，应当结合实际，确定是否为市场主体留出必要的适应调整期。

政府及其有关部门应当统筹协调、合理把握规章、行政规范性文件等的出台节奏，全面评估政策效果，避免政策叠加或者相互不协调，从而对市场主体正常生产经营活动造成不利影响。

国家完善调解、仲裁、行政裁决、行政复议、诉讼等有机衔接、相互协调的多元化纠纷解决机制，为市场主体提供高效、便捷的纠纷解决途径。

国家加强法治宣传教育，落实国家机关普法责任制，提高国家工作人员依法履职能力，引导市场主体合法经营、依法维护自身合法权益，不断增强全社会的法治意识，为营造法治化营商环境提供基础性支撑。

政府及其有关部门应当整合律师、公证、司法鉴定、调解、仲裁等公共法律服务资源，加快推进公共法律服务体系建设，全面提升公共法律服务能力，为优化营商环境提供全方位法律服务。

政府和有关部门及其工作人员有下列情形之一的，依法依规追究责任：

（1）违法干预应当由市场主体自主决策的事项。

（2）制定或者实施政策措施不依法平等对待各类市场主体。

（3）违反法定权限、条件、程序对市场主体的财产和企业经营者个人财产实施查封、冻结和扣押等行政强制措施。

（4）在法律、法规规定之外要求市场主体提供财力、物力或者人力。

（5）没有法律、法规依据，强制或者变相强制市场主体参加评比、达标、表彰、培训、考核、考试以及类似活动，或者借前述活动向市场主体收费或者变相收费。

（6）违法设立或者在目录清单之外执行政府性基金、涉企行政事业性收费、涉企保证金。

（7）不履行向市场主体依法做出的政策承诺以及依法订立的各类合同，或者违约拖欠市场主体的货物、工程、服务等账款。

（8）变相设定或者实施行政许可，继续实施或者变相实施已取消的行政许可，转由行业协会商会或者其他组织实施已取消的行政许可。

（9）为市场主体指定或者变相指定中介服务机构，或者违法强制市场主体接受中介服务。

（10）制定与市场主体生产经营活动密切相关的行政法规、规章、行政规范性文件时，不按照规定听取市场主体、行业协会商会的意见。

（11）其他不履行优化营商环境职责或者损害营商环境的情形。

公用企事业单位有下列情形之一的，由有关部门责令改正，依法追究法律责任：

（1）不向社会公开服务标准、资费标准、办理时限等信息。

（2）强迫市场主体接受不合理的服务条件。

（3）向市场主体收取不合理费用。

行业协会商会、中介服务机构有下列情形之一的，由有关部门责令改正，依法追究法律责任：

（1）违法进行收费、评比、认证等。

（2）违法干预市场主体加入或者退出行业协会商会等社会组织。

（3）没有法律、法规依据，强制或者变相强制市场主体参加评比、达标、表彰、培训、考核、考试以及类似活动，或者借前述活动向市场主体收费或者变相收费。

（4）不向社会公开办理法定行政审批中介服务的条件、流程、时限、收费标准。

（5）违法强制或者变相强制市场主体接受中介服务。

四、管控模式优化

（一）实施"战略+运营"管控的必要性

1. 全面落实公司战略目标，就管控模式提出新任务

建设具有中国特色国际领先的能源互联网企业战略目标，为公司改革发展指明方向。公司需要深化改革创新，变革传统管理方式，优化公司管控模式，强化总部战略引领，充分发挥各单位战略实施的基础作用，合众力、汇众智，加快推动公司战略落地，持续提升公司发展质量和效率效益。

2. 深化改革并强化监管，就公司管控模式提出新要求

电力改革和国企改革持续深化，政府监管日趋严格，电网业务盈利模式、企业发展方式发生深刻变化。公司需要深化市场化改革，加大放管赋能力度，完善企业治理体系，充分发挥各单位电力市场化建设的重要作用，增强创新活力，实现更好更快的发展。更加突出规范管理，依法合规经营，主动适应监管，全面提升服务能力和水平。

3.破解公司发展难题，就管控模式提出新挑战

受宏观经济下行、电量增速趋缓、输配电价空间收窄以及政策性降价等多重因素影响，电网经营形势严峻，面临诸多发展难题。公司需要进一步变革管控模式，提高管理的灵活性、协同性、精准度，优化资源配置，完善专业管理，深化提质增效，充分发挥各单位价值创造的主体作用，在市场改革、能源转型、数字发展中闯出新路子，拓展新空间。

（二）思路和原则

1.总体思路

以习近平新时代中国特色社会主义思想为指导，贯彻中央全面深化改革部署，适应电力改革和国企改革要求，强化党的建设，坚持集团化、集约化、精益化、数字化方向，聚焦市场化、透明度、高效率，实施"战略+运营"管控，突出战略引领，加大放管赋能，优化资源配置，改进专业管理，提高市场响应，强化风险防控，推进企业治理体系和治理能力现代化，加快建设具有中国特色国际领先的能源互联网企业。

2.基本原则

（1）坚持战略引领，整体最优。加强战略型、服务型总部建设，发挥总部制定战略、统筹资源、专业协同、考核激励、防范风险作用。完善战略闭环管控机制，强化横向协同、上下贯通、动态完善，实现集团最优、整体最优。

（2）坚持权责匹配，放管赋能。优化总部与各单位的权责界面，加大放管赋能力度，尊重企业自主经营权，鼓励其担当作为，在权责范围内主动开展工作。简化总部业务过程管控，发挥各单位贴近市场、服务用户的优势，履行属地职责，响应市场需求。

（3）坚持规范协同，分层管控。适应电网业务同质化特点，强化总部规范性、一致性管理，推动业务协同运作，资源共享应用。统筹考虑各地区各单位内外部环境、发展阶段、基础条件等因素，因地制宜，分层管理，精准考核。

（4）坚持市场化、透明度、高效率。适应电力改革、国企改革要求，加快市场体系和市场机制建设，发挥市场在资源配置中的决定性作用。适应监管要求，响应政府、客户和社会关切，依法依规进行信息披露，提高市场透明度。优化经营策略，加强精益化管理和数字化转型，强化激励约束，发挥各级单位的积极性、主动性、创造性，提高公司效率效益。

（三）主要举措

1. 突出战略引领，完善集团管控

（1）明确职责定位。总部管战略、管规则、管结果，研究制定战略、规划计划、目标任务和制度标准，监督重大任务和重点环节，进行结果评价和考核，减少对各单位具体业务的直接指挥。各单位结合实际抓任务分解，管过程、管落实，负责具体业务的组织实施和过程管控，制定和平衡综合计划、财务预算，做好日常运营、市场服务，接受总部监督考评。

（2）强化战略引领。加强总部战略统领能力建设，健全公司战略目标落地实施机制，实现包括战略目标制定、方向把控、成效监督评估在内的闭环管理。理顺总部各专业间的职责界面，优化业务流程，整合规范制度标准。在相关性较高的专业之间建立定期联络机制，及时就公司决策部署、重大任务、关键问题进行研究会商，确保横向协同，有机联动。

（3）优化经营策略。构建与输配电价政策相一致的规划、计划、投资、成本管理体系，履行各级核备程序，争取合理核价政策，推动电网业务全口径投资和成本纳入输配电价。主动适应监管，推进监管业务与非监管业务的有效隔离。规范交易机构独立运作，明确电网企业的市场责任和职责分工，完善适应电力市场交易的内部协同机制。落实省公司经营管理责任，调动各单位积极性和主动性，以市场为导向，紧密结合各地实际，发挥省公司价值创造的主体作用。

2. 突出放管赋能，激发基层动能

（1）实施清单式管理。建立省公司自主决策事项的负面清单，对省公司上报总部审批事项进行规范。对于负面清单内的事项，各单位需上报审批，负面清单外的其他事项则由各单位自行研究决策。规范项目分级管理方式，具体符合公司战略、有利于市场拓展、服务地方经济、与客户需求密切相关的项目，原则上由各单位负责，以更好地适应地方实际，提高各单位经营决策时效。

（2）突出结果导向。优化各单位绩效考核指标，突出省公司推动战略实施和重大决策落实的主动性。简化专业管理过程指标考核，允许相关指标正常波动。加大经营绩效、安全生产、优质服务等硬指标考核力度，对重大安全事故、重大党风廉政问题、重大负面舆情实行一票否决。完善绩效考核统筹机制，坚持"责、权、利"相统一，将绩效考核结果与企业薪酬分配、领导人员使用等有机结合，实现闭环管理。

（3）注重差异管理。充分考虑不同单位所处区域、经营状况、装备水平、人员素质等情况，在目标制定、任务安排、工作要求等方面，进一步突出因地制宜、精准施策、分类分层指导、差异化管控，让不同发展阶段的单位均努力有空间、有动力、够得着。

3. 突出总部抓总，优化资源配置

（1）人力资源方面。以工资计划管控为重点，授权各单位合理控制用工总量。强化机构设置标准化管理，扩大各单位在标准范围规范设置机构的自主权限，分级分类落实管理职责，减少审批事项，加强事中、事后监管工作力度。完善岗位竞聘及聘任管理，实现身份管理向岗位管理的转变。

（2）财务资源方面。授权各单位依托总部下达的作业标准成本，测算本单位资产层标准成本定额，增强基层成本预算管理灵活性。对紧急项目实施快速响应机制，增加股权投资项目管理的灵活性。推行年度融资预算与现金流"按日排程"一体化管理，年内取消对基层单位的季度融资预算审批。完善财务考评，提高效益类指标权重，促使负债率考评标准呈现差异化特点，丰富完善考核特殊事项清单，合理还原各单位履行社会责任、承担集团化运作任务等因素影响。强化工程投资预算管理，将营销、信息化、零购等资本性投资项目全面纳入投资预算管理，满足基层单位项目招标、成本入账、资金支付等管理需要。

（3）物资管理方面。以现代智慧供应链为抓手，推动采购、物流、质控一体平台运作、全程贯通、多维协同。深化供应链运营中心智慧运营，以物资标准化推动应用便捷化，发挥"协议库存"战略采购优势，加强仓储物流与实物资源线上共享，全网物资优化配置、可视调配。强化"检、储、配"业务协同，推进在线监造关口前移，结果全网共享。确保物资采购高效规范，物资供应快捷及时，物资质量优质可靠。

4. 突出效率提升，完善专业管理

（1）规划计划管理。优化规划体系，突出主导、支撑、新兴和省管四大产业发展规划，以集团规划统筹四大产业规划，四大产业规划统筹各专业规划，各单位根据总部确定的发展重点和阶段性发展目标，编制本单位规划。加强电网规划逐级协同，发挥分部作用，确立"总部、分部、省公司、地市（县）公司"四级规划管理体系。优化计划管理方式，总部确定总控规模，专业部门提出重点专项任务，各单位综合平衡，自主统筹提出专项投入建议。加强投资规范性和有效性管理，落实监管要求，确保投资合规高效。

（2）工程建设管理。优化总部、省公司、建设管理单位分级管理职责，合理匹配各层级管理重点与职责界面。强化监督抽查、量化考核、创新提升三个纵向管控机制，提升纵向逐级管控效率效果。深化前期一体化运作、应急工程"绿色通道"、建设协调"一口对外"、高质量建设专业协同四个横向协同机制，重点落实前期工作责任，压减前期工作周期，优化工程管理模式，加强工程建设管理，提高工程建设安全质量和效率水平。

（3）调控运行管理。强化大电网安全管控。总部定技术标准、定控制原则，直接管控500千伏以上主网；各省公司落实主网运行规定，统筹安排省内电网运行方式和电力电量平衡。总部制定清洁能源涉网技术规范，明确年度消纳目标和新增消纳空间；省公司优

化新增并网时序，确保完成清洁能源年度消纳任务。总部按照电力市场顶层设计要求，运营省间市场，制定省间与省级市场的协调机制，制定市场环境下国、分、省三级调度工作流程和安全管控措施；各省公司按照市场规则，运营省级市场，落实安全管控要求，保障市场平稳有序运行。加大区域间、省间电力交换送端、受端电力电量考核力度。

（4）设备管理方面。坚持设备实物和价值管理并重，在规划设计、物资采购、施工建设、运行维护等各环节深化全面质量管理和资产全寿命管理，构建现代设备管理体系。强化设备精益管理，优化变电运维模式，落实设备主人制，因地制宜推进500（330）千伏输变电设备属地化管理。深化供电服务指挥中心运营，建立以工单驱动业务的管理新模式，提升供电服务保障能力。优化技改大修管理，扩大各单位管理限下项目范围，提高项目安排灵活度、针对性和实效性。

（5）营销服务管理。适应电力市场化改革要求，鼓励省公司创新市场营销体制机制和管理方式，建设现代服务体系，提升市场化交易电费结算质效，促进大用户直接交易。支持各单位因地制宜、因企施策，灵活制定电能替代、综合能源服务等市场策略，大力促进供电服务向"供电服务＋能效服务"升级。支持省公司发挥自主权，结合省营销服务中心建设，强化市场分析、政策争取、质量管控、风险防控。

（6）信息系统方面。加快系统架构、数据模型、基础平台整合，推进跨业务数据贯通和共享应用，支撑公司管理纵向穿透。加强企业级中台建设和应用，服务基层个性化、多元化、互动化业务迭代创新。构建以客户为中心的信息系统建设和应用管理模式，统筹跨专业横向需求，减少数据应用审批，促进信息系统建设由统一集中向上下协同转变。增强基层灵活性，提高各单位独立建设项目资金占比和审批权限。

5.突出市场导向，提升管控质效

（1）提升市场需求响应速度。构建市场需求快速响应机制，以及供电服务常态沟通机制，统筹项目立项、电力设施迁移改造、业扩报装、系统接入等环节，简化客户服务审批内容，限定各环节时限要求，提高服务效率和质量。深化营配调贯通，推进属地业务网格化管理，鼓励建立跨专业、跨层级的柔性组织，推动前端业务融合、中台资源共享、后台职能优化，以现场服务一支队伍、一次解决问题。

（2）提高业扩配套工程效率。构建便利、透明、标准、规范的"阳光业扩"服务模式，提升客户"获得电力"便利度和获得感。推动电网资源信息透明化、可视化，公开透明编制供电方案。下放业扩配套电网项目管理权限，加快建设进度。推进中低压客户工程典型设计，加快停送电计划审批，优化迭代"网上国网"等互联网渠道功能，提升用户体验。

（3）加快省公司市场化业务发展。完善省公司市场化单位的差异化管控，在机构编制、选人用人、项目管理、股权投资、薪酬考核等方面给予更多管理自主权和灵活性。创新省公司市场化业务发展模式，推动省公司与产业金融单位协作，完善市场化经营机制，提高企业经营效益。发挥省公司属地优势，拓展实施能源托管、多能互补、清洁能源和市场化售电等新业务。深化省管产业单位改革，推动各类企业协同发展。

6. 强化风险管控，鼓励干事创业

（1）完善企业治理。健全各司其职、各负其责、协调运转、有效制衡的法人治理结构，规范党组织、董事会、经理层的权责界面和运行机制，充分发挥党组织的政治核心作用、董事会的决策作用、经理层的经营管理作用。

（2）强化风险防控。加强纪律、监察、派驻、巡视"四项监督"，强化对权力运行的有效制约。提升合规管理体系运行质效，综合运用内部审计、纪检监察、巡视巡察、法律监督、财务稽核等多种方式，防范和管控各类风险。

（3）完善容错机制。落实"三个区分开来"，建立健全容错免责机制，保护干部干事创业积极性，激励各单位领导人员知重负重，敢抓敢管，担当作为。

（四）保障措施

1. 提高思想认识

各部门、各单位要充分认识公司推动管控模式变革的重要意义，站在全局高度，研究政策，谋划变革，调整"责权利"关系，通过改革提升各级单位的活力动力，实现高质量发展。

2. 统筹组织实施

按照新的管控模式要求，总部和省公司统筹开展职责界面、制度标准、业务流程、信息系统等调整优化工作。加强方案实施的过程管控和成效评估，及时发现问题，解决问题，持续改进。

3. 确保安全稳定

坚持稳中求进，统筹处理改革发展稳定的关系。加强改革宣传，回应社会关切，营造有利于改革的舆论环境。引导广大干部员工正确理解改革、自觉拥护改革、全力支持改革，形成共同推动改革的强大合力。

第二节 投资管理重点工作

一、预算内直接投资项目概算管理

（一）总则

为进一步加强中央预算内直接投资项目概算管理，提高中央预算内投资效益和项目管理水平，依据《国务院关于投资体制改革的决定》《中央预算内直接投资项目管理办法》和有关法律法规，制定相应办法。

中央预算内直接投资项目，是指国家发展改革委安排中央预算内投资建设的中央本级（包括中央部门及其派出机构、垂直管理单位、所属事业单位）非经营性固定资产投资项目。

国家发展改革委核定概算且安排全部投资的中央预算内直接投资项目（以下简称项目）概算管理适用本办法。国家发展改革委核定概算且安排部分投资的，原则上超支不补，如超概算，由项目主管部门自行核定调整并处理。

（二）概算核定

概算由国家发展改革委在项目初步设计阶段委托评审后核定。概算包括国家规定的项目建设所需的全部费用，包括工程费用、工程建设其他费用、基本预备费、价差预备费等。编制和核定概算时，价差预备费按年度投资价格指数分行业合理确定。

对于项目单位缺乏相关专业技术人员或者建设管理经验的，实行代建制，所需费用从建设单位管理费中列支。

除项目建设期价格大幅上涨、政策调整、地质条件发生重大变化和自然灾害等不可抗力因素外，经核定的概算不得突破。

凡不涉及国家安全和国家秘密、法律法规未禁止公开的项目概算，国家发展改革委按照政府信息公开的有关规定向社会公开。

（三）概算控制

经核定的概算应作为项目建设实施和控制投资的依据。项目主管部门、项目单位和设计单位、监理单位等参建单位应当加强项目投资全过程管理，确保项目总投资控制在概算以内。

国家建立项目信息化系统，项目单位将投资概算全过程控制情况纳入信息化系统，国家发展改革委和项目主管部门通过信息化系统加强投资概算全过程监管。

国家发展改革委履行概算核定和监督责任，开展以概算控制为重点的稽察，制止和纠正违规超概算行为，按照规定受理调整概算。

项目主管部门履行概算管理和监督责任，按照核定概算严格控制，在施工图设计（含装修设计）、招标、结构封顶、装修、设备安装等重要节点应当进行概算控制检查，制止和纠正违规超概算行为。

项目单位在其主管部门领导和监督下对概算管理负主要责任，按照核定概算严格执行。概算核定后，项目单位应当按季度向项目主管部门报告项目进度和概算执行情况，包括施工图设计（含装修设计）及预算是否符合初步设计及概算，招标结果及合同是否控制在概算以内，项目建设是否按批准的内容、规模和标准进行以及是否超概算等。项目单位宜明确由一个设计单位对项目设计负总责，统筹各专业各专项设计。

实行代建制的项目，代建方按照与项目单位签订的合同，承担项目建设实施的相关权利义务，严格执行项目概算，加强概算管理和控制。

设计单位应当依照法律法规、设计规范和概算文件，履行概算控制责任。初步设计及概算应当符合可行性研究报告批复文件要求，并达到相应的深度和质量要求。初步设计及概算批复核定后，项目实行限额设计，施工图设计（含装修设计）及预算应当符合初步设计及概算。

监理单位应当依照法律法规、有关技术标准、经批准的设计文件和建设内容、建设规模、建设标准，履行概算监督责任。

工程咨询单位对编制的项目建议书、可行性研究报告内容的全面性和准确性负责；评估单位、招标代理单位、勘察单位、施工单位、设备材料供应商等参建单位依据法律法规和合同约定，履行相应的概算控制责任。

（四）概算调整

项目初步设计及概算批复核定后，应当严格执行，不得擅自增加建设内容、扩大建设规模、提高建设标准或改变设计方案。确需调整且将会突破投资概算的，必须事前向国家发展改革委正式申报；未经批准的，不得擅自调整实施。

项目建设期价格大幅上涨、政策调整、地质条件发生重大变化和自然灾害等不可抗力因素导致原核定概算不能满足工程实际需要的,可以向国家发展改革委申请调整概算。

申请调整概算的,提交以下申报材料:

(1)原初步设计及概算文件和批复核定文件。

(2)由具备相应资质单位编制的调整概算书,调整概算与原核定概算对比表,以及分类定量说明的调整概算的原因、依据和计算方法。

(3)与调整概算有关的招标及合同文件,包括变更洽商部分。

(4)施工图设计(含装修设计)及预算文件等调整概算所需的其他材料。

申请调整概算的项目,对于使用预备费可以解决的,不予调整概算;对于确需调整概算的,国家发展改革委委托评审后核定调整,而由于价格上涨增加的投资不作为计算其他费用的取费基数。

申请调整概算的项目,如有未经国家发展改革委批准擅自增加建设内容、扩大建设规模、提高建设标准、改变设计方案等原因造成超概算的,除需提交调整概算的申报材料外,必须同时界定违规超概算的责任主体,并提出自行筹措违规超概算投资的意见,以及对相关责任单位及责任人的处理意见。国家发展改革委委托评审,待相关责任单位和责任人处理意见落实后核定调整概算,违规超概算投资原则上不安排中央预算内投资解决。

对于项目单位或主管部门可以自筹解决超概算投资的,由主管部门按有关规定和标准自行核定调整概算。

向国家发展改革委申请概算调增幅度超过原核定概算10%及以上的,国家发展改革委原则上先商请审计机关进行审计。

(五)法律责任

国家发展改革委未按程序核定或调整概算的,应当及时改正。对直接负责的主管人员和其他责任人员应当进行诫勉谈话、通报批评或者给予党纪政纪处分。

主管部门未履行概算管理和监督责任,授意或同意增加建设内容、扩大建设规模、提高建设标准、改变设计方案导致超概算的,主管部门应当对本部门直接负责的主管人员和其他责任人员进行诫勉谈话、通报批评或者给予党纪政纪处分。国家发展改革委相应调减安排该部门的投资额度。

项目单位擅自增加建设内容、扩大建设规模、提高建设标准、改变设计方案,管理不善、故意漏项、报小建大等造成超概算的,主管部门应当依照职责权限对项目单位主要负责人和直接负责的主管人员以及其他责任人员进行诫勉谈话、通报批评或者给予党纪政纪处分;两年内暂停申报该单位其他项目。国家发展改革委将其不良信用记录纳入国家统一的信用信息共享交换平台;情节严重的,给予通报批评,并视情况公开曝光。

设计单位未按照经批复核定的初步设计及概算编制施工图设计(含装修设计)及预

算，设计质量低劣，存在错误、失误、漏项等造成超概算的，项目单位可以根据法律法规和合同约定向设计单位追偿；国家发展改革委商请资质管理部门建立不良信用记录，纳入国家统一的信用信息共享交换平台，作为相关部门降低资质等级、撤销资质的重要参考。情节严重的，国家发展改革委将此作为限制其在一定期限内参与中央预算内直接投资项目设计的重要参考，并视情况公开曝光。

代建方、工程咨询单位、评估单位、招标代理单位、勘察单位、施工单位、监理单位、设备材料供应商等参建单位过错造成超概算的，项目单位可以根据法律法规和合同约定向有关参建单位追偿；国家发展改革委商请资质管理部门建立不良信用记录，纳入国家统一的信用信息共享交换平台，作为相关部门资质评级、延续的重要参考。

二、电网规划投资管理

（一）切实加强电网规划统筹协调与实施

1. 深化电网规划编制内容要求

电网规划是电力规划的重要组成部分，电网规划应实现对输配电服务所需各类电网项目的合理覆盖，包括电网基建项目和技术改造项目。基建项目是指为提供输配电服务而实施的新建（含扩建）资产类项目，技术改造项目是指对原有输配电服务资产的技术改造类项目。电网基建和技术改造项目均包含输变电工程项目（跨省跨区输电通道、区域和省级主网架、配电网等）、电网安全与服务项目（通信、信息化、智能化、客户服务等）、电网生产辅助设施项目（运营场所、生产工器具等）。

2. 深化电网规划编制的技术经济论证要求

规划编制过程中，应测算规划总投资和新增输配电量，评估规划实施后对输配电价格的影响。原则上，对于110千伏（66千伏）及以上的输变电工程基建项目，规划应明确项目建设安排，对于35千伏及以下输变电工程等其余基建项目，应明确建设规模。对于各类技术改造项目，规划应明确技术改造目标和改造规模。省级能源主管部门可在此基础上，进一步研究提高本省电网规划编制的深度要求。

3. 更加注重电网规划统筹协调

按照深化电力体制改革要求，电网规划应切实加强与经济社会发展规划的统筹，有效衔接社会资本投资需求，遵循市场主体选择，合理涵盖包括增量配电网在内的各类主体电网投资项目，满足符合条件的市场主体在增量配电领域的投资业务需求。电网规划要按照市场化原则，与相关市场主体充分衔接，合理安排跨省跨区输电通道等重大项目。

(二) 规范纳入规划的电网项目投资管理

1. 推进分级分类管理

纳入规划的电网项目应根据《政府投资条例》(国务院令第712号)、《企业投资项目核准和备案管理条例》(国务院令第673号)等规定履行相应程序。省级能源主管部门应会同价格主管部门加强对相关项目的监督和管理,强化定额测算核定、造价管理等工作对电网投资成本控制的作用。关于500千伏及以上输变电工程基建项目,应在核准文件中明确项目功能定位。

2. 推进电网项目实施与适时调整

电网企业应通过投资计划有效衔接电网规划,积极开展前期工作,合理控制工程造价,规范履行相关程序,保障电网规划项目顺利落实。根据《电力规划管理办法》,电力规划发布两至三年后,国家能源局和省级能源主管部门可根据经济发展和规划实施等情况,按规定程序对五年规划进行中期滚动调整。在规划执行期内,如遇国家专项任务、输配电价调整、电网投资能力不足等重大变化,规划编制部门按程序对具体规划项目进行调整,相关单位应按照决策部署和实际需要及时组织实施。

(三) 加强电网规划及投资项目的事中、事后分析评估

1. 深化电网规划定期评估

国家能源局和省级能源主管部门按照能源电力规划相关规定,加强对电网规划实施情况的评估和监督。规划实施过程中开展中期评估,规划期结束后开展总结评估。电网规划评估结果可成为规划滚动调整和下一阶段编制的重要参考。

2. 完善电网投资成效评价

国家发展改革委、国家能源局研究建立科学合理的投资成效评价标准,定期选取典型电网项目,重点围绕规划落实情况、实际运营情况、输变电工程功能定位变化情况等开展评价。对于非政策性因素造成的未投入实际使用、未达到规划目标、擅自提高建设标准的输配电资产,其成本费用不得计入输配电定价成本。

(四) 认真履行电网规划职责

1. 强化电网规划统筹功能

国家能源局和省级能源主管部门应按照能源电力规划相关规定,在全国(含区域)和省级电力规划编制过程中,进一步加强电网规划研究,促进全国电力规划与地方性电力规划之间有效衔接。全国电力规划应重点提出跨省跨区电网项目和省内500千伏及以上电网项目建设安排,省级电力规划应重点明确所属地区的110千伏(66千伏)及以上电网项

目和 35 千伏及以下电网建设规模。

2.发挥电网规划引领作用

进一步强化安全性、经济性分析，考虑不同电压等级、不同类型用户的电价承载能力，论证合理投资规模，提高电网投资效率，加强与电源专项规划的衔接，提高电力安全可靠水平。电网规划应充分征求价格主管部门意见，强化规划对输配电网投资的约束作用，电力企业、研究机构及其他行业相关单位应积极参与配合。

三、投资项目管理

（一）总则

为切实加强和进一步规范中央预算内直接投资项目管理，健全科学、民主的投资决策机制，提高投资效益，需依据《国务院关于投资体制改革的决定》和有关法律法规，制定相应办法。

相应办法中所称中央预算内直接投资项目（以下简称直接投资项目或者项目），是指国家发展改革委安排中央预算内投资建设的中央本级（包括中央部门及其派出机构、垂直管理单位、所属事业单位）非经营性固定资产投资项目。党政机关办公楼建设项目按照党中央、国务院规定严格管理。

直接投资项目实行审批制，包括审批项目建议书、可行性研究报告、初步设计。情况特殊、影响重大的项目，需要审批开工报告。国务院、国家发展改革委批准的专项规划中已经明确、前期工作深度达到项目建议书要求、建设内容简单、投资规模较小的项目，可以直接编报可行性研究报告，或者合并编报项目建议书。

申请安排中央预算内投资 3 000 万元及以上的项目，以及需要跨地区、跨部门、跨领域统筹的项目，由国家发展改革委审批或者由国家发展改革委委托中央有关部门审批，其中特别重大项目由国家发展改革委核报国务院批准；其余项目按照隶属关系，由中央有关部门审批后抄送国家发展改革委。按照规定权限和程序批准的项目，国家发展改革委在编制年度计划时统筹安排中央预算内投资。

审批直接投资项目时，一般应当委托具备相应资质的工程咨询机构对项目建议书、可行性研究报告进行评估。特别重大的项目实行专家评议制度。

直接投资项目在可行性研究报告、初步设计及投资概算的编制、审批以及建设过程中，应当符合国家有关建设标准和规范。

发展改革委与财政、城乡规划、国土资源、环境保护、金融监管、行业管理等部门建立联动机制，实现信息共享。凡不涉及国家安全和国家秘密、法律法规未禁止公开的直接投资项目，审批部门应当按照政府信息公开的有关规定，将项目审批情况向社会公开。

（二）项目决策

对于适宜编制规划的领域，国家发展改革委和中央有关部门应当编制专项规划。按照规定权限和程序批准的专项规划，是项目决策的重要依据。

国家发展改革委会同有关部门建立项目储备库，作为项目决策和年度计划安排的重要依据。

项目建议书要对项目建设的必要性、主要建设内容、拟建地点、拟建规模、投资匡算、资金筹措以及社会效益和经济效益等进行初步分析，并附相关文件资料。项目建议书的编制格式、内容和深度应当达到规定要求。由国家发展改革委负责审批的项目，其项目建议书应当由具备相应资质的甲级工程咨询机构编制。

项目建议书编制完成后，由项目单位按照规定程序报送项目审批部门审批。项目审批部门对符合有关规定、确有必要建设的项目，批准项目建议书，并将批复文件抄送城乡规划、国土资源、环境保护等部门。项目审批部门可以在项目建议书批复文件中规定批复文件的有效期。

项目单位依据项目建议书批复文件，组织开展可行性研究，并按照规定向城乡规划、国土资源、环境保护等部门申请办理规划选址、用地预审、环境影响评价等审批手续。

项目审批部门在批准项目建议书之后，应当按照有关规定进行公示。公示期间征集到的主要意见和建议，作为编制和审批项目可行性研究报告的重要参考。

项目建议书批准后，项目单位应当委托工程咨询机构编制可行性研究报告，对项目在技术和经济上的可行性以及社会效益、节能、资源综合利用、生态环境影响、社会稳定风险等进行全面分析论证，落实各项建设和运行保障条件，并按照有关规定取得相关许可、审查意见。可行性研究报告的编制格式、内容和深度应当达到规定要求。由国家发展改革委负责审批的项目，其可行性研究报告应当由具备相应资质的甲级工程咨询机构编制。

项目可行性研究报告应当包含以下招标内容：

（1）项目的勘察、设计、施工、监理以及重要设备、材料等采购活动的具体招标范围（全部或者部分招标）。

（2）项目的勘察、设计、施工、监理以及重要设备、材料等采购活动拟采用的招标组织形式（委托招标或者自行招标）。按照有关规定拟自行招标的，应当按照国家有关规定提交书面材料。

（3）项目的勘察、设计、施工、监理以及重要设备、材料等采购活动拟采用的招标方式（公开招标或者邀请招标）。按照有关规定拟邀请招标的，应当按照国家有关规定提交书面材料。

可行性研究报告编制完成后，由项目单位按照规定程序报送项目审批部门审批，并应当附以下文件：

（1）城乡规划行政主管部门出具的选址意见书。

（2）国土资源行政主管部门出具的用地预审意见。

（3）环境保护行政主管部门出具的环境影响评价审批文件。

（4）项目的节能评估报告书、节能评估报告表或者节能登记表（由中央有关部门审批的项目，需附国家发展改革委出具的节能审查意见）。

（5）根据有关规定应当提交的其他文件。

项目审批部门对符合有关规定、具备建设条件的项目，批准可行性研究报告，并将批复文件抄送城乡规划、国土资源、环境保护等部门。项目审批部门可以在可行性研究报告批复文件中规定批复文件的有效期。对于情况特殊、影响重大的项目，需要审批开工报告的，应当在可行性研究报告批复文件中予以明确。

经批准的可行性研究报告是确定建设项目的依据。项目单位可以依据可行性研究报告批复文件，按照规定向城乡规划、国土资源等部门申请办理规划许可、正式用地手续等，并委托具有相应资质的设计单位进行初步设计。

初步设计应当符合国家有关规定和可行性研究报告批复文件的有关要求，明确各单项工程或者单位工程的建设内容、建设规模、建设标准、用地规模、主要材料、设备规格和技术参数等，并据此编制投资概算。投资概算应当包括国家规定的项目建设所需的全部费用。由国家发展改革委负责审批的项目，其初步设计应当由具备相应资质的甲级设计单位编制。

投资概算超过可行性研究报告批准的投资估算10%的，或者项目单位、建设性质、建设地点、建设规模、技术方案等发生重大变更的，项目单位应当报告项目审批部门。项目审批部门可以要求项目单位重新组织编制和报批可行性研究报告。

初步设计编制完成后，由项目单位按照规定程序报送项目审批部门审批。法律法规对直接投资项目的初步设计审批权限另有规定的，从其规定。对于由国家发展改革委审批项目建议书、可行性研究报告的项目，其初步设计经中央有关部门审核后，由国家发展改革委审批或者经国家发展改革委核定投资概算后由中央有关部门审批。经批准的初步设计及投资概算应当作为项目建设实施和控制投资的依据。

直接投资项目应当符合规划、产业政策、环境保护、土地使用、节约能源、资源利用等方面的有关规定。

（三）建设管理

对于项目单位缺乏相关专业技术人员和建设管理经验的直接投资项目，项目审批部门应当在批复可行性研究报告时要求实行代理建设制度（"代建制"），通过招标等方式选择具备工程项目管理资质的工程咨询机构，作为项目管理单位负责组织项目的建设实施。

项目管理单位按照与项目单位签订的合同，承担项目建设实施的相关权利义务，严格执行项目的投资概算、质量标准和建设工期等要求，在项目竣工验收后将项目交付项目单位。

直接投资项目应当依法办理相关手续，在具备国家规定的各项开工条件后，方可开工建设。对于按照可行性研究报告批复文件的规定需要审批开工报告的项目，应当在开工报告批准后开工建设。

直接投资项目的招标采购，按照《中华人民共和国招标投标法》等有关法律法规规定办理。从事直接投资项目招标代理业务的招标代理机构，应当具备中央投资项目招标代理资格。

建立项目建设情况报告制度。项目单位应当按照规定定期向项目审批部门报告项目建设进展情况。

项目由于政策调整、价格上涨、地质条件发生重大变化等原因确需调整投资概算的，由项目单位提出调整方案，按照规定程序报原概算核定部门核定。概算调增幅度超过原批复概算10%的，概算核定部门原则上应商请审计机关进行审计，并依据审计结论进行概算调整。

建立健全直接投资项目相关工程保险和工程担保制度，加强直接投资项目风险管理。

关于直接投资项目，应当遵守国家档案管理的有关规定，做好项目档案管理工作。项目档案验收不合格的，应当限期整改，经复查合格后，方可进行竣工验收。

直接投资项目竣工后，应当按照规定编制竣工决算。项目竣工决算具体审查和审批办法，按照国家有关规定执行。

直接投资项目建成后，项目单位应当按照国家有关规定报请项目可行性研究报告审批部门组织竣工验收。

直接投资项目建成运行后，项目审批部门可以依据有关规定，组织具备相应资质的工程咨询机构，对照项目可行性研究报告批复文件及批准的可行性研究报告的主要内容开展项目后评价，必要时应当参照初步设计文件的相关内容进行对比分析，进一步加强和改进项目管理，不断提高决策水平和投资效益。

（四）监督检查和法律责任

发展改革、财政、审计、监察和其他有关部门，依据职能分工，对直接投资项目进行监督检查。

国家发展改革委和有关部门应当依法接受单位、个人对直接投资项目在审批、建设过程中违法违规行为的投诉和举报，并按照有关规定进行查处。

项目审批部门和其他有关部门有下列行为之一的，责令限期改正，并依法对直接负责的主管人员和其他直接责任人员进行处分。

（1）违反规定批准项目建议书、可行性研究报告、初步设计及核定投资概算的。

（2）强令或者授意项目单位违反相关办法规定的。

（3）因故意或者重大过失造成重大损失或者严重损害公民、法人和其他组织合法权益的。

（4）其他违反相关办法规定的行为。

国家机关及有关单位的工作人员在项目建设过程中滥用职权、玩忽职守、徇私舞弊、索贿受贿的，依法追究行政或者法律责任。

项目单位和项目管理单位有下列行为之一的，国家发展改革委和有关部门将其纳入不良信用记录，责令其限期整改、暂停项目建设或者暂停投资安排；对直接负责的主管人员和其他直接责任人员，依法追究行政或者法律责任。

（1）提供虚假情况骗取项目审批和中央预算内投资的。

（2）违反国家有关规定擅自开工建设的。

（3）未经批准擅自调整建设标准或者投资规模、改变建设地点或者建设内容的。

（4）转移、侵占或者挪用建设资金的。

（5）未及时办理竣工验收手续、未经竣工验收或者验收不合格即交付使用的。

（6）已经批准的项目，无正当理由未及时实施或者完成的。

（7）不按国家规定履行招标程序的。

（8）其他违反规定的行为。

有关工程咨询机构或者设计单位在编制项目建议书、可行性研究报告、初步设计及投资概算以及进行咨询评估或者项目后评价时，弄虚作假或者咨询评估意见严重失实的，国家发展改革委和有关部门将其纳入不良信用记录，根据其情节轻重，依法给予警告、停业整顿、降低资质等级或者撤销资质等处罚；造成损失的，依法承担赔偿责任。相关责任人员涉嫌犯罪的，依法移送司法机关处理。

直接投资项目发生重大质量安全事故的，按照国家有关规定，由有关部门依法追究项目单位、项目管理单位和勘察设计、施工、监理、招标代理等单位以及相关人员的法律责任。

四、投资资金监管

（一）总则

为加强国家电网有限公司中央财政资金管理，根据《中华人民共和国预算法》《中央企业国有资本收益收取管理办法》《中央预算内固定资产投资补助资金财政财务管理暂行办法》《中央国有资本经营预算管理暂行办法》《中央部门结转和结余资金管理办法》《财政支出绩效评价管理暂行办法》等法律和行政法规，做好中央财政资金管理，主要包括国有资本收益申报，中央财政资金的预算编制、执行、决算、监督检查等管理活动。

国有资本收益是指国家以所有者身份依法取得的国有资本投资收益,具体包括:

(1)应交利润,即国有独资企业按规定应当上交国家的利润。

(2)国有股股利、股息,即国有控股、参股企业国有股权(股份)获得的股利、股息收入。

(3)国有产权转让收入,即转让国有产权、股权(股份)获得的收入。

(4)企业清算收入,即国有独资企业清算收入(扣除清算费用)。国有控股、参股企业国有股权(股份)分享的公司清算收入(扣除清算费用)。

(5)其他国有资本收益。

中央财政资金包括一般公共预算、政府性基金预算、国有资本经营预算。

一般公共预算是将以税收为主体的财政收入,安排用于保障和改善民生、推动经济社会发展、维护国家安全、维持国家机构正常运转等方面的收支预算,主要包括基本支出和项目支出。基本支出是指行政事业单位为保障机构正常运转和完成日常工作任务而编制的年度基本支出;项目支出是指行政事业单位为完成国家特定的工作任务或事业发展目标,在基本支出外财政预算专款安排的支出。

政府性基金预算是对依照法律、行政法规的规定在一定期限内向特定对象征收、收取或者以其他方式筹集的资金,专项用于特定公共事业发展的收支预算。

国有资本经营预算是对国有资本收益做出支出安排的收支预算,主要用于解决国有企业历史遗留问题及相关改革成本支出;关系国家安全、国民经济命脉的重要行业和关键领域国家资本注入,包括重点提供公共服务、发展重要前瞻性战略性产业、保护生态环境、支持科技进步、保障国家安全,保持国家对金融业的控制力,推进国有经济布局和结构战略性调整,解决国有企业发展中的体制性、机制性问题;国有企业政策性补贴。

(二)职责分工

国网财务部为公司中央财政资金管理的组织部门,总部其他部门、各分部、各级单位为配合和实施部门(单位)。

国网财务部在公司中央财政资金管理中的职责:

(1)负责申报和上交国有资本收益。

(2)负责组织中央财政资金预算的编制、审核和上报工作。

(3)负责依据项目责任部门(单位)提供的项目进度向财政部申请拨付资金。

(4)负责按照财政部、国资委等政府主管部门要求,组织项目责任部门(单位)报告中央财政资金的到账情况和项目实施进展。

(5)负责监督预算资金的使用。

(6)负责组织公司中央财政资金决算编报工作。

(7)负责协调与中央财政资金有关的其他工作。

总部其他部门、各分部、各级单位在公司中央财政资金管理中的职责：

（1）组织各级单位向国家发展改革委、科技部等部门申请中央预算内基建、科技、信息化等项目补助资金。

（2）按照财政部、国资委等部门要求编制中央财政资金预算。

（3）按照国家批复预算组织项目实施，定期向国网财务部提供项目进度，财务部据此申请拨付资金。

（4）配合编制中央财政资金决算，开展绩效评价和审计监督检查工作。

（5）与中央财政资金有关的其他工作。

国网审计部负责对中央财政资金预算执行、决算进行审计监督，就发现的问题提出处理意见，并责令限期整改。

（三）国有资本收益的申报和上交

公司国有资本收益由总部根据财政部、国资委通知要求，向国资委和驻地财政专员办统一申报。每年5月31日前，按照净利润和规定的上交比例一次申报，并附送经依法审计的年度合并财务会计报告。

对于常规上交的国有资本收益，公司在收到中央部门上交通知和驻地财政专员办开具的《非税收入一般缴款书》之日起15个工作日内上交。对于财政部、国资委临时安排上交的专项税后利润，按照财政部、国资委文件要求在规定时间上交。

如遇国家政策重大调整，或者由于遭受重大自然灾害等不可抗力因素造成巨大损失，需要减免上交国有资本收益的，由国网财务部向财政部、国资委提出申请，财政部商国资委报国务院批准后执行。

（四）预算编制与审核上报

中央财政资金预算支出，按功能和经济性质分类编制。一般公共预算和政府性基金预算应编制未来三年支出规划和下一年度预算，按照"二上二下"程序编制上报；国有资本经营预算按年度编报。

一般公共预算和政府性基金"一上"预算：

（1）基本支出。事业单位就人员编制、实有人数、机构设置等方面变化提供原因说明和证明文件；编制内增人的，提供增人依据、理由、经费需求情况。

（2）项目支出。国网发展部和各专业部门组织各级单位提前开展以后年度财政补助项目储备工作，启动研究论证、编制立项、审核评审等工作。获得国家发展改革委、科技部、工信部等相关业务主管部门批复后，及时向国网财务部提供项目基本信息、立项依据、实施方案、支出计划、绩效目标等相关信息。

每年8月底前，国网财务部审核汇总后，通过财政部预算管理系统和正式文件上报

"一上"预算数据及编报说明。

一般公共预算和政府性基金"二上"预算：根据财政部下达的未来三年支出规划和下一年度"一下"预算控制数，国网财务部组织相关部门和各级单位编制规划和年度预算"二上"方案，基本支出和项目支出预算要按照全口径编制到经济分类款级科目。每年12月底前，国网财务部审核汇总后，通过财政部预算管理系统和正式文件上报"二上"预算数据及编报说明。

财政部批复年度预算后，一般公共预算和政府性基金需新增预算项目的，项目责任部门（单位）应及时参照"一上"要求提供项目信息，经国网财务部审核汇总后报财政部。

国有资本经营预算：国网财务部根据下一年度资金投入重点，组织总部其他部门申报。总部其他部门在下一年度计划投资的项目中，选取符合申报条件的项目编写申报报告，说明申报项目的必要性和可行性、实施效果和预期绩效目标、资金支出计划和筹集方案等，并提供证明材料，经国网财务部审核汇总后，按照财政部、国资委规定的程序和要求上报。

中央财政资金预算编制过程中应做好与公司预算和综合计划的衔接，优先安排年度预算计划内符合政策要求的项目。中央财政资金预算支出项目原则上应纳入公司预算和综合计划，确需安排计划外项目的，由财务、发展等相关部门提出审核意见。

（五）预算执行

各部门、各级单位是本部门、本单位的预算执行主体，负责本部门、本单位的预算执行，并对执行结果负责。

中央财政资金预算下达后，各部门、各级单位应严格执行财政部、国资委等部门下达的预算方案，确保预算执行可控、在控。

1.一般公共预算

（1）基本支出。事业单位根据下达的预算额度和规定的用途支出经费，并按人员经费和日常公用经费分别核算管理。

（2）项目支出。项目责任部门（单位）于每月10日前将截至上月末项目进度情况提交国网财务部，国网财务部结合当月财政部门资金安排编报用款计划，向财政部申请拨付财政资金。

2.政府性基金预算

国网财务部根据财政部提供的政府性基金缴库数据，结合基金补助项目支出情况，在预算批复额度内编报用款计划，向财政部申请拨付财政资金。政府性基金预算支出原则上每季度请款一次。

3. 国有资本经营预算

国有资本经营预算下达后，国网财务部编报用款计划，一次性向财政部申请拨付财政资金。

中央财政资金的拨付方式分为直接支付和授权支付。直接支付是指财政部门向银行签发支付指令，将资金直接支付到收款人或用款单位账户，主要用于项目支出支付；授权支付是指预算单位按照财政部门的授权，自行向银行签发支付指令，在财政部门批准的用款额度内将资金支付到收款人或用款单位账户，主要用于基本支出和单笔金额小于500万元的项目支出支付。如财政部门将资金拨付到公司总部，总部在收到资金或授权额度后，纳入总部月度预算，并及时拨付项目承担单位。

中央财政资金的收入和支出实行收付实现制。项目承担单位收到财政资金时，按照财政部相关规定和公司会计核算办法进行账务处理。

项目责任部门（单位）应按照财政部、国资委等主管部门要求，定期向国网财务部报告财政资金到账和项目实施进展情况，由国网财务部审核汇总后向财政部、国资委等部门上报。其中：

国有资本经营预算资金到账后10个工作日内，国网财务部向国资委报送请款情况、到账日期、金额、入账科目等；国有资本经营预算资金到账后3个月内，项目责任部门（单位）编写项目阶段性进度报告，内容包括资金拨付金额和流程、项目承担单位情况、项目实施进展情况、财政资金使用情况和取得的阶段性成果等，由国网财务部审核汇总后报送国资委；每季度结束后10日内，项目责任部门（单位）编制国有资本经营预算费用性资金使用情况季度报告，由国网财务部审核汇总后报送国资委。

项目承担单位要严格按照规定用途和项目建设计划使用财政资金，不得擅自改变主要建设内容和建设标准，专款专用、明细核算，严禁转移、侵占或者挪用财政资金。

项目承担单位要及时、足额筹集企业配套资金，严格按照公司规定和工程进度要求进行项目建设，完工后及时进行项目竣工决算。

在中央财政资金使用过程中，受生产经营或重大政策、环境变化影响，确实需要对资金的使用对象、标准、额度等进行调整的，项目责任部门（单位）应按照国家有关文件要求，履行审批手续并报国网财务部备案后予以执行。

每年度终了，由国网财务部组织公司中央财政资金决算工作，委托中介机构对公司中央财政资金决算进行鉴证，并上报财政部、国资委等部门。

加强结转和结余资金管理。结转资金是指预算未全部执行或未执行，下年需按原用途继续使用的财政资金。结余资金是指项目实施周期已结束、项目目标完成或项目提前终止，尚未列支的财政资金；因项目实施计划调整，不需要继续支出的财政资金；预算批复后连续两年未用完的财政资金。

项目责任部门（单位）要加快实施进度，在规定年限内将财政资金支出完毕。确因项目目标完成、项目提前终止或实施计划调整，不需要继续支出的财政资金，由项目承担单位提出申请，经总部相关部门审核同意后，由财务部清理为结余资金报财政部收回。

（六）绩效管理与监督检查

纳入中央财政支出绩效评价范围的项目，要按财政部要求申报绩效目标，报送项目进展，进行绩效评价。

项目责任部门（单位）负责拟定绩效目标，由国网财务部汇总后上报财政部。

绩效目标是绩效评价的对象计划在一定期限内达到的产出和效果，绩效目标应当包括以下主要内容：

（1）预期产出，包括提供的公共产品和服务的数量。

（2）预期效果，包括经济效益、社会效益、环境效益和可持续影响等。

（3）服务对象或项目受益人满意程度。

（4）达到预期产出所需要的成本资源。

（5）衡量预期产出、预期效果和服务对象满意程度的绩效指标。

（6）其他。

项目承担单位要按照财政部规定和公司要求，定期向分管部门和国网财务部报送绩效目标实现情况，分管部门和国网财务部结合年度绩效目标提出改进建议。

项目承担单位要按照财政部规定和公司要求编写绩效报告，上报公司总部。绩效报告应当包括以下主要内容：

（1）基本概况，包括预算部门职能、事业发展规划、预决算情况、项目立项依据等。

（2）绩效目标及其设立依据和调整情况。

（3）管理措施及组织实施情况。

（4）总结分析绩效目标完成情况。

（5）说明未完成绩效目标及其原因。

（6）下一步改进工作的意见及建议。

分管部门对绩效报告进行审核并编写绩效评价报告，由国网财务部汇总后上报财政部。绩效评价报告应当包括以下主要内容：

（1）基本概况。

（2）绩效评价的组织实施情况。

（3）绩效评价指标体系、评价标准和评价方法。

（4）绩效目标的实现程度。

（5）存在问题及原因分析。

（6）评价结论及建议。

（7）其他需要说明的问题。

项目责任部门（单位）应当自觉接受国家审计、监察、财政等部门依据职能分工进行的监督检查。

对于未按规定使用中央财政资金的，要限期整改，并追究相关单位和责任人的责任。

第三章　生产经营

第三章 生产经营

本章简要阐述了生产经营计划概要、电力市场交易、生产经营管理等内容，宏观上对公司生产经营计划管理的全过程进行初步探索，结合公司实践过程进行简要论述，为各位电网工作人员提供参考。

第一节 生产经营计划概要

一、生产经营计划管理

（一）总则

为加强公司生产经营计划管理，落实国家有关政策和要求，规范计划管理流程，明确职责，不断提高经营管理水平，确保公司经营目标的实现，需依据公司《国家电网公司综合计划管理办法》等，制定相应规定。

相应规定中所称生产经营是指电网企业为满足用户用电需求而产生的发电、购电、售电等活动，主要涉及售电量、线损率、购电量、跨国跨区跨省输电量（含国家电力市场交易电量）和发电量等指标。

相应规定中所称生产经营计划是以公司发展战略和规划为指导，以电力市场需求预测为依据，对售电量、购电量、跨区跨省输电、线损率等指标进行测算和优化后形成的公司年度目标和实施方案。

相应规定中所称生产经营计划管理是指对生产经营计划的编制、审核、下达、执行、检查、分析、调整、考核（考评）等行为的规范。

（二）职责分工

1. 总部

国网发展部是公司生产经营计划的管理部门，履行以下职责：

（1）贯彻执行国家有关方针政策、法律法规和标准规定，落实执行公司有关决策部署、管理制度和标准规程，对公司生产经营计划进行统一管理。

（2）建立和完善公司生产经营计划管理规定和工作标准。

（3）负责公司售电量、线损率、购电量、跨国跨区跨省输电量和发电量管理，负责以上各项指标定义、口径、管理范畴确定以及经营策略研究等工作，负责制定相关管理规定。

（4）负责年度电力市场分析预测工作，作为编制公司生产经营计划的基础。

（5）负责公司售电量、线损率、购电量、跨国跨区跨省输电量和发电量计划编制、审核、下达、调整、分析、监督检查、考核考评等工作。

（6）负责协助政府部门编制和调整年度发电量计划方案，并负责与政府部门沟通和协调年度发电量计划事宜。

（7）负责公司关口电能计量点设置和变更工作。

（8）负责组织生产经营计划管理人员参与业务培训与经验交流。

（9）负责公司生产经营计划管理的信息化建设。

（10）负责协调解决生产经营计划管理中存在的问题。

国网财务部是公司生产经营计划的配合部门，履行以下职责：

（1）参与国家电力市场交易电量计划的编制和调整工作，负责提出跨国跨区跨省输电价格方案、总部直调发电机组上网电价和新机试运电价。

（2）负责提供月度购电均价以及分类购电均价情况。

国网运检部是公司生产经营计划的配合部门，履行以下职责：

（1）参与国家电力市场交易电量计划编制和调整工作，负责提供公司总部直接经营输变电资产年度检修计划。

（2）参与线损率计划编制和调整工作，组织研究提出年度技术降损目标建议。参与线损率分析工作。

（3）参与公司管理机组发电量计划编制和调整工作。

（4）配合提出直属单位发电量考核意见。

国网营销部是公司生产经营计划的配合部门，履行以下职责：

（1）参与售电量计划编制和调整工作。

（2）参与线损率计划编制和调整工作，研究提出年度管理降损目标建议。参与线损率分析工作。

（3）按月进行各级单位售电量及其分类情况，分类售电均价完成情况，以及业扩报装申请、完成、暂停、销户减容、结存等情况分析。

国调中心是公司生产经营计划的配合部门，履行以下职责：

（1）参与线损率计划编制和调整工作，按月对总部直调电网网损情况进行分析。

（2）参与国家电力市场交易电量计划编制和调整工作，提供公司总部直调电网年度运行方式和年度检修计划、直调机组投产计划，负责对直调部分计划安排进行安全校核。

（3）按月进行直调电厂发电量计划执行情况分析。

（4）负责电厂来煤情况的统计与分析工作。

国网交易中心是公司生产经营计划的配合部门，履行以下职责：

（1）负责按照年度购电计划，编制月（季）度购电计划，负责购电统计分析并提供月度执行情况分析报告。

（2）参与国家电力市场交易电量计划编制和调整工作，负责按照年度计划编制并滚动调整月（季）度计划，负责提供月度执行情况分析报告。

分部是公司总部生产经营计划的配合部门，履行以下职责：

（1）配合公司总部开展本区域跨省输电计划编制和调整工作，提出计划建议；编制并发布本区域月（季）度跨省购电计划和跨省输电计划，按月对完成情况进行分析。

（2）配合公司总部开展省间联络线网损计划编制和调整工作，提出计划建议，并按月对完成情况进行分析。

（3）配合公司总部提出本区域跨省联络线、直调电厂关口计量点设置方案。

国网能源院、中国电科院配合公司开展生产经营计划管理工作。

2. 省公司

省公司发展策划部是本单位生产经营计划管理部门，履行以下职责：

（1）贯彻执行国家有关方针政策、法律法规和标准规定，落实执行公司生产经营计划管理规定，对本单位生产经营计划进行统一管理。

（2）负责本单位年度电力市场分析预测及年度电力电量平衡工作，作为编制本单位生产经营计划的基础。

（3）负责本单位生产经营计划编制、调整和上报工作。负责组织执行国家电网公司下达的生产经营计划，负责本单位生产经营计划分解下达、分析、监督检查、考核考评等工作。按月上报本单位生产经营计划执行情况分析。

（4）组织审核地（市）供电企业生产经营计划建议。

（5）负责协助本地政府部门编制和调整年度发电量计划方案，并负责与政府部门沟通和协调年度发电量计划事宜。

（6）负责本单位关口电能计量点设置和变更工作。

（7）负责组织本单位生产经营计划管理人员参与业务培训与经验交流。

（8）负责协调解决本单位生产经营计划管理中存在的问题。

（9）明确生产计划管理岗位，分别配备购售电、线损专职管理人员。

（10）组织开展国网发展部委托的相关工作。

省公司财务资产部是本单位生产经营计划的配合部门，履行以下职责：

（1）负责提供网内发电机组上网电价和新机试运电价、省外购电价等情况。

（2）负责本单位购、售电均价的测算与跟踪分析。

省公司运维检修部是本单位生产经营计划的配合部门，参与本单位线损率计划编制和调整工作，组织研究提出年度技术降损目标建议，参与线损率分析工作。

省公司营销部是本单位生产经营计划的配合部门，履行以下职责：

（1）参与本单位售电量计划建议和调整工作，提出年度售电量预测建议。

（2）参与本单位线损率计划编制和调整工作，研究提出年度管理降损目标建议。参与线损率分析工作。

（3）按月进行本单位售电量及其分类情况，分类售电均价完成情况，新增用户情况，以及业扩报装申请、完成、暂停、销户减容、结存等情况分析。

省公司调控中心是本单位生产经营计划的配合部门，履行以下职责：

（1）参与本单位线损率计划编制和调整工作，提出220千伏及以上电网网损计划建议；按月对网损情况进行分析。

（2）参与本单位跨区跨省交易电量计划编制和调整工作，提供电网年度运行方式和年度停电计划。

（3）参与本单位统调电厂年度发电量计划的编制和调整工作，提供统调机组投产计划和检修计划，负责对发电量计划安排进行安全校核。按月提供统调电厂发电量计划执行情况分析报告。

（4）负责电厂来煤情况的预测和监控工作。

省公司交易中心是本单位生产经营计划的配合部门，履行以下职责：

（1）负责按照本单位年度购电计划，编制月（季）度购电计划，按月进行月度执行情况分析并提供报告。

（2）参与本单位跨区跨省交易电量计划编制和调整工作，负责提供月度执行情况分析报告。

省公司经研院、电科院配合省公司开展生产经营计划管理工作，参与生产经营计划编制、执行情况分析、线损管理和理论计算、专题研究等工作。

3. 地市供电企业

地市供电企业发展策划部是本单位生产经营计划的管理部门，履行以下职责：

（1）负责本单位年度电力市场分析预测工作，作为编制本单位生产经营计划的基础。

（2）负责本单位生产经营计划建议的编制和调整工作，并上报省公司审核。

（3）负责本供电区域内地方电厂发电量、购电量计划建议编制和调整工作，并上报省公司审核。

（4）负责省公司下达的生产经营计划的落实执行。负责本单位生产经营计划分解下达、分析、监督检查、考核考评等工作。按月上报本单位生产经营计划执行情况分析。

地市供电企业财务资产部负责提供地调发电机组上网电价、新机组试运电价，负责售电均价的测算与跟踪分析。

地市供电企业运维检修部参与本单位线损率计划建议的编制和调整工作，组织研究提出年度技术降损目标建议，提出10（20/6）千伏电网线损率计划建议。负责10（20/6）千伏电网线损率月度执行情况分析并提交报告。

地市供电企业营销部是本单位生产经营计划的配合部门，履行以下职责：

（1）参与本单位售电量计划建议的编制和调整工作。按月进行售电量及其分类情况，分类售电均价完成情况，新增用户情况，以及业扩报装申请、完成、暂停、销户减容、结存等情况分析。

（2）参与本单位线损率计划建议的编制和调整工作，协助提出低压电网线损率计划建议，负责低压电网线损率月度执行情况分析并提交报告。

地市供电企业调控中心参与本单位线损率计划建议的编制和调整工作，提出35~110千伏电网网损计划建议，按月对完成情况进行分析并提交报告。

地市供电企业经研所负责配合地市供电企业开展生产经营计划管理、线损管理和理论计算等工作。

4.县供电企业

县供电企业发展建设部是本单位生产经营计划的管理部门，履行以下职责：

（1）负责本单位生产经营计划建议的编制、调整和上报。

（2）执行地市供电企业下达的生产经营计划，按月上报本单位生产经营计划执行情况分析。

县供电企业财务资产部负责提供县调发电机组上网电价、新机组试运电价。

县供电企业运维检修工区参与本单位线损率计划建议的编制和调整，提出10（20/6）千伏电网线损率计划建议。负责10（6）千伏电网线损率月度执行情况分析并提交报告。

县供电企业调控中心参与本单位线损率计划建议的编制和调整工作，提出本单位电网网损计划建议，按月对完成情况进行分析并提交报告。

供电企业营销部参与本单位售电量、线损率计划建议的编制和调整，提出售电量、低压电网线损率计划建议。按月进行本单位售电量及其分类执行情况分析，负责本单位低压电网线损率计划月度执行情况分析并提交报告。

（三）编制原则和内容

生产经营计划的编制原则：

（1）遵循电网安全、稳定、经济运行原则。
（2）符合国家能源产业政策和节能环保政策，体现资源优化配置原则。
（3）公平、公正、公开，维护社会利益与企业利益统一的原则。
（4）科学合理，保证电网电力电量供需平衡原则。

编制生产经营计划的主要依据：
（1）国家有关政策法规和经济发展目标。
（2）公司发展战略和规划。
（3）年度电力市场分析预测报告。

生产经营计划具体包括生产经营计划建议报告及各项指标计划专项报告。

生产经营计划建议报告及各专项指标计划专项报告，包括本年度生产经营计划执行情况，全年计划预计完成情况，计划执行过程中存在的主要问题，影响下年度生产经营计划编制的主要因素分析，下年度生产经营计划指标建议以及保证措施等内容。

电力市场分析预测是编制生产经营计划的基础。通过对国民经济、电力市场供需现状进行分析，总结经济和电力运行特点，密切关注影响电力供需的内外部环境的变化，预测经济运行走势，对电力需求和负荷特性、电力供应能力、电力供需平衡等进行分析预测。

发电量计划：

（1）发电量计划的编制要遵循国家有关能源政策、节能减排政策，以确保电网安全稳定运行为前提，做到节能和效率优先、体现公平。

（2）发电量计划编制应统筹考虑可再生能源、核电、热电联产、综合利用、自备电厂自发自用、新机试运、小火电关停补偿、抽水蓄能电站抽水电量、大用户直接交易及非统调电厂等电量安排。其中，参与大用户直接交易的发电容量不再参与发电量计划安排。

（3）非国家节能发电调度试点应参照节能发电调度原则，全面推行差别发电量计划，即优先安排可再生能源并网发电项目的发电量，其次安排核电机组、非燃煤资源综合利用及以热定电的热电联产机组（供热期）发电，低污染、高效率燃煤发电机组的年利用小时数应明显高于高污染、低效率机组的年利用小时数。

（4）风电、光伏等集中可再生能源电站，参考历史平均利用小时、相关预测安排发电量计划。常规水电机组，参考来水预测、调峰需求及历史运行情况，安排发电量计划。核电机组在考虑年度检修计划和一定的临检率后，安排电量计划。燃煤热电联产机组，按照供热期"以热定电"、非供热期作为常规机组的原则安排发电量计划。

（5）常规燃煤机组按照同类型机组之间年平均利用小时数相当的原则，并考虑机组容量、脱硫、脱硝、空冷、海水冷却等因素，合理安排发电量计划。逐步增加经济调度因素，促进企业改善管理、降低能耗和提高技术水平。

（6）调峰燃气机组、燃油机组、抽水蓄能机组按照满足本地电网调峰需要原则，安排发电量计划。

（7）未获得核准的电厂，原则上不安排发电量计划。

（8）在以上原则的基础上，统筹考虑电网安全稳定运行、输送容量限制、机组检修、电煤供应等因素，对发电量计划进行优化。

（9）各省公司需进一步细化电量安排原则，加大不同容量火电机组发电利用小时数的差异，以更好地体现节能减排。

（10）京津唐电网进行统一电力电量平衡，编制发电量计划。

购电量计划：

（1）购电量计划要以满足电力需求为目标，以贯彻国家能源政策和"三公"调度为基础，以电网安全稳定运行为前提，以优化购电结构为原则进行编制。

（2）购电量计划包括购本电网电厂电量和购外网电量两部分，购电厂电量计划要细化至电厂以及电厂不同容量的机组，购外网电量计划要细化至不同成分。

（3）购本电网电厂电量计划要以发电量计划安排为基础，并考虑电网安全稳定运行、电网经济运行等因素进行优化。

售电量计划：

（1）售电量计划要以电力市场分析预测为基础，以增供扩销为导向，以推动公司售电量稳定增长、不断提高公司市场占有率为目标进行编制。

（2）售电量计划要充分利用模型工具，实现科学编制。分析历年售电量与业扩报装等指标关系，建立分析预测模型，不断提高售电量预测水平。

（3）售电量计划编制要立足于电力市场变化的实际，及时了解重点用户生产计划、用电量预计及自备机组运行情况。

（4）按照国家批准的大用户直接交易方案，将确定的大用户直接交易电量纳入售电量计划。

（5）年度售电量计划要细化分解到售电分类。

线损率计划：

（1）线损率计划要以节能降损为原则，以"技术线损最优、管理线损最小"为目标，综合考虑电网建设和改造、负荷增长情况、电量结构变化、供电营业区划转、加强管理等因素进行编制。

（2）计划编制要做到定性与定量分析相结合，并参考线损理论计算结果，量化分析各种因素对线损率的影响，提出年度降损计划目标。

（3）凡计划编制口径发生重大变化导致线损率异动的，需针对变化因素进行专题研究，量化影响程度，形成研究分析报告，经组织审查通过后，纳入年度计划建议报告。

各省公司发展策划部负责将年度发电量计划初步安排和调整建议汇报给地方政府主管部门，并进行修改完善。按照正式下达的年度发电量计划和调整计划（指导意见、方案）修改相应的年度购电厂电量计划。

（四）编制与调整

生产经营计划按时间可分为年度、月（季）度计划。

年度生产经营计划的编制流程：

（1）每年8月15日前，公司总部启动生产经营计划编制工作，各省公司组织所属地市供电企业开展计划编制工作，有关直属单位组织开展本单位的计划编制工作。

（2）每年8月31日前，地市供电企业在所属县供电企业配合下，完成本单位生产计划编制工作，并将生产经营计划方案提交给省公司。

（3）每年9月15日前，各省公司、有关直属单位提出生产经营计划方案，经总经理办公会组织审议通过后，将平衡优化形成的生产经营计划上报公司总部。

（4）每年10月15日前，国网发展部组织相关部门、单位开展跨国跨区跨省输电量计划编制工作，形成初步计划方案。

（5）每年10月15日前，国网发展部组织召开生产经营计划汇报会，按照公司确定的原则和目标，对各省公司、有关直属单位计划进行审议和初步优化平衡，形成公司生产经营计划方案。

（6）每年11月15日前，各省公司、有关直属单位按照公司初步审议的方案对本单位生产经营计划进行修改完善后，纳入本单位综合计划上报公司总部。

（7）每年11月30日前，生产经营计划方案作为专项计划纳入综合计划草案，经公司党组会审定后随综合计划统一下达。

各级单位根据月（季）度电力市场分析预测情况，结合年度计划，按照部门职能分工，编制生产经营专项指标月（季）度计划，发展部负责统筹平衡，经本单位分管领导审查批准后，统一下达执行。

生产经营计划的调整流程：

（1）计划执行过程中受客观条件发生较大变化或国家政策调整等因素影响，指标实际完成和计划偏差较大，可以申请调整。

（2）生产经营计划指标调整建议由各级单位发展策划部提出，按照综合计划调整流程统一进行调整。

（五）执行与分析

各级单位要加强生产经营计划的严肃性和准确性，确保计划编制合理、执行到位。计划批准下达后，各级单位必须严格执行和管理，认真组织实施，及时协调执行过程中出现的问题，并将计划分解落实、跟踪分析和过程控制当作年度业绩考核的重要内容，确保生产经营计划顺利完成。

各级单位要按照确定的购电厂电量计划和关口电能计量点签订年度购售电合同。

对生产经营计划实行动态管理，各级单位要就各项生产经营指标建立月度重点分析、年（季）度全面分析报告制度。

生产经营计划分析要做到定量与定性分析相结合，以定量分析为主，数据翔实、突出重点，条理清晰，逻辑准确。

月度对出现异动的指标进行重点分析，形成分析报告并经部门领导审核后上报至上级单位。各省公司、直属单位的售电量、发购电量、跨国跨区跨省输电量、公司管理机组发电量分析于次月2日17时前报送总部，线损率分析于次月3日12时前报送总部。地市供电企业及县供电企业参照执行。

各级单位年（季）度对各项指标执行情况进行全面分析，形成分析报告经部门领导审核后于次月15日前上报上级单位。

对于计划执行过程中出现的重大问题，国网发展部将会同相关职能部门和单位，进行专题调查分析，提出措施和建议。

公司总部将不定期组织生产经营计划管理人员进行业务培训，各级单位可根据自身情况开展学习和交流活动。

（六）考核与考评

对生产经营计划进行评价采取考核与考评相结合的方式。售电量、线损率、公司管理机组发电量指标纳入公司企业负责人业绩考核内容，而考核按照公司企业负责人年度业绩考核管理有关规定执行。对未列入企业负责人业绩考核范围的计划指标进行考评，重点考评计划完成偏差率及计划编制准确率、执行及跟踪分析情况、日常管理等。

公司总部于每年第一季度对上年度各省公司、有关直属单位生产经营计划的编制、执行情况、跟踪分析等管理工作进行总结评比和情况通报。

严禁在生产经营计划执行过程中弄虚作假，人为调整统计数据，对于弄虚作假的单位和个人，一经查实，将通报批评。

二、公司规划管理

（一）总则

为贯彻落实公司建设"一强三优"现代公司、实现"两个一流"的发展战略，规范和指导公司规划工作，需按照"大规划"体系建设的总体要求，制定相应办法。

相应办法中所称公司规划是指公司、公司各单位的发展规划，包括总体规划和专项规划。规划期原则上与国民经济五年规划期、国资委提出的滚动规划期相一致。

公司专项规划原则上包括电网、产业、金融、国际化等业务发展规划，以及规划设计、建设、调控运行、检修、营销、人力资源、财务、物资、科技、信息化、企业文化等专业管理规划。

省（自治区、直辖市）电力公司（以下简称"省公司"）专项规划原则上包括电网业务发展规划，以及规划设计、建设、调控运行、检修、营销、人力资源、财务、物资、科技、信息化、企业文化等专业管理规划。公司直属单位专项规划可参照公司专项规划，结合自身业务实际确定。

（二）工作内容

公司总部工作内容：

（1）编制公司总体规划和专项规划并印发。

（2）分解公司各单位规划目标并印发。

（3）评审公司各单位总体规划和专项规划，印发评审意见。

（4）分析公司总体规划和专项规划的执行情况，提出措施建议。

（5）根据公司外部环境和内部条件的重大变化情况，滚动调整公司总体规划和专项规划的目标和重点。

公司各单位工作内容：

（1）编制本单位总体规划和专项规划并上报公司总部。

（2）参加公司总部对本单位规划的评审。

（3）分析本单位总体规划和专项规划的执行情况，提出措施建议，上报公司总部。

（4）按照公司总部要求，根据本单位外部环境和内部条件的重大变化情况，滚动调整本单位总体规划和专项规划的目标和重点，上报公司总部。

（5）印发省公司总体规划和专项规划，组织地市公司落实规划。

（三）职责分工

公司总部规划编制领导小组职责：领导小组负责审定公司规划工作方案，确定规划边界条件和指标体系，审查公司规划目标以及公司各单位规划目标分解方案。

公司总部规划编制工作组职责：负责向领导小组提出公司规划编制工作方案建议、规划边界条件和指标体系建议，以及公司规划目标和公司各单位规划目标分解建议。

国网发展部的职责：

（1）负责公司规划工作的日常管理，组织开展相关工作。

（2）负责组织提出公司规划编制工作方案、规划边界条件和指标体系建议。

（3）组织编制公司总体规划。

（4）组织编制电网发展规划，提出电网投资建议。

（5）组织编制规划设计专业管理规划。

（6）组织对公司各专项规划进行评议，统筹协调各专项规划目标。

（7）组织研究提出公司各单位规划目标分解建议。

（8）负责统一印发公司总体规划、专项规划及公司各单位规划目标分解意见。

（9）组织并会同有关部门评审公司各单位总体规划和专项规划，统一印发评审意见。

（10）负责对公司规划执行情况进行统一归集，提出落实规划的措施建议。

（11）负责统一组织开展公司规划滚动编制工作。

（12）负责组织规划研讨、培训交流。

（13）会同有关部门对公司各单位规划工作进行考评。

（14）负责向国资委统一报送公司规划。

总部相关部门的职责：

（1）参与研究公司规划编制工作方案、公司规划边界条件和指标体系。

（2）参与编制公司总体规划。

（3）负责编制公司各专项规划。统筹协调公司各单位编制相应的专项规划。

《建设专业管理规划》由国网基建部负责编制。

《调控运行专业管理规划》由国调中心负责编制。

《运检专业管理规划》由国网运检部负责编制，其中包括提出生产技术改造投入建议。

《营销专业管理规划》由国网营销部负责编制，其中包括提出营销投入建议。

《财务管理规划》由国网财务部负责编制，其中包括提出规划期电价、利率、税收等边界条件，经营效益指标建议，资金平衡和安排建议。

《金融业务发展规划》由国网财务部负责、国网英大集团配合编制，其中包括提出金融股权投资建议。

《产业发展规划》由国网产业部负责、国网国际部配合编制，其中包括提出产业投入建议。产业部具体负责组织评审有关直属产业单位总体规划和专项规划，具体负责组织对有关直属产业单位规划工作进行考评。

《国际化发展规划》由国网国际部负责、国网产业部配合编制，其中包括提出国际业务发展重点和投资建议。

《人力资源规划》由国网人资部负责编制，提出人力资源管理目标。

《物资管理规划》由国网物资部负责编制，提出物资管理目标。

《科技规划》由国网科技部负责编制，其中包括提出研发投入建议。

《信息化规划》由国网信通部负责编制，其中包括提出信息化投入建议。

《企业文化建设规划》由国网政工部负责编制，提出企业文化建设目标。

国网后勤部负责提出小型基建投资建议：

（1）负责提出公司各单位专项规划目标分解建议。

（2）参与公司总部对公司各单位总体规划和专项规划的评审。

（3）对公司各专项规划执行情况进行分析，提出落实规划的措施建议。

（4）负责滚动编制公司各专项规划。

公司各单位规划编制领导小组职责：负责审定本单位规划工作方案，确定规划边界条件和指标体系，审查规划目标。

公司各单位规划编制工作组职责：负责向领导小组提出本单位规划编制工作方案建议，规划边界条件、指标体系以及规划目标建议。

公司各单位发展部的职责：

（1）负责本单位规划的日常管理，组织开展相关工作。

（2）负责组织提出本单位规划编制工作方案、规划边界条件和指标体系建议。

（3）组织编制本单位总体规划。

（4）组织编制本单位电网发展规划，提出电网投资建议。

（5）组织编制本单位规划设计专业管理规划。

（6）组织对本单位各专项规划进行评议，统筹协调各专项规划目标。

（7）负责向公司总部统一报送本单位总体规划和专项规划。

（8）组织参加公司总部对本单位总体规划和专项规划的评审。

（9）负责对本单位规划执行情况进行统一归集，提出落实规划的措施建议。

（10）负责统一组织开展本单位规划滚动编制工作。

（11）负责统一向地市公司印发省公司总体规划和专项规划，会同相关部门组织地市公司落实规划。

（12）组织承担公司总部要求开展的规划相关工作。

公司各单位相关部门的职责：

（1）参与研究本单位规划编制工作方案、规划边界条件和指标体系。

（2）参与编制本单位总体规划。

（3）参照总部相关部门专项规划编制职责，组织编制本单位各专项规划。

（4）参加总部对本单位总体规划和专项规划的评审。

（5）负责对本单位专项规划的执行情况进行分析，提出落实规划的措施建议。

（6）负责本单位各专项规划的滚动编制。

国网能源院负责承担公司总体规划的具体研究工作，提出规划边界条件、指标体系建议，以及规划目标和公司各单位规划目标分解方案建议。受公司委托，具体组织对公司各单位规划进行评审，提出评审意见建议。

各省公司经研院负责承担各省公司规划具体研究及相关工作。

（四）工作程序

1. 规划编制和评审

规划年 6 月底前，公司总部启动公司规划编制工作。

规划编制工作组组织制定工作方案，提出规划边界条件、指标体系建议，报公司规划编制领导小组审定。

规划年7月—11月，公司总部相关部门组织编制各专项规划（送审稿），国网发展部组织专项规划评议，统筹平衡规划目标。总部相关部门组织修改完成各专项规划（报批稿），国网发展部组织编制完成公司总体规划（报批稿）。总部公司规划编制工作组提出公司规划目标和公司各单位规划目标分解建议。

规划年11月底前，公司规划编制领导小组审查总体规划、专项规划和公司各单位规划目标分解建议，报公司审议。

规划期开始年1月，经公司职工代表大会审议通过后，向公司各单位印发公司总体规划、专项规划和公司各单位规划目标分解意见。

规划期开始年3月底前，公司各单位根据公司要求，参照总部公司规划编制流程，编制完成本单位总体规划（草案）和专项规划（草案），上报公司总部。

规划期开始年4月底前，国网发展部组织相关部门对各单位公司总体规划和专项规划进行评审并印发评审意见。

规划期开始年5月底前，公司各单位将修改完善后的规划上报总部备案。省公司印发本单位总体规划和专项规划，组织地市公司落实规划。

2.规划执行分析和滚动调整

公司总部原则上每年10月组织进行规划执行分析和滚动调整。

次年1月底前，公司各单位对上一年规划执行情况进行分析，上报公司总部，国网发展部组织对上一年公司规划执行情况进行分析。

次年2月底前，总部相关部门提出专项规划滚动调整报告，国网发展部组织完成公司规划滚动调整报告。

次年3月底前，公司规划滚动调整报告报公司审议，通过后上报国资委。

根据公司进行规划滚动调整的时间和内容要求，公司各单位结合规划执行情况，对规划进行滚动调整，报送公司总部备案。省公司向地市公司印发滚动调整规划。

（五）保障措施

公司总部适时组织对公司各单位规划编制、评审、执行分析、滚动调整等工作完成的时间、质量进行考评，并将其纳入公司各单位发展工作考评。

公司总部不定期召开公司规划研讨会或组织培训，就公司规划工作进行交流学习。

公司总部及公司各单位对规划工作予以资金支持。

三、公司业绩评价

（一）总体思路

全面贯彻党的十九届五中全会、全国两会精神，落实国资委考核分配会议要求和公司年度工作会议部署，按照"高站位、高标准、高质量、高效率"要求，坚持问题导向、目标导向、结果导向，坚持"一业为主、四翼齐飞、全要素发力"总体布局，以"四个更加突出"为重点，优化业绩指标体系和考评方式，推动公司高质量发展。

更加突出提质增效，提升效益效率。聚焦经营效益、精准投资、服务质量，提高投入产出效率，促进经营业绩稳定增长。

更加突出绿色发展，推动能源转型。落实"碳达峰、碳中和"行动方案，聚焦能源互联网建设、清洁能源利用、综合能源服务，推进能源生产清洁化、能源利用高效化。

更加突出创新驱动，增强发展动能。深入实施"新跨越行动计划"，聚焦"卡脖子"技术攻关、改革攻坚，提升科技创新和管理创新能力，增强发展后劲。

更加突出风险防范，夯实发展基础。强化底线思维，聚焦大电网安全、金融业务、境外投资等重点领域风险防控，增强抗风险能力，确保稳健经营。

（二）优化内容

1. 优化关键业绩指标体系，全面落实"一体四翼"总体布局

（1）省（自治区、直辖市）电力公司。围绕经营效益、运营效率、绿色发展、创新驱动优化指标设置，引导企业提质增效、提升投入产出效率、保障国家重大战略落地实施，做优做强主导产业，切实履行好经济责任、政治责任、社会责任。指标方面，新增"营业收入利润率""改革创新目标实现率"，提高盈利能力和创新活力；将"资产负债率"调整为"带息负债"，将"职工劳动生产率"调整为"人力资本效率"，降低债务风险、提高人力资源投入产出效率。考核要素方面，新增"电网投资效益""电网资产利用效率""供电＋能效服务""乡村振兴电力发展指数""新兴产业拓展"，提高电网投入产出效率、助推能源清洁低碳转型和美丽乡村建设。优化后指标共设置13项。

（2）金融业务单位。围绕效益效率、服务质量、风险防控优化指标设置，引导企业全面提高支撑度、贡献度、协同度、活跃度、安全度。新增"成本收入比"，取消业务规模指标，防止盲目扩张，提高盈利能力；将"资产负债率"调整为"金融业务杠杆率"，将"风险防控达标率"考核权重由5%调至10%～15%，防范金融风险。优化后各单位指标设置7～9项。

（3）国际业务单位。围绕效益贡献、资产保值增值、风险控制优化指标设置，引导企业统筹利用两个市场两种资源，不断提升国际业务的市场竞争力和风险控制力。新增"境外收益回流目标实现率""合规风险防控达标率"指标，促进境外收益回流和合规经营。将"境外运营资产投资回报率"和"资产保值增值率"考核权重由15%调至20%，提高境外资产收益水平。优化后各单位指标均设置8项。

（4）支撑产业单位。"一企一策"完善考核指标，进一步强化服务支撑能力考核导向，促进企业夯实基础、增强能力，有力支撑公司战略实施。科研单位，新增"卡脖子"

技术攻关、改革创新等指标，提高自主研发能力。装备制造单位，新增"营业收入利润率""两金余额"指标，提高产品附加值和现金流。其他支撑服务单位，新增"改革创新目标实现率""营业收入利润率"指标（不含成本性单位），激发队伍活力、提升经营管理效率。优化后各单位指标设置7～10项。

（5）新兴产业单位。围绕业务模式和体制机制创新优化指标设置，引导企业拓展市场领域、提升核心能力，打造公司发展"新引擎"。新增"新兴业务收入占比""营业收入利润率""改革创新目标实现率"指标，增强盈利能力和创新动力；将平台建设运营指标考核权重由15%调至20%～30%，促进平台化、轻量化发展。优化后各单位指标设置10～11项。

2.优化考评方式和激励约束机制，激发干事创业动力

（1）优化考评方式，促进自我超越。完善关键业绩考评方式，强化自身进步考核，加大同比提升和增量贡献的考核加分权重，引导企业补短板、强弱项、比贡献。强化市场化单位对标考核，建立行业对标数据库，开展"营业收入利润率""净资产收益率"对标考核，引导企业面向市场、争先进位。完善专业工作考评方式。根据公司战略举措和年度重点工作任务，细化考核要求，按照工作质量、贡献大小、规范程度3个维度进行评价打分，不再设置加分事项，引导企业全面落实公司党组决策部署，提高战略执行力。

（2）完善正向激励机制，激发干事创业热情。设立"特殊贡献奖励"常设项目，对在提质增效、科技创新、抗险救灾、重大专项工作中做出突出贡献的领导班子集体、团队进行特殊奖励，同时在工资总额中单列，由各单位根据贡献大小自主分配，激励广大干部员工攻坚克难、担当作为。

（3）强化安全工作考核，筑牢风险底线。增设"负有连带责任的人身伤亡事故"扣分指标，守住安全生命线。对未完成电费回收目标、两金压控任务的单位进行扣分，防范经营风险。

（三）工作要求

1.提高认识，准确把握考核导向

优化后的考核指标体系突出了"高站位、高标准、高质量、高效率"，是公司战略目标落地和全面完成国资委考核任务的重要抓手，各单位党委要认真学习研究，全面准确把握考核内容和考核导向，将本单位的工作重心统一到公司改革发展大局上来，抓重点、补短板、创业绩。

2.全面分解，压实考核责任

各单位要层层分解落实考核目标和考核责任，优化所属企业负责人业绩考核指标体系，突出投入产出效率和价值贡献。要建立推广内部模拟市场考核机制，划小效益核算单

元，用好增量工资，绩效工资依据考核结果和模拟效益贡献核定，进一步增强激励约束作用，充分调动各级组织、员工的工作积极性，确保完成企业整体经营目标。

3.强化督导，持续提升经营业绩

各单位要坚持绩效改进例会制度，优化完善业绩看板，设立季度预控目标，定期跟踪分析关键指标执行情况，对进度较慢、质量较差的企业及时进行预警和督导，促进基层单位比干劲、比进度、比成效、抓改进，持续提升业绩贡献。

第二节 电力市场交易

一、电力市场分析预测

（一）总则

为加强公司电力市场分析预测管理，建立科学有效的电力市场分析预测工作管理体系，落实工作责任，提高公司电力市场分析预测的科学性、准确性、前瞻性和权威性，为公司规划、计划和经营决策提供依据，为政府和社会提供有效信息，需制定相应规定。

电力市场分析预测是指对国民经济、电力供需现状进行分析，总结经济运行和电力供需特点，分析影响电力供需的内外部环境变化，对报告期内的经济发展、电力需求、负荷特性、电力供应能力、电力供需平衡等进行分析预测。

电力市场分析预测管理包括建立电力市场分析预测工作体系、制定分析预测管理规定和标准、明确分析预测内容深度要求以及组织开展分析预测、报告编制、会商、核（批）准、上报、发布等工作。

（二）工作内容

电力市场分析预测工作包括月（季）度、年度、长期电力市场分析预测以及专题研究等工作。年度电力市场分析预测工作按照开展时间分为春季、秋季电力市场分析预测。

月（季）度电力市场分析预测主要对上月（季）主要经济指标和电力供需情况进行分析，对本月（季）电力供需形势进行预测。每月（季度初月）9日前完成月（季）度电力市场分析预测报告。

春季电力市场分析预测主要对上年度国民经济和电力供需情况进行回顾，对本年度

1—4月国民经济和电力供需状况进行分析，对影响电力供需的主要因素进行分析，在对后期经济发展走势进行分析的基础上，分别对迎峰度夏期间电力供需形势和全年电力供需形势进行分析预测。每年5月中旬完成电力市场分析预测春季报告。

秋季电力市场分析预测主要对本年度1—10月国民经济和电力供需状况及特点进行全面总结，对影响电力供需的主要因素进行分析，对本年度及下年度的经济发展态势和电力供需状况进行全面分析预测，并展望后两年的经济发展与电力供需状况。每年11月中旬完成电力市场分析预测秋季报告。

长期电力市场分析预测主要对未来5～15年及15年以上按各水平年进行电力供需预测分析。根据需要不定期完成。

电力市场分析预测专题研究主要针对地区负荷特性、市场热点问题或突发事件对电力市场的影响进行全面分析，并就其对后一阶段电力市场的影响进行预测。

（三）职责分工

1.总部

国网发展部是公司电力市场分析预测工作的管理部门，履行以下职责：

（1）落实执行公司有关决策部署，对国家电网公司电力市场分析预测工作进行统一管理。

（2）制定公司电力市场分析预测工作管理规定。

（3）组织收集国民经济和社会发展数据、能源发展规划，调查和收集有关产业、行业的重要信息及资料。

（4）组织开展年度（春季、秋季）、中长期电力市场分析预测工作，向公司领导提交电力市场分析预测报告，定期向国家有关部门报送电力市场分析预测报告。

（5）组织评审各级单位电力市场分析预测报告。

（6）组织开展电力市场调查和重点专题研究工作。

（7）组织研究和推荐电力市场分析预测方法、模型。

（8）负责公司电力市场分析预测有关的信息化建设。

（9）组织开展电力市场分析预测管理人员业务培训与经验交流活动，组织开展与相关研究机构、行业协会等的交流和合作。

（10）负责协调解决电力市场分析预测管理中存在的问题。

国网营销部参与年度电力市场分析预测工作，负责提供业扩报装、售电量结构特点、重点行业和用户用电、自备电厂等情况及其发展趋势分析，参与年度电力市场分析预测报告的评审工作；负责月（季）度电力销售市场分析预测工作。

国调中心参与年度电力市场分析预测工作，负责进行公司经营区域调度发受电负荷和电量预测，提供电网运行、检修安排、电煤供应预测等有关数据信息，参与电力市场分析预测报告的评审工作。

国网交易中心参与年度电力市场分析预测工作，负责提出跨区跨省交易电量执行情况，参与电力市场分析预测报告的评审工作。

公司分部协助总部开展区域电力市场分析预测工作，组织开展区域电力市场调查和重点专题研究，协助评审区域内各省级公司电力市场分析预测报告，组织本区域电力市场分析预测工作交流。

国网能源研究院负责协助公司总部开展电力市场分析预测相关研究工作，参与电力市场分析预测报告的编制和评审工作，参与电力市场调查和重点专题研究工作，参与公司系统电力市场分析预测有关的信息化建设。

2. 省公司

省公司发展策划部是本单位电力市场分析预测工作的管理部门，履行以下职责：

（1）落实执行公司电力市场分析预测管理规定，对本单位电力市场分析预测进行统一管理。

（2）组织收集本地区国民经济和社会发展数据、能源发展规划，调查和收集有关产业、行业的重要信息及资料。

（3）组织开展本单位电力市场分析预测工作，组织评审地市供电企业电力市场分析预测报告，定期向公司和政府有关部门报送电力市场分析预测报告。

（4）组织开展本地区电力市场调查和专题研究。

（5）组织开展本单位电力市场分析预测管理人员业务培训与经验交流活动。

（6）参与公司系统电力市场分析预测有关的信息化建设。

省公司营销部参与年度电力市场分析预测工作，负责提供业扩报装、售电量结构特点、重点行业和用户用电、自备电厂等情况及其发展趋势分析，参与本单位电力市场分析预测报告的评审工作；负责本单位月（季）度电力市场分析预测工作。

省公司调控中心参与年度电力市场分析预测工作，提供统调电源投产、退役情况和电网运行等信息，参与本单位电力市场分析预测报告的评审工作。

省公司交易中心参与年度电力市场分析预测工作，负责提供本地区电煤供应预测、跨区跨省交易电量执行情况，参与本单位电力市场分析预测报告的评审工作。

省公司电力经济技术研究院负责协助开展电力市场分析预测相关研究工作，参与电力市场分析预测报告的编制和评审工作，参与电力市场调查和重点专题研究工作，参与电力市场分析预测有关的信息化建设。

3. 地市供电企业

地市供电企业发展策划部是本单位电力市场分析预测工作的管理部门，履行以下职责：

（1）负责本单位电力市场分析预测工作，定期向省公司上报电力市场分析预测报告。

（2）组织收集本地区国民经济和社会发展、能源发展规划相关数据，调查和收集有关产业、行业的重要信息及资料。

（3）组织开展本地区电力市场调查和专题研究工作。

（4）参与公司系统电力市场分析预测有关的信息化建设。

地市供电企业营销部（客户服务中心）参与年度电力市场分析预测工作，负责提供业扩报装、售电量结构特点、重点行业和用户用电、自备电厂等情况及其发展趋势分析，提出年度用电量预测建议；负责月（季）度电力市场分析预测工作。

地市供电企业调控中心参与年度电力市场分析预测工作，负责进行本地区调度发受负荷和电量预测，提供电网运行数据信息。

地市供电企业电力经济技术研究所负责配合地市供电企业开展电力市场分析预测和专题研究工作。

4.县供电企业

县供电企业发展建设部是本单位电力市场分析预测工作的管理部门，履行以下职责：

（1）负责本地区电力需求分析预测工作，定期向地市公司上报电力需求分析预测报告。

（2）组织收集本地区经济和社会发展、能源发展规划、重点产业、重点用户的信息及资料。

（3）组织开展本地区电力市场调查和专题研究工作。

县供电企业客户服务中心负责提供业扩报装、售电量结构特点、重点用户用电等情况及其发展趋势分析。

县供电企业调控中心参与年度电力市场分析预测工作，负责进行本地区调度发受负荷和电量预测，提供电网运行数据信息。

（四）工作程序

电力市场分析预测报告实行会商、核（批）准、上报和发布制度。

各级单位电力市场分析预测报告完成后，邀请相关部门、科研机构和电力市场专家会商，修改完善后，再履行有关报批手续。

各级单位电力市场分析预测报告完成后，经本单位主管领导审核批准后，正式行文上报上级单位。

公司各期电力市场分析预测报告经公司（主管）领导批准后，正式上报国家有关部门。之后，各级单位电力市场分析预测报告方可正式上报本地区政府有关部门。

公司总部将电力市场分析预测报告上报国家有关部门后，可召开发布会或在公开刊物上发布电力供需状况信息。之后，其他单位可在公开刊物上或召开发布会，发布本地区电力供需状况信息。

（五）工作要求

各级单位要与政府有关部门、发电企业、主要用电单位、社会研究机构、行业协会等建立固定的信息交流渠道。

各级单位按照工作要求和上报时间进度，及时将各期电力市场分析预测报告和数据上报公司。

各级单位根据本地区特点，不定期组织开展电力市场调研和重点专题调查研究工作，及时将调研报告及结论上报公司。

电力市场分析预测管理部门要明确电力市场分析预测管理岗位，配备专职人员，其他部门应设有专职或兼职人员负责电力市场分析预测管理有关工作。

电力市场分析预测工作人员应保持相对稳定，以利于工作人员积累经验和资料，提高工作质量和水平。电力市场分析预测人员应熟悉国家有关经济政策和产业政策，具有一定的宏观分析能力和调查能力，具有初级（中级）工程师（经济师）或以上职称。

公司和各级单位不定期组织和举办电力市场分析预测专题研讨会和业务培训班，加强学习，不断提高电力市场分析预测人员的素质和业务水平。

公司及各级单位应为电力市场分析预测工作配置必备的硬、软件设备和其他必要装置。

公司及各级单位应在资金预算中专列电力市场分析预测工作经费，保证电力市场分析预测工作的顺利开展。

按照国家法律和公司内部规定，公司及各级单位应加强对电力市场分析预测数据库信息和相关资料的保管、保密工作。公司及各级单位要对电力市场分析预测数据库信息、相关资料和委托中介机构完成的研究报告（含相关资料）拥有知识产权。

（六）考评

公司遵循公开、公平、公正的原则，对各级单位电力市场分析预测工作进行考评。

考评工作每年进行一次，结果分为优秀、良好、合格、不合格四个等级，评为为优秀的单位不超过总数的30%。

考评结果在次年一季度发文通报，对电力市场分析预测工作优秀的单位进行表扬，对不合格的单位予以通报批评。

二、电力市场供需分析

（一）总则

为加强公司电力市场供需分析管理，建立科学有效的电力市场供需分析工作管理体系，提高公司电力市场供需分析预测的科学性、准确性、前瞻性和权威性，为公司规划计划和经营决策提供依据，制定本规定。

电力市场供需分析是对国民经济、电力市场供需现状进行分析，总结经济运行和电力市场供需特点，分析影响电力市场供需的内外部环境变化，对报告期内的经济发展、电力需求、负荷特性、电力供应能力、电力电量平衡等进行分析预测。

电力市场供需分析管理包括建立电力市场供需分析预测工作体系、制定管理规定和标准、明确分析预测报告内容深度要求以及组织开展分析预测报告编制、报送、评审、发布等工作。

电力市场供需分析管理应坚持统一管理、分工负责、协同合作的原则。

（二）职责分工

1. 总部

国网发展部是公司电力市场供需分析预测工作的归口管理部门，履行以下职责：

（1）落实公司要求，对电力市场供需分析工作进行统一管理。

（2）负责制定公司电力市场供需分析工作管理规定。

（3）负责组织收集国民经济和社会发展、能源发展规划、电源项目建设和投产进度相关数据，调查和收集有关产业、行业的重要信息及资料。

（4）负责全社会口径用电量、用电负荷的分析预测。

（5）负责组织开展月度、季度、年度（春季、秋季）、长期、专题研究等电力市场供需分析工作，编制电力市场供需分析预测报告。

（6）负责组织评审区域和各省电力市场供需分析预测报告。

（7）负责发布公司电力市场供需分析预测研究成果。

（8）负责组织开展市场调研和重点专题研究工作。

（9）负责组织电力市场供需分析业务培训与经验交流，开展与相关研究机构、行业协会等的交流和合作。

（10）负责协调解决电力市场供需分析管理中存在的问题。

（11）负责公司电力市场供需分析信息化建设。

国网营销部参与电力市场供需分析工作，负责提供业扩报装、重点行业和用户用电、自备电厂、电能替代、需求侧管理等有关数据，并进行分析。

国调中心参与电力市场供需分析工作，负责提供调度口径用电量和用电负荷预测数据，负责提供跨区跨省通道输送能力、电网阻塞情况、发电设备检修计划、受阻容量、拉限电、电煤燃料供应等有关信息。

公司分部负责开展本区域电力市场供需分析工作，组织开展本区域市场调研和重点专题研究工作，组织审查区域内各省电力市场供需分析预测报告，组织本区域电力市场供需分析预测工作交流。

国网能源研究院负责开展电力市场供需分析相关研究工作，协助总部编制电力市场供需分析预测报告，参与电力市场供需分析预测报告评审工作，参与市场调研和重点专题研究工作，参与公司电力市场供需分析信息化建设。

2. 省公司

省公司发展部是本单位电力市场供需分析预测工作的管理部门，履行以下职责：

（1）落实公司电力市场供需分析预测管理规定，负责本单位电力市场供需分析预测归口管理。

（2）负责组织收集本省（市）国民经济和社会发展、能源发展规划、电源项目建设和投产进度相关数据，调查和收集有关产业、行业的重要信息及资料。

（3）负责全社会口径用电量、用电负荷的分析预测。

（4）负责组织开展月度、季度、年度（春季、秋季）、长期、专题研究等电力市场供需分析工作，编制电力市场供需分析预测报告。

（5）负责组织评审地级供电企业电力市场供需分析预测报告。

（6）负责组织开展本地区市场调研和专题研究工作。

（7）负责组织本单位电力市场供需分析业务培训与经验交流。

（8）参与公司电力市场供需分析预测信息化建设。

省公司营销部参与电力市场供需分析工作，负责提供业扩报装、重点行业和用户用电、自备电厂、电能替代、需求侧管理等有关数据，并进行分析。

省公司调控中心参与电力市场供需分析工作，负责调度口径用电量和用电负荷分析预测，提供省内重要断面输送能力、电网阻塞情况、发电设备检修计划、受阻容量、拉限电、电煤燃气供应等有关信息。

省公司经济技术研究院负责开展电力市场供需分析相关研究工作，协助省公司编制电力市场供需分析预测报告，参与电力市场供需分析预测报告的评审工作，参与市场调研和重点专题研究工作。

3. 地级供电企业

地级供电企业发展部是本单位电力市场供需分析预测工作的管理部门，履行以下职责：

（1）负责组织收集本地区国民经济、社会发展和能源发展规划等相关数据，调查和收集有关产业、行业以及地区非统调电厂项目建设与投产进度等的重要信息及资料。

（2）负责本地区全社会口径用电量、用电负荷分析预测。

（3）负责组织开展本单位电力市场供需分析工作，定期向省公司报送电力市场供需分析预测报告。

（4）负责组织开展本地区市场调研和专题研究工作。

地级供电企业营销部参与电力市场供需分析预测工作，负责提供业扩报装、重点行业和用户用电、自备电厂、分布式电源、需求侧管理、电能替代等有关数据及分析。

地级供电企业调控中心参与电力市场供需分析预测工作，负责提供本地区调度口径用电量和用电负荷预测数据，负责提供电网运行有关数据及分析。

地级经济技术研究所配合地级供电企业开展电力市场供需分析预测和专题研究工作。

4.县级供电企业

县级供电企业发展建设部是本单位电力市场供需分析工作的管理部门，履行以下职责：

（1）负责本地区电力供需分析工作。

（2）组织收集本地区经济和社会发展、能源发展规划、重点产业、重点用户的信息及资料。

（3）组织开展本地区市场调研和专题研究工作。

县级供电企业营销部参与电力市场供需分析工作，负责提供业扩报装、重点行业和用户用电、自备电厂、分布式电源、需求侧管理、电能替代等有关数据及分析。

县级供电企业调控分中心参与电力市场供需分析工作，负责提供本地区调度口径用电量和用电负荷预测数据，提供电网运行有关数据及分析。

（三）工作内容

电力市场供需分析工作包括月度、季度、年度、长期电力市场供需分析以及专题研究等工作。年度电力市场供需分析工作按照开展时间分为春季、秋季电力市场供需分析。

月度电力市场供需分析主要对上月主要经济指标和电力市场供需情况进行分析，对本月电力市场供需进行预测。每月10日前，完成月度电力市场供需分析预测报告。

季度电力市场供需分析主要对上季度主要经济指标和电力市场供需情况进行分析，对本季度电力市场供需进行预测。每季度初月10日前，完成季度电力市场供需分析预测报告。

春季电力市场供需分析主要对上年度国民经济和电力市场供需情况进行回顾，对本年度1—3月国民经济和电力市场供需状况进行分析，对影响电力市场供需的主要因素进行分析，同时在对后期经济发展走势进行分析的基础上，分别对迎峰度夏期间和全年电力市场供需进行分析预测。每年4月下旬前，完成电力市场供需分析预测春季报告。

秋季电力市场供需分析主要对本年度1—9月国民经济和电力市场供需状况及特点进行全面总结，对影响电力市场供需的主要因素进行分析，对本年度及下年度的经济发展态势和电力市场供需状况进行全面分析预测，并展望后两年的经济发展与电力市场供需状况。每年10月中旬，完成电力市场供需分析预测秋季报告。

结合电力电量需求预测和供应能力分析情况，进行电力电量平衡分析，提出平衡保

◎ 综合计划、投资管理及生产经营专业培训教材

障应对措施，作为春、秋季电力市场供需平衡分析报告的主要结论之一。

长期电力市场供需分析预测主要对未来 5～15 年及 15 年以上按各水平年进行电力供需预测分析。

电力市场供需分析专题研究主要针对地区负荷特性、市场热点问题、突发事件等对电力市场供需的影响进行全面分析，并对后一阶段电力市场供需影响进行预测。

（四）工作要求

各级单位按照工作要求和报送时间进度，及时将电力市场供需分析预测报告报送上级单位。

公司电力市场供需分析预测报告经公司领导批准后，相关单位可在公开刊物上或召开发布会，发布本地区电力市场供需状况信息。

各级单位根据本地区特点，不定期组织开展电力市场供需调研和重点专题调查研究工作，及时将调研报告及结论报送公司。

电力市场供需分析管理部门要明确电力市场供需分析岗位，配备专职人员。电力市场供需分析工作人员应熟悉国家有关经济政策和产业政策，具有一定的宏观分析能力和调查能力。

公司和各级单位不定期组织和举办电力市场供需分析预测专题研讨会和业务培训班，加强学习，不断提高电力市场供需分析预测人员的素质和业务水平。

按照国家法律和公司内部规定，公司及各级单位应加强对电力市场供需分析预测数据库信息和相关资料的保管工作。

根据工作需要，公司总部对各单位电力市场供需分析工作进行考评，结果分为优秀、良好、合格、不合格四个等级。考评结果发文通报，对工作优秀单位进行表扬，对不合格单位予以批评。

三、电力市场建设

（一）总体要求和实施路径

1. 总体要求

遵循市场经济基本规律和电力工业运行客观规律，积极培育市场主体，坚持节能减排，建立公平、规范、高效的电力交易平台，引入市场竞争，打破市场壁垒，无歧视开放电网。具备条件的地区逐步建立以中长期交易为主、现货交易为补充的市场化电力电量平衡机制；逐步建立以中长期交易规避风险，以现货市场发现价格，交易品种齐全、功能完善的电力市场。在全国范围内逐步形成竞争充分、开放有序、健康发展的市场体系。

2.实施路径

有序放开发用电计划、竞争性环节电价，不断扩大参与直接交易的市场主体范围和电量规模，逐步建立市场化的跨省跨区电力交易机制。选择具备条件地区开展试点，建成包括中长期和现货市场等在内的较为完整的电力市场；总结经验、完善机制、丰富品种，视情况扩大试点范围；逐步建立符合国情的电力市场体系。

非试点地区按照《关于有序放开发用电计划的实施意见》开展市场化交易。试点地区可根据本地实际情况，另行制定有序放开发用电计划的路径。零售市场按照《关于推进售电侧改革的实施意见》开展市场化交易。

（二）建设目标

1.电力市场构成

电力市场主要由中长期市场和现货市场构成。中长期市场主要开展多年、年、季、月、周等日以上电能量交易和可中断负荷、调压等辅助服务交易。现货市场主要开展日前、日内、实时电能量交易和备用、调频等辅助服务交易。条件成熟时，探索开展容量市场、电力期货和衍生品等交易。

2.市场模式分类

市场模式主要分为分散式和集中式两类。其中，分散式是主要以中长期实物合同为基础，发用双方在日前阶段自行确定日发用电曲线，偏差电量通过日前、实时平衡交易进行调节的电力市场模式；集中式是主要以中长期差价合同管理市场风险，配合现货交易采用全电量集中竞价的电力市场模式。

各地应根据地区电力资源、负荷特性、电网结构等因素，结合经济社会发展实际选择电力市场建设模式。为保障市场健康发展和有效融合，电力市场建设应在市场总体框架、交易基本规则等方面保持基本一致。

3.电力市场体系

区域和省（区、市）电力市场之间不分级别。区域电力市场包括在全国较大范围内和一定范围内资源优化配置的两类电力市场。其中，在全国较大范围内资源优化配置的功能主要通过北京电力交易中心（依托国家电网公司组建）、广州电力交易中心（依托南方电网公司组建）实现，并推动国家计划、地方政府协议落实，促进市场化跨省跨区交易；一定范围内资源优化配置的功能主要通过中长期交易、现货交易，在相应区域电力市场实现。省（区、市）电力市场主要开展省（区、市）内中长期交易、现货交易。同一地域内不重复设置开展现货交易的电力市场。

（三）主要任务

1. 组建相对独立的电力交易机构

按照政府批准的章程和规则，组建电力交易机构，为电力交易提供服务。

2. 搭建电力市场交易技术支持系统

满足中长期、现货市场运行和市场监管要求，遵循国家明确的基本交易规则和主要技术标准，实行统一标准、统一接口。

3. 建立优先购电、优先发电制度

保障公益性、调节性发用电优先购电、优先发电，坚持清洁能源优先上网，加大节能减排力度，并在保障供需平衡的前提下，逐步形成以市场为主的电力电量平衡机制。

4. 建立相对稳定的中长期交易机制

鼓励市场主体直接交易，自行协商签订合同，或通过交易机构提供的集中竞价交易平台签订合同。关于可中断负荷、调压等辅助服务，可签订中长期交易合同。允许按照市场规则转让或者调整交易合同。

5. 完善跨省跨区电力交易机制

以中长期交易为主、临时交易为补充，鼓励发电企业、电力用户、售电主体等通过竞争方式进行跨省跨区买卖电活动。跨省跨区送受电中的国家计划、地方政府协议送电量优先发电，承担相应辅助服务义务，其他跨省跨区送受电参与电力市场。

6. 建立有效竞争的现货交易机制

不同电力市场模式下，均应在保证安全、高效、环保的基础上，按成本最小原则建立现货交易机制，发现价格，引导用户合理用电，促进发电机组最大限度发挥调节作用。

7. 建立辅助服务交易机制

按照"谁受益、谁承担"的原则，建立电力用户参与的辅助服务分担共享机制，积极开展跨省跨区辅助服务交易。在现货市场开展备用、调频等辅助服务交易，在中长期市场开展可中断负荷、调压等辅助服务交易。用户可以结合自身负荷特性，自愿选择与发电企业或电网企业签订保供电协议、可中断负荷协议等，约定各自的辅助服务权利与义务。

8. 形成促进可再生能源利用的市场机制

规划内的可再生能源优先发电，优先发电合同可转让，鼓励可再生能源参与电力市场，鼓励跨省跨区消纳可再生能源。

9. 建立市场风险防范机制

不断完善市场操纵力评价标准，加强对市场操纵力的预防与监管。加强调度管理，提高电力设备管理水平，确保市场在电力电量平衡基础上正常运行。

（四）市场主体

1. 市场主体的范围

市场主体包括各类发电企业、供电企业（含地方电网、趸售县、高新产业园区和经济技术开发区等）、售电企业和电力用户等。各类市场主体均应满足国家节能减排和环保要求，符合产业政策要求，并在交易机构注册。参与跨省跨区交易时，可在任何一方所在地交易平台参与交易，也可委托第三方代理。现货市场启动前，电网企业可参加跨省跨区交易。

2. 发电企业和用户的基本条件

（1）参与市场交易的发电企业，其项目应符合国家规定，同时单位能耗、环保排放、并网安全应达到国家和行业标准。新核准的发电机组原则上参与电力市场交易。

（2）参与市场交易的用户应为接入电压在一定电压等级以上，容量和用电量较大的电力用户。新增工业用户原则上应进入市场交易。符合准入条件的用户选择进入市场后，应全部电量参与市场交易，不再按政府定价购电。对于符合准入条件但未选择参与直接交易或向售电企业购电的用户，由所在地供电企业提供保底服务并按政府定价购电。用户选择进入市场后，在一定周期内不可退出。适时取消目录电价中相应用户类别的政府定价。

（五）市场运行

1. 交易组织实施

电力交易、调度机构负责市场运行组织工作，及时发布市场信息，组织市场交易，根据交易结果制定交易计划。

2. 中长期交易电能量合同的形成

交易各方根据优先购电发电、直接交易（双边或集中撮合）等交易结果，签订中长期交易合同。其中，分散式市场以签订实物合同为主，集中式市场以签订差价合同为主。

3. 日前发电计划

分散式市场，次日发电计划由交易双方约定的次日发用电曲线、优先购电发电合同分解发用电曲线和现货市场形成的偏差调整曲线叠加形成。集中式市场，次日发电计划由发电企业、用户和售电主体通过现货市场竞价确定次日全部发用电量和发用电曲线形成。日前发电计划编制过程中，应考虑辅助服务与电能量统一出清、统一安排。

4. 日内发电计划

分散式市场以5～15分钟为周期开展偏差调整竞价，竞价模式为部分电量竞价，优化结果为竞价周期内的发电偏差调整曲线、电量调整结算价格、辅助服务容量、辅助服务价格等。集中式市场以5～15分钟为周期进行竞价，竞价模式为全电量竞价，优化结果为竞价周期内的发电曲线、结算价格、辅助服务容量、辅助服务价格等。

5. 竞争性环节电价形成

初期主要实行单一电量电价。现货市场主体竞价形成分时电价，而根据地区实际可采用区域电价或节点边际电价。为有效规避市场风险，可对现货市场以及集中撮合的中长期交易实施最高限价和最低限价。

6. 市场结算

交易机构根据市场主体签订的交易合同及现货平台集中交易结果和执行结果，出具电量电费、辅助服务费及输电服务费等结算依据。建立保障电费结算的风险防范机制。

7. 安全校核

市场出清应考虑全网安全约束。电力调度机构负责安全校核，并按时向规定机构提供市场所需的安全校核数据。

8. 阻塞管理

电力调度机构应按规定公布电网输送能力及相关信息，负责预测和检测可能出现的阻塞问题，并通过市场机制进行必要的阻塞管理。因阻塞管理产生的盈利或费用按责任分担。

9. 应急处置

当系统发生紧急事故时，电力调度机构应按安全第一的原则处理事故，无需考虑经济性。由此带来的成本由相关责任主体承担，责任主体不明的由市场主体共同分担。当面临严重供不应求情况时，政府有关部门可依照相关规定和程序暂停市场交易，组织实施有序用电方案。当出现重大自然灾害、突发事件时，政府有关部门、国家能源局及其派出机构可依照相关规定和程序暂停市场交易，临时实施发用电计划管理。当市场运营规则不适应电力市场交易需要，电力市场运营所必需的软硬件条件发生重大故障导致交易长时间无法进行，以及电力市场交易中出现恶意串通操纵行为并严重影响交易结果时，国家能源局及其派出机构可依照相关规定和程序暂停市场交易。

10. 市场监管

切实加强电力行业及相关领域科学监管，完善电力监管组织体系，创新监管措施和手段。充分发挥和加强国家能源局及其派出机构在电力市场监管方面的作用。国家能源局依法组织制定电力市场规划、市场规则、市场监管办法，会同地方政府对区域电力市场及区域电力交易机构实施监管；国家能源局派出机构和地方政府电力管理部门根据职能依法履行省（区、市）电力监管职责，对市场主体有关市场操纵力、公平竞争、电网公平开放、交易行为等情况实施监管，对电力交易机构和电力调度机构执行市场规则的情况实施监管。

（六）信用体系建设

1. 建立完善市场主体信用评价制度

开展电力市场交易信用信息系统和信用评价体系建设工作。针对发电企业、供电企业、售电企业和电力用户等不同市场主体建立信用评价指标体系。建立企业法人及其负责人、从业人员信用记录，将其纳入统一的信息平台，使各类企业的信用状况透明，可追溯、可核查。

2. 建立完善市场主体年度信息公示制度

推动市场主体信息披露规范化、制度化、程序化，在指定网站按照指定格式定期发布信息，接受市场主体的监督和政府部门的监管。

3. 建立健全守信激励和失信惩戒机制

加大监管力度，对于不履约、欠费、滥用市场操纵力、不良交易行为、电网歧视、未按规定披露信息等失信行为，要进行市场内部曝光，对有不守信行为的市场主体，要予以警告。建立并完善黑名单制度，严重失信行为直接纳入不良信用记录，并向社会公示，而对于严重失信且拒不整改、影响电力安全的，必要时可实施限制交易行为或强制退出，并纳入国家联合惩戒体系。

（七）组织实施

在电力体制改革工作小组的领导下，国家发展改革委、工业和信息化部、财政部、国资委、国家能源局等有关部门，充分发挥部门联合工作机制作用，组织协调发电企业、电网企业和电力用户，通过联合工作组等方式，切实做好电力市场建设试点工作。

1. 市场筹建

由电力体制改革工作小组根据电力体制改革的精神，制定区域交易机构设置的有关原则，由国家发展改革委、国家能源局会同有关省（区、市），拟定区域市场试点方案；省级人民政府确定牵头部门并提出省（区、市）市场试点方案。试点方案经国家发展改革委、国家能源局组织专家论证后，修改完善并组织实施。

试点地区应建立领导小组和专项工作组，做好试点准备工作。根据实际情况选择市场模式，选取组建区域交易机构或省（区、市）交易机构，完成电力市场（含中长期市场和现货市场）框架方案设计、交易规则和技术支持系统基本规范制定，以及电力市场技术支持系统建设工作，并探索通过电力市场落实优先购电、优先发电的途径。适时启动电力市场试点模拟运行和试运行，开展输电阻塞管理工作。加强对市场运行情况的跟踪了解和分析，及时修订完善有关规则、技术规范。

2. 规范完善

一是对比分析不同试点面临的问题和取得的经验，对不同市场模式进行评估，分析适用性及资源配置效率，完善电力市场。

二是继续放开发用电计划，进一步放开跨省跨区送受电，发挥市场机制调节资源配置的作用。

三是视情况扩大试点范围，逐步开放融合。满足条件的地区，可试点输电权交易。长期发电容量存在短缺风险的地区，可探索建设容量市场。

3. 推广融合

一是在试点地区建立规范、健全的电力市场体系，在其他具备条件的地区，完善推广电力市场体系。进一步放开竞争性环节电价，在具备条件的地区取消销售电价和上网电价的政府定价；进一步放开发用电计划，并完善应急保障机制。

二是研究提出促进全国范围内市场融合方案并推动实施，实现不同市场互联互通，在全国范围内形成竞争充分、开放有序、健康发展的市场体系。

三是探索在全国建立统一的电力期货、衍生品市场。

四、电力现货市场建设

（一）总体要求

以习近平新时代中国特色社会主义思想为指导，全面贯彻党的十九大和十九届二中、三中、四中、五中全会精神，认真落实中央财经委第九次会议有关深化电力体制改革、构建以新能源为主体的新型电力系统部署。充分发挥市场在资源配置中的决定性作用，更好地发挥政府作用，在确保电力系统安全稳定运行和电力可靠供应的基础上，积极稳妥地推进电力市场建设，加快建立完善有利于风电、光伏等新能源发展消纳的市场规则与机制。

（二）有序进行现货试点结算试运行

第一批现货试点地区按照积极稳妥、安全第一的原则，尽快明确2021年结算试运行计划，给予市场稳定预期。具备条件的试点地区在按季度连续结算试运行基础上，可探索长周期不间断结算试运行。其他试点地区在不同季节、不同供需情况下进行多时段、多频次短期结算试运行，在结算试运行中积累数据和经验、边发现问题边完善，争取到2021年底进行不间断结算试运行。

（三）积极稳妥地扩大现货试点范围

根据地方政府意愿和前期工作进展，同时结合各地电力供需形势、网源结构和市场化程度等条件，拟在第一批现货试点基础上，选择辽宁省、上海市、江苏省、安徽省、河南省、湖北省作为第二批现货试点。上海市、江苏省、安徽省现货市场建设应加强与长三角区域市场的统筹与协调。支持开设南方区域电力市场试点，加快研究京津冀电力现货市场建设、长三角区域电力市场建设的具体方案。

（四）明确现货试点改革探索的主要任务

第二批现货试点地区认真组织借鉴浙江、广东、山东、山西等第一批现货试点地区的经验，加快开展电力市场建设方案及规则体系的编制和完善工作。第一批现货试点地区在充分总结结算试运行经验和问题的基础上，持续完善规则设计。

1. 合理确定电力现货市场主体范围

现货市场主体范围应涵盖发电企业、售电企业和直接参与电力现货交易的用户等。稳妥、有序地放开优先发电计划，推动发电企业参与电力现货交易，逐步形成准确的市场价格信号。

2. 推动用户侧参与现货市场结算

第二批现货试点地区应按照用户侧参与现货市场结算设计方案。用户侧暂未参与现货市场的第一批现货试点地区应加快推动用户侧有序、有限、有条件地进入现货市场，把现货市场价格传导至用户侧。电力用户可选择直接参与或由售电公司代理参与中长期、现货市场。各地应明确参与电力现货市场用户的基本条件，在此基础上自行确定参与现货交易的试点企业范围，建立用户侧参与现货市场备案制度。

在双边现货市场模式下，用户侧直接以报量报价方式参与现货市场出清、结算，同时在日前市场结束后增加开机组合优化环节以保障电力安全可靠供应；在单边现货市场模式下，用户侧可通过中长期合约约定结算曲线、曲线外偏差按照现货市场结算的方式参与现货市场，可考虑不设计日前市场。在保证用户侧平均价格水平基本稳定的基础上，各地应允许用户侧价格适当波动。农业、重要公用事业和公益性服务等行业电力用户属于优先购电用户，不纳入市场化交易范围。

3. 统筹开展中长期、现货与辅助服务交易

按照"一个市场，多种产品"的基本原则，同步进行电力中长期、现货、辅助服务市场的规则设计，做好各类交易间的有机衔接工作。完善电力中长期合同市场化调整机制，逐步缩短交易周期、增加交易频次，为市场主体调整合同电量及负荷曲线提供市场化手段。加快建设调频、备用辅助服务市场，在可再生能源比例较高的地区探索进行爬坡等辅助服务市场品种建设。在综合考虑电源灵活性改造、电网调节能力、清洁能源消纳等因素的基础上，现货市场运行期间明确由现货电能量市场代替调峰市场。按照"谁受益、谁承担"原则，逐步推动辅助服务费用向用户侧传导。

4.促进本地市场与省间市场的衔接

各地应做好跨省跨区送受电中长期合约签订工作,引导市场主体通过双边协商等方式签订一年及以上中长期合同并约定分时曲线。符合市场化条件的跨省跨区送电量,存量按照每年不少于20%的比例放开,增量积极推进放开。规范跨省跨区送受电方式,促进送受两端市场衔接。

5.稳妥有序地推动新能源参与电力市场

鼓励新能源项目与电网企业、用户、售电公司通过签订长周期（如20年及以上）差价合约参与电力市场。引导新能源项目10%的预计当期电量通过市场化交易竞争上网,市场化交易部分可不计入全生命周期保障收购小时数。尽快研究建立绿色电力交易市场,推动绿色电力交易。

6.探索容量成本回收机制

为回收各类电源有效容量的固定成本、保障系统发电容量长期充裕,各地区要根据实际情况,以中长期交易为基础,探索建立市场化的容量成本回收机制,做好与现货电能量市场的有序衔接,确保电价机制平稳过渡。

7.建立合理的费用疏导机制

市场中各项费用应明确来源、分项独立记账、逐项疏导,事前应逐项商定疏导原则与疏导方式,明确各方权利和义务。加强信息披露,及时向市场主体披露分摊费用的具体科目、产生原因、计算方法以及疏导原则。不建议各地采用事后调整中长期交易合同曲线的方式减少计划与市场衔接产生的不平衡资金。

（五）加强试点工作的组织保障

1.明确试点工作责任分工

试点地区应明确第一责任单位,会同相关单位和部门,按照职责分工,推进电能量市场、辅助服务市场和容量成本回收机制相关工作,第一责任单位要做好相关工作的统筹协调。成立工作专班,组织相关单位编制和完善本地区电力现货市场方案、市场交易规则及相关配套政策,有关部门和企业应切实加强能力建设和人员配备。

2.积极开展电力现货市场模拟试运行活动

鼓励现货试点地区针对电力现货市场建设遇到的重点问题进行积极探索,开展不同规则、不同情景下的多轮次模拟试运行活动。相关数据应形成日报定期上报并向市场主体进行披露,同时作为后续有关政策调整的定量依据。为引导市场主体合理参与模拟试运行申报,必要时可在模拟试运行期间不定期开展财务结算活动。

3.建立与电力现货市场建设相适应的信息化平台

参照《电力市场运营系统现货交易和现货结算功能指南（试行）》要求，市场运营机构应向市场主体提供现货市场技术支持系统的功能模块体系，明确出清目标函数及其实现过程，不断规范、完善技术支持系统。具备条件的地区，电能量市场、辅助服务市场交易功能应集成在同一技术支持系统中。暂不具备条件的地区，市场运营机构应加强电能量市场、辅助服务市场技术支持系统间的功能衔接与数据交互，统一中长期、现货、辅助服务各类交易品种面向市场主体的接口。

4.规范电力市场运营工作

市场运营机构应不断提升市场运营管理水平，建立电力现货市场运行监测机制，定期做好市场运行的记录、汇总、披露等工作。建立市场运营涉密信息管理制度以及关键岗位和人员回避制度，规范信息交换和使用程序，防范关键信息泄露。各地市场规则编制单位及技术支持系统开发单位，不得作为第三方评估、校核单位，不得从事涉及电力现货市场的培训、咨询和软件开发等商业项目（服务电网业务除外）工作。

5.加大现货市场信息披露力度

各地区应严格按照《电力现货市场信息披露办法（暂行）》要求，加快制定本地区实施细则，明确时间表和路线图，进一步细化实施方案并加快推动技术支持系统建设，及时、规范、准确披露各项市场相关信息。

第三节　生产经营管理

一、配电网业务

（一）总则

为落实中共中央国务院发布的《关于进一步深化电力体制改革的若干意见》，鼓励社会资本有序投资、运营增量配电网，促进配电网建设发展，提高配电网运营效率，需制定相应办法。

相应办法中所称配电网业务是指满足电力配送需要和规划要求的增量配电网投资、建设、运营及以混合所有制方式投资配电网增容扩建。

配电网原则上指110千伏及以下电压等级电网和220（330）千伏及以下电压等级工业园区（经济开发区）等局域电网。除电网企业存量资产外，其他企业投资、建设和运营的存量配电网适用相应办法。

按照管住中间、放开两头的体制架构，结合输配电价改革和电力市场建设，有序放开配电网业务，鼓励社会资本投资、建设、运营增量配电网，通过竞争创新，为用户提供安全、方便、快捷的供电服务。拥有配电网运营权的售电公司，具备条件的要将配电业务和竞争性售电业务分开核算。

有序放开配电网业务要遵循以下基本原则：

（1）规划引领。增量配电网络应符合省级配电网规划，保证增量配电网业务符合国家电力发展战略、产业政策和市场主体对电能配送的要求。

（2）竞争开放。鼓励社会资本积极参与增量配电网业务，通过市场竞争确定投资主体。

（3）权责对等。社会资本投资增量配电网业务并负责运营管理，应遵守国家有关技术规范标准，在获取合理投资收益的同时，履行安全可靠供电、保底供电和社会普遍服务等义务。

（4）创新机制。拥有配电网运营权的售电公司应创新运营机制和服务方式，以市场化、保底供电等多种方式向受托用户售电，并可为用户提供综合能源服务，利用现代信息技术，向用户提供智能用电、科学用电的服务，促进能源消费革命。

（二）增量配电网项目管理

增量配电网项目管理包括规划编制、项目论证、项目核准及项目建设等。地方政府能源管理部门负责增量配电网项目管理，制定增量配电网项目管理相关规章制度，做好项目建设过程中的指导和协调工作，根据需要进行项目验收和后评价。

增量配电网项目须纳入地方政府能源管理部门编制的配电网规划。

符合条件的市场主体依据规划向地方政府能源管理部门申请作为增量配电网项目的业主。地方政府能源管理部门应当通过招标等市场化机制公开、公平、公正优选确定项目业主，明确项目建设内容、工期、供电范围并签订协议。

项目业主完成可行性论证并获得所有支持性文件，具备核准条件后向地方政府能源管理部门申请项目核准。地方政府能源管理部门按照核准权限核准项目，国家能源局派出机构向项目业主颁发电力业务许可证（供电类）或赋予其相应业务资质，不得附加其他前置条件。

项目业主遵循"整体规划、分步实施"的原则，依据电力建设管理相关规章制度和技术标准，按照项目核准要求组织项目设计、工程招投标、工程施工等，并进行项目投资建设。

电网企业按照电网接入管理的有关规定以及电网运行安全要求,向项目业主无歧视地开放电网,提供便捷、及时、高效的并网服务。

(三)配电网运营

向地方政府能源管理部门申请并获准开展配电网业务的项目业主,拥有配电区域内与电网企业相同的权利,并切实履行相同的责任和义务。符合售电公司准入条件的,履行售电公司准入程序后,可开展售电业务。

除电网企业存量资产外,拥有配电网存量资产绝对控股权的公司,包括高新产业园区、经济技术开发区、地方电网、趸售县等,未经营配电网业务的,可向地方政府能源管理部门申请并获准开展配电网业务。符合售电公司准入条件的,履行售电公司准入程序后,可开展售电业务。

拥有配电网运营权的项目业主须依法取得电力业务许可证(供电类)。

符合准入条件的项目业主,可以只拥有投资收益权,而将配电网运营权委托给电网企业或符合条件的售电公司,自主签订委托协议。

电网企业控股增量配电网并拥有其运营权,在配电区域内仅从事配电网业务,而其竞争性售电业务应逐步由独立的售电公司承担。应鼓励电网企业与社会资本通过股权合作等方式成立产权多元化公司经营配电网。

配电网运营者在其配电区域内从事供电服务,包括:

(1)负责配电网络的调度、运行、维护和故障消除。

(2)负责配电网建设与改造。

(3)向各类用户无歧视开放配电网络,负责用户用电设备的报装、接入和增容。

(4)向各类用户提供计量、抄表、收费、开具发票和催缴欠费等服务。

(5)承担电力设施保护和防窃电义务。

(6)向各类用户提供电力普遍服务。公开配电网络的运行、检修和供电质量、服务质量等信息。受委托承担电力统计工作。

(7)向市场主体提供配电服务、增值服务。

(8)向非市场主体提供保底供电服务。在售电公司无法为其签约用户提供售电服务时,直接启动保底供电服务。

(9)承担代付其配电网内使用的可再生能源电量补贴的责任。

(10)法律、法规、规章规定的其他业务。

配电区域内的售电公司或电力用户可以不受配电区域限制。配电区域内居民、农业、重要公用事业、公益性服务以外的用电价格,由发电企业或售电公司与电力用户协商确定的市场交易价格、配电网接入电压等级对应的省级电网共用网络输配电价(含线损和政策性交叉补贴)、配电网的配电价格以及政府性基金及附加组成;居民、农业、重要公用事业、公益性服务等用电，继续执行所在省（区、市）的目录销售电价。配电区域内电力用户承担的国家规定的政府性基金及附加，由配电公司代收、省级电网企业代缴。

增量配电区域的配电价格由所在省（区、市）价格主管部门依据国家输配电价改革有关规定制定，并报国家发展改革委备案。配电价格核定前，暂按售电公司或电力用户接入电压等级对应的省级电网共用网络输配电价扣减该配电网接入电压等级对应的省级电网共用网络输配电价执行。

配电网运营者向配电区域内用户提供的配电网服务包括：

（1）向市场主体提供配电网络的可用容量、实际容量等必要的市场信息。

（2）与市场主体签订经安全校核的三方购售电合同。

（3）履行合同约定，包括电能量、电力容量、辅助服务、持续时间、供电安全等级、可再生能源配额比例、保底供电服务内容等。

（4）承担配电区域内结算业务，按照政府核定的配电价格收取配电费，按照国家有关规定代收政府性基金和交叉补贴，按合同向各方支付相关费用。

配电网运营者向居民、农业、重要公用事业和公益性服务等电力用户，具备市场交易资格选择不参与市场交易的电力用户、售电公司终止经营、无法提供售电服务的电力用户，以及政府规定暂不参与市场交易的其他电力用户实行保底供电服务。包括：

（1）按照国家标准或者电力行业标准提供安全、可靠的电力供应。

（2）履行普遍供电服务义务。

（3）按政府定价或有关价格规则向电力用户收取电费。

（4）按政府定价向发电企业优先购电。

配电网运营者可有偿为各类用户提供增值服务。包括但不限于：

（1）用户用电规划、合理用能、节约用能、安全用电、替代方式等服务。

（2）用户智能用电、优化用电、需求响应等。

（3）用户合同能源管理服务。

（4）用户用电设备的运行维护。

（5）用户多种能源优化组合方案，提供发电、供热、供冷、供气、供水等智能化综合能源服务。

配电网运营者不得超出其配电区域从事配电业务。

发电企业及其资本不得参与投资建设电厂向用户直接供电的专用线路，也不得参与投资建设电厂与其参与投资的增量配电网络相连的专用线路。

（四）配电网运营者的权利与义务

配电网运营者拥有以下权利：

（1）享有公平接入电网的权利。

（2）享有配电区域内投资建设、运行和维护配电网络的权利。

（3）享受公平通过市场安全校核、稳定购电的权利。

（4）公平获得电网应有的信息服务。

（5）为用户提供优质专业的配售电服务，获得配电和相关增值服务收入。

（6）参与辅助服务市场。

（7）获取政府规定的保底供电补贴。

配电网运营者须履行以下义务：

（1）满足国家相关技术规范和标准。

（2）遵守电力交易规则和电力交易机构有关规定，按要求向电力交易机构提供电力交易业务所需的各项信息。

（3）执行电网规划，服从并网管理。

（4）服从电力调度管理，遵守调度指令，提供电力调度业务所需的各项信息。

（5）保证配电网安全、可靠供电。

（6）无歧视开放电网，公平提供电源（用户）接入等普遍服务和保底供电服务。

（7）代国家收取政府性基金及政策性交叉补贴。

（8）接受监管机构监管。

二、增量配电业务

（一）规范试点条件，搞好项目核准

增量配电网原则上指110千伏及以下电压等级电网和220（330）千伏及以下电压等级工业园区（经济开发区）等局域电网，不涉及220千伏及以上输电网建设，增量配电网建设应当符合省级配电网规划，符合国家电力发展战略、产业政策和市场主体对电能配送的要求。请各地对照《有序放开配电网业务管理办法》的有关规定，加强对试点项目的审核，依照管理权限做好项目核准工作，依法对项目建设和运行加强监管。

（二）坚持公平开放，不得指定投资主体

试点项目应当向符合条件的市场主体公平开放，通过招标等市场化方式公开、公平、公正优选确定项目业主，明确项目建设内容、工期、供电范围并签订协议。项目业主应为独立法人，具有与配电网投资运营相对应的业务资质和投资能力，无不良信用记录，确保诚实守信、依法依规经营。鼓励电网企业与社会资本通过股权合作等方式成立产权多元化公司参与竞争。

（三）明确供电责任，确保供电安全

试点项目应当符合电网建设、运行、维护等国家和行业标准，履行安全可靠供电、保底供电和社会普遍服务等义务，保证项目建设质量和运行安全。

各地按照界限清晰、责任明确的原则，划定试点项目的供电范围，避免重复建设、防止交叉供电，确保电力供应安全可靠。同一配电区域内只能有一家公司拥有该配电网运营权。

（四）规范配电网运营，平等履行社会责任

试点项目涉及的增量配电网应与公用电网相连，除鼓励发展以可再生能源就近消纳以及促进能源梯级利用为目的的局域网、微电网外，发电企业及其资本不得参与投资建设电厂向用户直接供电的专用线路，也不得参与投资建设电厂与其参与投资的增量配电网络相连的专用线路。禁止将公用电厂转为自备电厂。试点区域内的电力用户应当承担国家规定的政府性基金及附加和政策性交叉补贴，由配电公司代收、省级电网企业代缴。对按规定应实行差别电价和惩罚性电价的电力用户，不得以试点名义变相为其提供优惠电价和电费补贴。

（五）加强沟通协调，充分调动各方面积极性

各地加强对试点工作的组织领导，各部门、国家能源局派出机构分工协作、各司其职，加强与电网企业、发电企业、电力用户等各方面的协调沟通，充分调动各方面积极性，搞好工作衔接，形成工作合力，发挥试点的示范引领作用。国家能源局派出机构要按规定向项目业主颁发电力业务许可证（供电类）或赋予相应业务资质，为社会资本参与增量配电业务创造条件。

电网企业要按照电网接入管理的有关规定以及电网运行安全要求，向项目业主无歧视开放电网，提供便捷、及时、高效的并网服务。地方政府电力管理部门和国家能源局派出机构要依法履行电力监管职责，对增量配电业务符合配电网规划、电网公平开放、电力普遍服务等实施监管，并按照明确标准，积极筛选符合条件的项目，在试点基础上加快推广。国家发展改革委、国家能源局将会同有关部门加强对试点的指导协调和督促检查，共同做好试点工作。

三、营配贯通

（一）工作目标

按照"标准规范先行、数据治理和应用融合并重、应用建设促功能实用化"的工作思路，促进营配数据质量和营配业务应用水平持续提升，实现营配业务高度融合、客户需

求快速响应、服务质量可靠优质。具体工作目标如下：

（1）各公司完成对地市公司市区范围变电站、10千伏线路、公用配变及高压供电用户数据采录和治理，建立站—线—公变（专变用户）—低压用户准确的营配连接关系，低压用户直接与公变挂接。

（2）完成国网山东、江苏、浙江、福建、湖南电力全部地市和北京、天津、唐山、石家庄、太原、济南、青岛、上海、南京、苏州、杭州、宁波、合肥、厦门、福州、武汉、长沙、郑州、南昌、成都、重庆、沈阳、大连、长春、哈尔滨、西安、兰州、西宁、银川、乌鲁木齐、拉萨31家重点城市市区范围400伏线路数据普查和整理，建立配变、低压线路和低压用户间准确的关联关系；其他省（自治区、直辖市）公司年底前至少完成50%以上地市市区低压数据整理工作。

（3）完成95598客户报修定位、配网故障研判指挥、停电计划安排等集成应用建设，支撑95598全业务集中运营。

（二）工作原则

（1）明确责任，协调联动。各省（自治区、直辖市）公司作为营配贯通建设的责任主体，按照总部的统一部署，负责制定具体实施方案，组织所属地市（县）公司开展营配贯通实施工作。各单位需建立营配贯通工作协同机制，主要领导负责，营销、运检、调控、信通等部门紧密协同，共同推进。

（2）分步核查，严格考核。按照"先高压后低压""先城镇后农村"顺序分步开展数据核查工作，以台区和线路为数据清理单元，推进营配数据核查清理，强化核查监督，严格考核，确保按时按质完成数据核查工作。同步建立多专业协同的数据动态更新协同机制，确保已核查数据随业务变动得到常态化维护，杜绝"前清后乱"。

（3）突出重点，强化应用。结合各省（自治区、直辖市）公司信息系统建设现状和资金安排，合理制定各单位营配贯通建设推进计划，注重集成应用的建设，先重点进行95598客户报修定位、配网故障研判指挥、停电计划安排等方面的基本集成应用建设，逐步扩大营配集成应用业务范围。

（三）工作内容

1. 建立营配协同规范

（1）制定营配贯通数据采录和治理工作要求，细化"变电站—线路—配变—用户"营配一体化数据模型技术标准，建立站线变户的数据采录和治理标准。

（2）制定营配贯通数据质量管理办法，指导各单位在用户档案、设备台账等主数据的协同维护以及营配信息共享方面开展数据质量管理工作。

（3）制定营配相关系统集成和改造技术方案，以支撑营配存量数据的治理、增量数据的动态维护和营配集成深化应用。

（4）梳理业扩报装、电网设备异动、配网故障研判指挥、停电计划安排等业务流程，明确营销、运检、调控等部门职责和工作要求，落实考核措施，建立工作机制，实现业务融合，并将制度标准和业务流程固化到营配相关系统中实现业务融合。

业务协同类型及集成内容如下：

（1）停电管理业务流程：停电计划、停电范围、执行情况等。

（2）故障抢修业务流程：故障报修单、抢修执行情况等。

（3）高压新装业务流程：停电申请单、高压用户档案、图形信息、设备拓扑关系等。

（4）低压新装业务流程：低压用户档案、图形信息、设备拓扑关系等。

（5）销户业务流程：用户档案、设备拓扑关系等。

（6）设备变更业务流程：配电设备变更信息。

（7）供电方案辅助编制管理：线路短时允许载流信息、线路历史最高负荷电流信息、主变历史最高负荷信息。

2.改造相关系统

完善公司统推的电网 GIS 平台的低压电网管理功能，实现台区低压电网图形建模，满足低压设备采录标准，实现低压电网设备数据后续到 PMS2.0 系统的迁移。完善电网 GIS 平台的电网设备维护功能，建立站、线、变设备的增、删、改的营配对应约束。

增加营销系统的表箱管理功能，实现表箱资产管理、箱—表对应关系管理；建立高压用户与电网设备、低压用户表箱（含低压用户计量柜）与电网设备（低压用户接入点）的关联关系，并增加存量数据关联关系对应的功能；增加空间地理信息维护环节，动态维护营销系统中自备电源、分布式电源、高压用户、公变考核计量点、低压用户表箱（含低压用户计量柜）、集中器、采集器与电网 GIS 平台电网设备的关联关系。

PMS2.0 系统停电通知管理模块维护 0.4kV 计划停电信息，并向营销业务应用系统提供计划停电信息。

营销业务应用系统维护并向 PMS2.0 系统提供用户基本信息。

PMS2.0 系统维护设备台账信息，并向营销业务应用系统提供变电站（含开关站、配电室等）、电力线路、公用配变的设备变更信息和线路短时允许载流信息；PMS2.0 系统保存设备历史负荷数据，并向营销业务应用系统提供线路历史最高负荷电流、主变历史最高负荷等信息。

营销业务应用系统维护专用线路、专用配电变压器的设备变更信息，并向 PMS2.0 系统提供该类信息。

PMS2.0 系统电网资源管理模块维护设备关系，并向营销业务应用系统提供变电站（含开关站、配电室等）—线路关系、线路关系、线路—配变关系（含专变）、低压接入点—配变关系。

营销业务应用系统记录用户电量信息，并向 PMS2.0 系统提供相关信息，PMS2.0 线损管理模块据此进行线损计算。

营销业务应用系统向 PMS2.0 系统提供低压用户和中压用户信息，支撑 PMS2.0 系统可靠性管理模块登记停电范围，进行停电范围分析、统计。

营销业务应用系统记录高压新装工程涉及供电线路停电的计划停电需求，并向 PMS2.0 系统提供计划停电需求信息，PMS2.0 系统综合生产计划管理模块据此进行高压新装工程的停电计划需求编制。

营销业务应用向配电抢修管控模块提供故障报修工单信息。

配电抢修管控模块将故障抢修反馈信息（记录到达、现场勘察、记录修复等）提供给营销业务应用系统，并由营销业务应用系统反馈给 95598 业务支持系统。此外，营销业务应用系统可接收并转发配电抢修管控模块退回报修工单。

在完成故障登记、现场勘察及电网隔离操作后，配电抢修管控模块将停电范围信息提供给营销业务应用系统，并由营销业务应用系统反馈给 95598 业务支持系统，95598 业务支持系统进行重复用户报修过滤。

3. 数据采录和治理

数据采录和治理包括台区低压设备、高压用户、营销资源的现场核查和数据采录，电网 GIS 平台高压站—线—变（公变、专变）拓扑关系以及营销高压用户、公变考核计量点、低压表箱（含低压用户计量柜）与电网设备关联关系建立。

（1）营配集成方式及数据运维界面。

高压数据：

在营销系统界面，高压用户的用电户号、用户专变与电网 GIS 平台的电网资产设备建立对应，明确的电网资产设备则成为集成分界点；营销系统中的公变以电网 GIS 平台中的公变为准，公变设备为集成分界点。

集成分界点及以上的电网设备信息以电网资源库和电网 GIS 平台为准，由运检部负责维护；集成分界点以下的高压用户档案信息以营销系统为准，由营销部负责维护。

架空线用杆塔作为集成分界点；公用线路用电缆、分支箱等作为集成分界点，专用线路用变电站、环网柜或电缆分支箱等出线间隔作为集成分界点。多电源用户每路电源分别与对应的电网资产设备建立对应，每路电源均有各自的集成分界点。

低压数据：

在营销系统界面，低压用户的计量箱（含低压用户计量柜）与电网 GIS 平台低压末端设备（用户接入点）建立对应，用户接入点成为集成分界点。

集成分界点及以上的电网设备信息以电网资源库和电网 GIS 平台为准，由运检部负责维护；集成分界点以下的低压用户档案信息、表箱（计量柜）信息以营销系统为准，由营销部负责维护。

为避免二次数据梳理，应规范展开配网及低压缺失数据采录工作。数据采录模板及工具由运检部、营销部共同组织编制开发。

（2）地图数据准备。在现有已统一采购地图的基础上，在满足现势性的要求下，扩展地图采购范围，确保城区达到1：2 000及以上比例尺的矢量数据和亚米级影像数据，乡镇达到亚米级影像数据或1：2 000及以上比例尺的矢量数据，农村达到亚米级影像数据。

（3）低压数据采录。

电气关系采录：公用配电房（箱变、柱上变）—站内电气一次接线图—低压杆塔（电缆）—分支箱（配电箱）—表箱的设备及其参数、经纬度、电气连接关系现场采集、核准。

箱表关系采录：表箱（含低压用户计量柜）与电能表资产编号（集中器/采集器）关系现场采集、核准。

现场消缺：低压分支箱、低压电网的杆号、标示牌错误信息搜集、刷新及现场挂牌；低压表箱（含低压用户计量柜）号补缺张贴。

数据录入：通过电气关系和箱表关系现场采集，实现公用配电房（箱变、柱上变）—站内电气一次接线图—低压杆塔（电缆）—分支箱（配电箱）等电气设备在电网GIS平台的沿布和绘制；负责表箱（含低压用户计量柜）与电能表关系在营销系统的录入；在营销系统界面实现电网GIS平台的接入点与表箱（含低压用户计量柜）的对应。

（4）高压数据采录和治理。

电气关系核查：电网GIS平台中压线路拓扑关系、公用配电房（箱变、柱上变）及站内一次接线图、高压专变用户以及与电网设备连接关系的现场采录及核对；核对变电站（开关站、环网柜）中压线路进出线开关、线路联络开关（熔断器）实际运行方式。

现场消缺：配电网的杆号、标示牌错误信息搜集、刷新及现场挂牌。

数据录入：中压线路拓扑、公用配电房（箱变、柱上变）及站内一次接线图、高压专变用户在电网GIS平台进行治理和补录。电网GIS平台上高压专变用户、公用配电房（箱变、柱上变）的营配对应关系在营销系统界面实现与营销用户、公变的对应。

（5）服务网点等营销资源采集。营销相关的服务资源，包括公司自有的各级人工营业厅、智能营业厅、自助缴费终端以及与社会合作的各类代收缴费点、服务网点（营业网点、自助缴费点、电费代收点——银行、电费代收点——超市、邮储等）、计量库房、充换电站、充电桩、分布式电源，实现现场经纬度坐标和照片采集，计量采集器、集中器经纬度坐标采集。相关信息录入营销业务应用系统及营销GIS平台。

4. 深化营配贯通业务应用

结合PMS2.0系统建设，先行重点开展95598客户报修定位、配网故障研判指挥、停电计划安排等三项基本集成应用建设工作，逐步开展业扩报装辅助制定、线损管理等高级应用建设工作。

（1）客户报修定位。95598座席通过户变关系，快速判断定位用户报修是否属于已知故障范围、计划停电范围，实现95598客户报修位置、抢修资源可视化定位、信息集成展现，同时实现已知计划。

（2）配网故障研判指挥。调控中心配网抢修指挥人员通过配变运行信息、用电采集信息、95598客户报修信息，开展配电网运行、监控和用户故障报修综合研判，准确判断停电影响区域和户数，及时分析和定位故障点，统一指挥和优化抢修资源调度，提高抢修效率。

（3）停电计划安排。建立包括电网计划检修、业扩接入工程、电网建设改造、用户设备检修的停电计划"四联动"工作机制，实施停电计划预分析应用线变户基础信息，实现停电影响分析到户，实时评估停电计划对高危用户和重要用户的影响，预测计划停电的损失电量，指导科学制定停电计划，同时将停电信息通知到户。

（4）业扩报装辅助制定。建立可视化的电网模型、设备模型和用户模型，根据现有配网结构、线路负荷及配变容量情况，综合分析投资成本和供电质量，为业扩报装提供可开放设备容量和最优参考电源接入点，为编制供电方案提供信息支撑，提高供电方案的合理性，有效缩短业扩报装时间。

（5）线损管理。通过营配贯通实现站—线—变—户线损层级管理，并根据电网设备异动情况，自动更新线损计算模型，提高线损计算准确性。

（四）工作计划

结合国网客户服务中心95598全业务上收计划和运检部建设推广PMS2.0系统工作进度安排，以及各省（自治区、直辖市）公司的营配基础数据现状，将营配贯通建设进度分为前期准备、数据采录与治理、集成功能应用开发三个阶段。

1.前期准备

（1）总部。

制定营配贯通总体实施方案，明确工作内容、工作计划和工作要求。

制定数据采录和治理工作规范，明确数据采录范围、采录内容和采录要求。

制定营配系统数据对应关联方案和营配业务协同规范，指导各单位开展营配数据核查和治理、营配集成应用建设工作。

制定营配相关系统的适应性改造方案，组织开展系统适应性改造活动。

落实高精度地图数据的采购。

（2）各省（自治区、直辖市）公司。

根据总部要求，成立以总经理为组长的营配贯通工作领导小组及相应的专业工作小组。

根据总部营配贯通总体实施工作方案，编制并上报本单位的营配贯通实施工作推进方案，明确组织保障及职责分工，数据采录的具体范围，工作进度的时间、节点要求，同时提出工作措施，分阶段推进营配贯通建设工作。

根据总部明确的数据对应关联方案，结合本单位实际制定数据采录和治理具体方法，编写用户培训手册，确定现场数据采录作业规范，组织人员培训，加强过程管控，确保数据质量。

在总部的统一安排下，结合本单位实际，确定营配信息异动工作流程及操作规范。

2. 数据采录与治理

启动 27 个省（自治区、直辖市）公司营配贯通数据采录与治理工作，具体安排如下：

国网上海、福建、湖南电力结合公司 PMS2.0 系统整体工作进度安排，使 PMS2.0 的试点建设工作与营配低压数据采录和治理保持同步，完成电网设备数据的采集和建模工作，并建立常态异动更新等运维机制，实现营配数据共享和业务协同。

国网山东、江苏、浙江电力沿用自建生产系统数据，延续已有的营配贯通工作，重点开展营配数据采录和治理、数据常态化维护以及营配业务应用的实用化相关活动，待 PMS2.0 系统实施覆盖后，再开展相应的系统适应性改造和数据迁移工作。

其余省（自治区、直辖市）公司按照总部营配贯通总体实施工作方案，在公司统推的电网 GIS 平台上进行营配数据采录和治理。建立营配异动协同机制，确保数据常态维护。待 PMS2.0 系统覆盖后完成数据迁移。

3. 集成功能应用开发

总部统一部署，完成用户报修定位、配网故障研判指挥、停电计划安排三项集成功能应用开发工作，先行支撑 95598 全业务集中运营工作。

继续推进营销 GIS 应用在山西、山东、江苏、浙江、江西、四川、重庆、吉林、甘肃等 9 个省（自治区、直辖市）公司的实用化建设，并同步启动冀北、北京、天津、河北、上海、安徽、福建、湖北、湖南、河南、辽宁、黑龙江、蒙东、陕西、青海、宁夏、新疆等 17 家省（自治区、直辖市）公司营销 GIS 应用推广实施工作，确保对营配数据采录和治理工作的支撑。

在有配电自动化建设试点的相关单位开展营销对配网调度技术支撑建设工作，为配电自动化的故障研判和抢修调度指挥等应用提供营销用户档案和用电户与配网设备模型等相关信息。

（五）工作要求

1. 加强组织领导

各单位成立营配数据采录和治理工作小组，完成营配贯通数据采录和治理工作的具体实施。营销部（客户服务中心）负责本单位营销用电用户信息核查及整改工作，与运维检修部共同完成本单位电网设备及用电用户联接关系核查及信息维护工作。运维检修部负责本单位电网设备数据核查及整改工作，与营销部共同完成本单位电网设备及用电用户联接关系核查及信息维护工作。

2.完善工作机制

各省（自治区、直辖市）公司需按照营配贯通工作要求，结合本地区和本单位实际情况，建立以营销部牵头、运检部和科信专业协同配合的工作机制，确保营配贯通工作的顺利开展。应定期召开由省公司营销部、运检部、科信部、各地市公司数据采录和治理工作小组以及建设厂商参与的营配数据清理例会，及时掌握并通报各地市公司数据采录和治理进度及质量情况，协调解决数据清理过程中的问题、讨论解决方案，积极推进营配数据采录和治理工作有序开展。

3.强化监督考核

各省（自治区、直辖市）公司应建立健全监督考核制度，科学设置考核指标，细化分解指标任务，全面落实工作职责，加强考核指标过程监控，并于每周五17:00前向国网营销部报送营配贯通专项工作周报，国网营销部将每月对营配贯通数据采录和治理进行通报。

四、用电信息采集

（一）总则

为确保用电信息采集系统（以下简称"采集系统"）安全、稳定、可靠、高效运行，规范采集系统运行维护工作，提高采集系统应用水平，满足"互联网+"、大数据分析等全业务应用需求，需依据公司"三集五大"实施方案、公司通用制度、采集系统技术标准等，制定相应办法。

相应办法中所指采集系统运行维护对象，主要包括采集系统主站、通信信道、现场设备。

采集系统的运行维护管理遵循"集中管控、分级维护"的原则。各省（自治区、直辖市）电力公司（以下简称"省公司"）应建立监控、分析、派工、处理、评价闭环管理流程和纵向维护体系，落实计量标准化作业、网络信息安全、电力安全工作规程等规定，实现运维业务属地化、管理与评价集约化。

（二）职责分工

国网总部各相关部门履行以下职责：

国网营销部是公司采集系统运行维护工作的归口管理部门，负责统筹管理公司采集

◎ 综合计划、投资管理及生产经营专业培训教材

系统运行维护工作，组织公司系统运行维护人员参加业务培训、技术交流等活动；对采集系统新应用需求进行评审，编制采集系统升级、改造计划，并将其纳入公司营销发展规划；负责制定采集系统相关标准与管理制度；负责采集系统安全归口管理；负责采集系统相关指标的统计、分析、评价和考核工作。

国网信通部负责采集系统的信息通信专业化管理；制定信息通信专业技术政策；参与公司采集系统主站软硬件配置方案的审核，负责专用无线网络频点的申请和管理；协同制定采集系统中信息通信相关标准规范；负责信息安全归口管理及与相关信息系统的协调。

国网发展部负责根据采集系统建设和升级改造需求安排综合计划；提出采集系统的应用需求，开展采集系统相关应用管理工作。

国网财务部负责根据采集系统升级改造需求安排业务预算；负责制定和完善采集系统运行维护的成本定额，安排年度采集系统运行维护费用预算。

国网人资部负责组织制定和完善采集系统运行维护人员的定员标准及业务外委相关要求。

国网物资部负责总部集中采购目录范围内采集系统运行维护所需物资的采购。

国网安质部、运检部及相关部门结合业务需要，提出采集系统相关应用需求，开展相关应用管理工作。

国网计量中心是公司采集系统运行维护工作的技术支撑单位，负责编制采集系统软硬件配置方案，进行运行维护情况监控分析和技术支持；负责采集系统主站安全防护方案的技术论证；负责采集系统运行质量管控、运行指标统计分析；负责采集及计量设备运行质量跟踪与监督、运行故障分析与处理；协助国网营销部做好采集系统运行维护管理工作。

省公司各相关部门履行以下职责：

营销部是本单位采集系统的归口管理部门，负责管理本单位采集系统运维工作；编制采集系统升级、改造计划，并将其纳入本单位营销发展规划；按照国网营销部的统一要求，组织采集系统和相关应用接口的软件升级和技术改造；组织采集系统重大故障的调查、分析和处理；开展技术交流、人员培训、考核工作；负责公网通信资费管理工作。负责采集系统信息安全接入方案的编制；组织制定采集系统应急处置预案，对采集系统的运行维护工作进行监督、考核。

科信部参与采集系统主站和信道系统建设、技术改造方案审查，负责采集系统信息通信的专业化管理及信息安全归口管理，负责采集系统信息安全接入方案审查工作，配合做好远程通信信道运行维护管理工作，配合做好采集系统主站和远程通信信道的故障调查、分析和处理工作；负责所辖范围无线电频率使用管理工作。

发展部负责分解下达综合计划；向总部上报采集系统相关应用需求，开展相关应用管理工作。

财务部负责将采集系统升级改造和运行维护业务预算纳入年度预算草案并上报总部；根据下达预算进行分解落实。

人资部负责根据定员标准及本单位采集系统运行维护的实际需求，配置运行维护人员；编制下达采集系统运行维护人员的培训计划。

物资部负责总部集中采购目录范围外采集系统运行维护所需物资的采购。

运检部负责向总部上报采集系统相关应用需求，开展相关应用管理工作；协同组织应急抢修工作。

安质部负责向总部上报采集系统相关应用需求，开展相关应用管理工作。

省（自治区、直辖市）计量中心（以下简称"省计量中心"）是本单位采集系统的运维单位和技术支持机构，负责编制采集系统升级、改造方案；参与采集系统主站应用软件的运维；参与采集系统故障的调查、分析和处理；负责采集系统的运行监控、督办工单派发、现场设备故障分析、运行指标的统计与评价；负责采集终端和电能表的质量监督与评价等工作。

省（自治区、直辖市）客户服务中心支撑营销业务应用系统营销基础档案的维护管理；负责营销业务应用系统与采集系统数据接口、数据一致性和准确性的技术管控工作。

省公司所属信通公司（以下简称"省信通公司"）参与采集系统主站建设、升级和改造方案的编制；负责采集系统主站硬件、系统软件的运行维护；协同计量中心强化采集系统主站业务运维，逐步实现采集系统主站应用软件的运行维护；负责专网远程通信信道（含信道设备）的运行维护；参与采集系统主站故障的调查、分析和处理。

地市（区、州）供电公司，县（市、区）供电公司（以下简称"县供电企业"）各相关部门履行以下职责：

营销部（客户服务中心）负责本单位采集系统运行维护工作。负责辖区内采集系统的运行监控、业务工单闭环管理、上级业务工单的执行与反馈、故障分析和处理；负责公网故障的协调处理；负责现场设备的管理、升级改造；负责"多表合一"采集运行维护；负责外委单位的业务及安全管理；负责技术交流、人员培训与考核等。

发展部负责根据采集及相关系统改造需求提出综合计划建议；提出并上报采集系统相关应用需求，开展相关应用管理工作，校核本部门相关信息系统与采集系统数据档案的一致性和准确性。

财务部负责根据采集系统升级改造和运行维护需求编制业务预算草案上报，并根据下达预算进行分解落实。

人资部负责根据定员标准及本单位采集系统运行维护的实际需求，配置运行维护人员。

运检部门配合开展采集系统现场运维工作，进行配网抢修时同步更换故障电表，配合停电、工作票办理等采集系统调试工作；提出并上报采集系统相关应用需求，开展相关应用管理工作，校核本部门相关信息系统与采集系统数据档案的一致性和准确性。

信通公司配合本单位采集系统（负责三级部署系统主站）的维护工作；负责本单位远程通信信道的维护工作。

综合服务中心根据本单位采集系统运行维护的实际需求，配置办公房屋、办公设备及运维车辆。

（三）采集系统运行监控

采集系统运行监控是指对采集系统整体运行情况进行监督管控，主要任务包括采集系统主站运行性能监控、采集系统运行指标监控、采集数据质量监控、采集系统故障监控、计量在线监测、各项业务应用情况监控等。各省公司应建立省、市、县三级运行监控体系，设置相应班组（岗），分别负责所辖范围内采集系统运行情况监控工作。根据分析情况进行工单派发，监控工单闭环处理进度。

国网营销部根据公司业务需求的变化适时调整采集数据项、频度等数据采集要求。各省公司根据公司数据采集要求，结合本单位个性化业务需求统一配置、执行。

采集系统主站运行性能监控主要包括主站性能在线监测，监测主站负载是否在合理范围内、核心业务模块是否负载均衡，同时对操作系统、中间件、数据库、应用服务、安全防护等进行监控。对发现的异常问题进行初步分析，且应于两小时内派发工单。

采集系统运行指标监控主要包括每日监控本单位采集成功率等运行指标，分析采集失败原因并派发工单。

当发现单个专变用户、公变考核表连续一天以上、低压用户连续三天以上采集异常时，地市、县供电企业运行监控人员应进行故障分析，应于 8 小时内派发工单。

当发现终端在线率低于 85%、采集成功率低于 90%、采集系统主站故障等大范围采集异常时应立即分析，并将故障现象逐级上报至省计量中心。省计量中心立即组织大范围采集异常排查处理工作，其他各级监控人员根据职责分工立即派发异常处理工单。

采集数据质量监控主要包括每日跟踪分析本单位采集系统数据质量情况及相关数据异常情况，根据数据异常项和各类告警信息，分析判断异常原因并派发工单；就下级单位处理不及时的数据质量问题派发督办工单。当发现批量数据质量异常时，应立即上报省计量中心，由省计量中心立即组织异常排查处理工作。

采集系统故障监控主要对主站、通信及现场设备采集故障进行分析监控，就故障问题派发业务处理工单。

对主站档案信息或参数错误、召测不稳定、通信故障、采集及计量设备故障、采集数据项缺失、终端及电能表时钟错误等故障进行监控，开展故障原因分析活动，且应于 8 小时内派发工单。

运维故障处理或采集设备调试监控主要包括：每日跟踪故障处理或调试中的业务流

程，跟踪流程中存在的问题，对超期故障处理或调试流程进行分析，并派发业务处理工单。就下级单位处理不及时的流程派发督办工单。

计量在线监测主要对计量设备异常进行监控分析，监控各类系统预警事件信息，通过对电能表和采集终端中的电能计量、运行工况和事件记录等数据进行比对、统计分析，判断计量设备是否存在电量异常、电压电流异常、异常用电、负荷异常、时钟异常、接线异常、费控异常、停电事件异常等，并就异常问题派发处理工单。

采集业务应用情况监控主要包括每日跟踪采集业务应用情况及相关指标，并积极配合各业务应用部门对应用中发现的问题进行处理。

如果出现数据采集不完整、接口故障等影响其他业务应用的采集系统问题，应于8小时内派发工单。

对无法远程停复电、电费下发失败等情况进行监控，发现费控业务执行异常后，派发业务处理工单，并跟踪处理进度。如果出现复电及电费下发执行失败的情况，应于两小时内派发业务处理工单。

台区同期线损业务应用主要监控台区同期线损可监测率、台区同期线损达标率、同期线损在线监测率等，对同期线损指标异常的台区进行分析，派发异常处理业务工单。

"多表合一"采集业务应用监控，根据公共事业相关单位数据采集周期的要求，监控采集设备运行情况，水、气、热表采集成功率等指标，分析采集失败原因并派发工单。

各专业应用部门在业务应用过程中如确认存在数据质量等问题，应将分析结果反馈至本单位运行监控人员，由运行监控人员分析判断后，派发工单并跟踪处理情况。

各级运行监控部门每月应汇总分析本单位采集系统运行情况和各项监控指标，针对存在的问题提出整改措施及建议，并上报本级营销部。

（四）采集系统主站运行维护

采集系统主站运行维护对象包括硬件设备、系统软件和应用软件。

硬件设备包括应用于采集系统的计算机及存储设备、网络及安全防护设备、加密设备、前置设备、磁盘阵列、UPS电源、专用机柜及连接线缆、机房环境等。

系统软件是指采集系统运行配套的服务器操作系统、数据库、中间件、备份系统软件等。

应用软件是指按照国家电网公司统一标准开发应用的采集系统软件以及相关应用接口程序。

采集系统主站运维内容包括系统主站设备的日常巡视、检查，主站检修、故障处理，主站安全管理、数据备份，软件的升级维护，主站运行情况评估等。

采集系统主站日常巡视、检查主要包括检查采集系统软硬件设备、采集系统相关加密设备的运行状况，查看操作系统、数据库、中间件、备份日志，定时任务的执行情况。

将异常情况填写到值班记录中，并采取相应的措施。

对涉及业务应用系统接口程序进行巡检，根据接口任务执行的总体状况、数据量、耗时等判断任务是否正常，对异常情况进行记录并及时分析处理。对于可能对其他业务系统造成影响的异常，应及时反馈至相关业务应用部门及信通调度中心，并启动相应预案。

如果巡视、检查中发现系统软硬件故障或隐患，应立即报告信通调度中心，进行分析处理，并通知省计量中心备案。对于可能影响采集系统正常运行超过两小时的故障或隐患，应立即上报，必要时启动应急预案。备品备件的配置应满足采集系统可靠运行要求。

当需要消除系统功能故障隐患，优化系统功能时，省计量中心会同信通（分）公司制定升级方案，报省公司营销部、科技信通部审核批准后实施。

采集系统主站应按照信息化安全工作要求，常态化查杀清除系统病毒和外部侵扰，发现重大问题并及时上报。

按照最少服务配置和最小权限原则，就安全策略、安全配置、日志和操作等做出具体规定，明确各个岗位的权限、责任和风险。

详细记录日常操作、运行维护、参数设置和修改等内容，严禁任何未经授权的操作；定期开展运行日志和安全审计数据分析工作，及时发现异常行为。

及时查杀清除系统病毒，升级防病毒软件；对网络和主机进行恶意代码检测并做好记录，定期进行分析；定期进行漏洞扫描，及时发现安全漏洞并进行修补。

严禁在非涉密计算机和互联网上存储和处理涉密信息。严禁涉密移动存储介质在涉密计算机和非涉密计算机及互联网上交叉使用。

定期组织采集系统主站安全培训，提高全员信息系统安全意识；强化采集系统主站安全人员专业技能培训，做到培训工作有计划、有总结，培训效果有评价。

采集系统主站数据备份管理中，应建立定期全量数据保障、增量数据备份机制，将数据备份至专用的存储设备上，并检查备份记录的可恢复性，保证备份记录在系统发生故障时能够对系统数据进行恢复。

系统数据应每天进行增量备份，至少每周进行全备份，数据备份至少维持1个月，至少保留两个可用的备份集。

系统数据及应用软件至少每半年利用移动硬盘、光盘或异机备份方式做一次全备份。

对于超过历史库保存期限的历史数据，利用移动硬盘、磁带库或其他备份介质进行备份。保存期限不应小于3年，备份介质应有专人保管，各种数据备份工作应做好记录。

软件升级工作包括系统软件升级和应用软件升级。

当需要开展系统软件升级工作时，运维部门应至少提前7个工作日提出申请，经批准后运维部门发布系统停运检修通告，各业务应用部门做好系统停运期间的业务处理工作。

应根据采集系统功能升级改造需求，编制应用软件升级改造方案，经省信通公司审核、省公司营销部批准后按照信息化管理工作要求执行。升级前，系统软件、应用软件运维部门应联合对新版本应用软件进行测试，测试通过后由应用软件运维部门发布实施。

采集系统主站运行维护业务开展过程中，应设置主站运维热线电话，合理配置运维电话数量，确保电话畅通，及时响应一线应用人员业务咨询，指导业务操作，提供技术支撑，处理故障问题。

采集系统主站运行状态评估工作应根据公司采集系统主站软件功能标准化设计要求、用电信息采集系统日常运行监控数据和系统运行情况进行，每年至少开展一次。应每年对采集系统主站运行情况进行分析、评估，并根据评估结果制定下年度主站技术改造方案。

公司所属各级供电企业（以下简称"各级供电企业"）应根据采集系统应急预案，定期组织主站故障应急演练。

（五）远程通信信道运行维护

远程通信信道运行维护对象包括光纤、无线公网、有线公网、无线专网、卫星通信等通信通道及相关设备。

运维内容包括设备巡视、故障处理及通信设备的升级改造。

应每月巡视一次光纤信道，每季度巡视一次无线专网基站、中继站，同时应根据设备运行情况适时调整巡视周期，在特殊气候条件、自然灾害情况下，应及时组织运维人员巡视。

光缆巡视内容包括是否断缆、断芯、严重电腐蚀，光缆弧垂有无明显变化，是否超过正常范围；无线专网信道巡视内容包括无线数传电台发射功率、天馈线驻波比、供电电压、环境温度、架设天线的铁塔支架是否锈蚀等。

运维单位发现远程通信信道故障（或隐患），以及接到故障通知单后，应立即分析处理。对于主站运行监测发现的疑似公网通信信道异常，应及时协调运营商进行故障排查、分析和消缺。对于影响采集系统正常运行超过两小时的故障，立即上报，必要时启动应急预案。运维单位进行故障抢修处理时间不得超过24小时。

备品备件的配置应充足、完好，满足采集系统运行需求。

远程通信信道升级改造影响采集系统正常通信的，运维单位应至少提前3天报至所属各级单位营销部，经省公司营销部审批同意后方可进行设备维护或升级改造。运维单位应每年开展通道运行情况统计分析工作，根据通信信道运行情况和数据业务增长需求，制定远程信道升级改造方案，并将其列入下一年综合计划。

（六）现场设备运行维护

现场设备运维对象包括厂站采集终端、专变采集终端、集中抄表终端（集中器、采集器）、农排费控终端、回路状态巡检仪、通信接口转换器、通信模块、电能表、低压互感器及二次回路、计量箱（含开关）、通信卡、本地通信信道等现场相关设备。

现场各类采集设备安装应严格遵循公司标准化作业要求。为保障采集系统安全、稳定运行，确保通信的可靠性，现场智能电能表禁止同时接入其他系统。

运维部门按照闭环管理模式开展现场设备运行维护工作，接到业务工单后，进行现场排查处理，及时反馈运维结果。对于需要专业协同配合处理的问题，及时向采集监控部门反馈。

运维内容包括现场设备巡视和故障（或隐患）处理。

对现场设备的常规巡视应结合用电检查、周期性核抄、现场检验、采集运维等工作同步开展；厂站采集终端、专变采集终端、集中抄表终端（集中器、采集器）、农排费控终端、回路状态巡检仪、高压及台区考核电能表，巡视周期不超过6个月；通信接口转换器、通信模块、低压电能表、低压互感器、计量箱巡视周期不超过12个月；在有序用电期间，气候剧烈变化（如雷雨、大风、暴雪）后采集终端出现大面积离线或其他异常时，开展特别巡视工作。

现场设备巡视工作应做好记录，巡视内容主要包括以下内容：

（1）设备封印是否完好，计量箱、箱门及锁具是否有损坏。

（2）现场设备接线是否正常，接线端子是否松动或有灼烧痕迹。

（3）采集终端、回路状态巡检仪外置天线是否损坏，无线信道信号强度是否满足要求。

（4）现场设备环境是否满足现场安全工作要求，有无安全隐患。

（5）电能表、采集设备液晶显示屏是否清晰或正常，是否有报警、异常等情况发生。

进行现场设备故障处理，应根据故障影响的用户类型、数量、距离远近及抄表结算日等因素，综合安排现场工作计划。

如果采集终端出现故障，运维人员接到工单后，应于1个工作日内到达现场，两个工作日内反馈结果。对现场采集终端存在的问题进行分析，对采集终端不在线、不抄表、抄表不稳定、转发不稳定或采集设备时钟错误等问题进行处理，保证采集终端正常工作。

如果采集终端不在线或终端数据不上报，应对采集终端供电状态、运行状态、通信参数、软件版本、通信模块及通信卡等方面进行检查，并进行相应的处理、维护、升级或更换活动。

如果采集终端不抄表或抄表不稳定，应对采集终端运行状态、软件版本、三相电源接线、终端内电能表信息档案、终端本地通信模块进行检查，并进行相应的处理、维护、升级或更换活动。

如果出现采集设备时钟错误，应优先通过远程方式进行校时。对于远程对时失败的采集设备，需进行现场校时；对于现场对时失败的设备，需进行更换。校时时刻应避免在每日零点、整点附近，避免影响采集数据冻结。

如果采集器、通信接口转换器出现故障，运维人员接到工单后，应于两个工作日内到达现场，3个工作日内反馈结果。核对设备信息、检查设备供电状态、运行状态、接线、通信模块等问题，并及时进行维护或更换。

如果高压及台区考核电能表采集失败，运维人员接到工单后，应于1个工作日内到达现场，两个工作日内反馈结果。核对设备信息，对设备供电状态、运行状态、接线、通信模块等问题进行检查，发现问题并及时进行维护或更换。

如果低压电能表采集失败，运维人员接到工单后，应于两个工作日内到达现场，3个工作日内反馈结果。核对设备信息，对设备供电状态、运行状态、接线、通信模块等问题进行检查，发现问题并及时进行维护或更换。

营销系统档案信息变更后，应于1个工作日内同步至采集系统，并同时下发基础信息参数至采集终端，避免采集数据不全或采集数据错误等情况发生。

远程采集故障暂时无法排查时，应使用计量现场作业终端，通过红外等自动方式对电能表冻结数据进行采集，提升采集数据的完整性。

对于执行失败的费控业务，运维人员接到工单后，应按规定时限到达现场，对设备供电状态、运行状态、接线、通信模块、密钥等情况进行检查，及时进行维护。

对于停电执行失败的任务，运维人员接到工单后，应于3个工作日内进行消缺。

对于复电及电费下发执行失败的任务，运维人员接到工单后，应于8小时内到达现场，1个工作日内进行消缺。

对于台区同期线损异常业务，运维人员接到工单后，应于两个工作日内到达现场，3个工作日内反馈结果；涉及电能计量装置故障的，应于两个工作日内进行消缺处理。现场核对台区用户对应关系、设备信息，排查台区是否实现了全采集，对设备接线、电能表数据等方面进行检查，及时处理发现的问题。对排查出的需要其他专业配合解决的问题，及时向采集监控部门反馈。

采集设备软件升级前，须经省计量中心检测确认，并按软件版本管理要求统一编制版本号，之后则报省公司营销部批准后组织实施。采集设备软件升级应以远程升级为主，本地升级为辅。

（七）采集系统应用管理

采集系统应用管理的内容包括抄表数据应用管理、费控功能应用管理、线损监测功能应用管理、计量在线监测功能应用管理、有序用电功能应用管理、主站与其他系统之间的接口管理、新增应用需求管理等。

抄表数据应用管理，主要包括定期对远程采集的数据进行现场复核。专变用户复核周期不超过6个月，低压用户复核周期不超过1年。周期复核的同时应完成设备巡视和设备时钟检查工作。

费控、线损监测及计量在线监测功能应用管理，主要包括对各类功能模块的应用。

采集运维部门技术上支撑各功能的正常应用。各级运检部门应做好配网档案维护工作，与营销部门共同做好营配数据对应工作。对于有窃电嫌疑的异常，用电检查人员应进行现场核查处理。

有序用电功能应用管理包括有序用电方案启动或终止必须严格履行相关手续，在有序用电期间，加强采集系统运行维护，做好用户负荷实时监控和异常处理工作。

各主站数据接口应用部门应做好所应用采集数据有效性核查工作，组织数据应用。制定本专业采集数据应用管理措施和考核指标，对于确认的数据异常，应及时通知采集运维部门，由采集运维部门安排故障排查和处理。

对于采集系统费控管理、有序用电管理、远程参数设置等操作，各级供电企业应加强操作权限管理，根据相关的管理规定严格履行系统内、外部各环节的审批流程，确保操作的规范性，实现闭环管理。

考虑到采集系统运行负载均衡、安全防护等因素，采集系统原则上不直接为相关系统提供接口；确对相关数据有实时性等特殊需求时，经审定后可通过统一接口服务平台进行数据交互。各级供电企业营销业务应用系统应通过统一接口服务平台进行数据交互，其他业务应用系统应通过全业务统一数据中心营销域或营销基础数据平台获取数据，开展相关应用活动。

各级供电企业业务部门对采集系统有新业务需求或通过数据平台方式无法满足需求时，应逐级上报至本专业总部部门，总部专业部门向国网营销部提出需求，国网营销部组织开展需求可行性评审工作，做出立即实施、修订标准、组织改造或暂不实施的决定。涉及实施及改造的，需求提出部门应协助落实相关资源。

（八）采集系统运维保障

采集系统的运维保障包括资金保障、人员保障、物资保障、技术保障和安全保障。

采集系统年度升级改造计划应根据采集系统运行工况、各专业数据需求和建设规划来编制，并纳入公司综合计划和预算统一管理。

采集系统年度运维资金应严格执行公司标准以维护成本，在年度生产成本预算中统一安排。采集系统的运行维护资金应包括主站运行维护费、采集终端到期/故障轮换费、线缆等辅材费、公用通信网络通信费、无线电频率资源占用费、备品备件购置费、工器具购置费、计量装置维护费、外委服务费等。

采集系统运维工作量应由国网营销部定期进行测算，国网人力资源部根据测算数据适时调整完善采集系统运维人员配置标准。省、市、县人力资源部门做好相应人员配置工作。

根据各级供电企业实际运行情况，对于主站、通信信道、现场设备需要采用第三方外委运维的，应按照公司业务外包、劳务派遣、招投标、合同管理相关规定选择外委运维单位，签订外委合同，合同应明确考核内容，并附安全、优质服务、保密协议。对于涉及监控、信息安全的业务严禁进行外委运维。

各级供电企业应定期开展采集系统运维人员（含外委人员）培训工作，培训合格人员可上岗工作。培训内容主要包括业务技能、安全、优质服务等方面内容，同时还要对运维人员业务能力、安全资质进行考核、评价，定期审查核实外委单位资质。

采集设备和电能表应纳入计量资产全寿命周期管理，各单位应加强采集设备和电能表的采购到货、设备验收、检定检测、仓储配送、设备安装、设备运行、设备拆除、资产报废全寿命周期管理，提高设备运行效率，降低运行维护成本。

各级供电企业应按照项目储备要求，提出年度采集系统运维所需的设备、材料、工器具等物资储备需求，物资部门安排物资采购、及时供货，保证运行维护所需的备品备件。

对于公用网络通信卡的计划、采购、运行、监控，应实行统一管理，做好申领、保管、使用、报废等全过程管理工作，减少异常流量的产生，降低运行成本。

各级供电企业应依托采集系统主站运维闭环管理功能，开展采集及计量异常分析、监控、派工、处理、评价全过程闭环管理活动，提高运维工作效率与质量，不断优化、提升系统智能化程度。

各级供电企业应总结运维工作实际经验，国网计量中心汇总审定、定期发布，充实各类故障案例、诊断方法、修复经验，持续健全采集运维知识库，指导各级供电企业运维人员顺利开展采集运维工作。

各级供电企业应认真落实"管业务必须管安全"的要求，做好采集系统运维现场作业和网络信息的安全保障工作。

按规定配置安全防护用具，定期开展安全培训活动，将外委单位安全纳入统一管理、统一考核，严格执行安全规程、制度要求，保障采集运维现场作业安全。

认真贯彻执行网络与信息安全管理工作制度，安全与业务同部署，从边界、应用、数据、主机、网络、终端、物理、安全管理等层面全面防护，确保采集运维网络信息安全。

采集系统故障应急预案由各省公司营销部统一编制，内容应包括概述、应急组织和职责分工、应急预案启动条件、应急处理流程、相关人员联系方式等，每年修订和演练一次。

（九）检查、考核、评价

按照"分级管理、逐级考核、奖罚并重"的原则，开展采集系统运行维护监督与考核活动。

采集系统运行情况及相关指标应由采集系统运行监控单位按月汇总分析，形成系统运行分析报告上报各级营销部门及信息通信职能管理部门。

采集系统运行维护管理考核指标至少应包括网络信息安全问题发生情况、现场作业安全问题发生情况等。

采集系统运行维护技术考核指标至少应包括采集系统日均采集成功率、设备故障处理及时率、闭环工单完成率、数据应用率、费控执行成功率、台区月度同期线损可监测率等。

采集系统运行维护管理及技术考核指标，应根据营销年度工作重点进行相应调整。

国网营销部会同信通部从管理保障、运维队伍、运维对象及运维过程等方面，定期对省公司系统主站运维水平进行综合评估。省公司营销部会同省公司科技信通部根据采集系统主站及相关应用业务运行维护情况，定期对运行维护单位的相关指标进行通报及考核。

应定期对外委单位和设备供应商进行考核与评价，并根据考核评价结果和合同条款的规定进行处置。对外委单位、设备供应商的考核评价结果将成为后续采购的评价内容。